本书为教育部2021年度高校思想政治理论课教师研究专项一般项目"'形势与政策'课靶向式教学模式构建与应用研究"（21JDSZK049）阶段性成果；

郑州轻工业大学2024—2026年度宣传思想文化研究课题（2024XCSX01）成果；

郑州轻工业大学2024年度省属高校基本科研业务费专项计划（哲学社会科学类）资助成果（24KYYWFSKI2）。

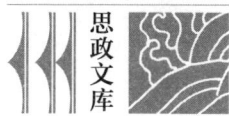

思政文库

理论与方法

"形势与政策"课靶向教学

马　寒　著

九州出版社
JIUZHOUPRESS

图书在版编目（CIP）数据

"形势与政策"课靶向教学：理论与方法 / 马寒著 .
北京：九州出版社，2024.8. -- ISBN 978-7-5225
-3241-7

Ⅰ. G641.41

中国国家版本馆 CIP 数据核字第 2024WF5073 号

"形势与政策"课靶向教学：理论与方法

作 者	马 寒 著
责任编辑	肖润楷
出版发行	九州出版社
地 址	北京市西城区阜外大街甲 35 号（100037）
发行电话	（010）68992190/3/5/6
网 址	www．jiuzhoupress．com
印 刷	唐山才智印刷有限公司
开 本	710 毫米×1000 毫米 16 开
印 张	16.5
字 数	296 千字
版 次	2025 年 1 月第 1 版
印 次	2025 年 1 月第 1 次印刷
书 号	ISBN 978-7-5225-3241-7
定 价	95.00 元

目 录
CONTENTS

引　论　高质量建设高校思想政治理论课的认识维度………………………… 1

第一章　"形势与政策"课靶向教学的研究缘起与逻辑架构………… 15
　第一节　"形势与政策"课靶向教学的研究缘起…………… 15
　第二节　"形势与政策"课靶向教学的研究动态及其评价…………… 26
　第三节　"形势与政策"课靶向教学研究的逻辑与方法…………… 40

第二章　"形势与政策"教育与课程建设的基本理论………… 47
　第一节　马克思主义形势观、政策观及其关系　………… 47
　第二节　"形势与政策"教育的基本结构与内容………… 59
　第三节　"形势与政策"课的功能定位与核心任务………… 65

第三章　"形势与政策"课建设的历史图景与政策指向………… 71
　第一节　新中国成立以来"形势与政策"课建设的历史演进………… 71
　第二节　规范化制度化：新时代"形势与政策"课建设的政策指向…… 102
　第三节　"形势与政策"课建设的主要经验　………… 111

第四章　"形势与政策"课的教学理念转换与靶向教学入场………… 122
　第一节　"形势与政策"课的教学理念转换与教学模式变革………… 122
　第二节　"形势与政策"课靶向教学的入场………… 129
　第三节　"形势与政策"课靶向教学的设计原则与模式构建………… 148

第五章　"形势与政策"课靶向教学的功能实现 …………… **155**
　第一节　基于成果导向教育理念的靶向教学功能实现 ……… 155
　第二节　基于学习动能增长和学习效果提升的靶向学习功能实现 ……… 172
　第三节　基于层级分析法的靶向教学绩效评测功能实现 ……… 178

第六章　"形势与政策"课靶向教学的实施个案解析 ………… **193**
　第一节　"形势与政策"课校本教材的靶向建设 …………… 193
　第二节　"形势与政策"课理论教学的靶向实施 …………… 202
　第三节　"形势与政策"课实践教学的靶向开展 …………… 214
　第四节　"形势与政策"课网络教学的靶向构建 …………… 226

结　语　"课堂革命"：智能时代"形势与政策"课的发展趋势 …… **242**

参考文献 …………………………………………………………… **247**

前　言

　　教育是国之大计、党之大计。高校思想政治理论课承担着对大学生进行系统的马克思主义理论教育的任务，是巩固马克思主义在高校意识形态领域指导地位、坚持社会主义办学方向的重要阵地，是全面贯彻党的教育方针、落实立德树人根本任务的主干渠道和核心课程，是加强和改进高校思想政治工作、实现高等教育内涵式发展的灵魂课程。① 思想政治理论课只能加强，不能削弱。党的十八大以来，以习近平同志为核心的党中央高度重视思想政治理论课建设，做出了一系列重大决策部署，制定了一系列管根本、利长远的制度举措，实现了思想政治理论课建设的跨越式发展。强调办好思政课，要放在世界百年未有之大变局、党和国家事业发展全局中来看待，要从坚持和发展中国特色社会主义、建设社会主义现代化强国、实现中华民族伟大复兴的高度来对待。

　　以大学生形势教育、政策教育为内核的"形势与政策"课是高校思想政治理论课的一门必修课程。课程以马克思列宁主义、毛泽东思想、邓小平理论、"三个代表"重要思想、科学发展观、习近平新时代中国特色社会主义思想为指导，以培养担当民族复兴大任的时代新人、培育社会主义合格建设者和接班人为目标，在新时代高等学校贯彻党的教育方针，落实立德树人根本任务，坚持社会主义办学方向，坚持教育为人民服务、为中国共产党治国理政服务、为巩固和发展中国特色社会主义制度服务、为改革开放和社会主义现代化建设服务等方面发挥着不可替代的作用。教育部印发的《关于加强新时代高校"形势与政策"课建设的若干意见》明确指出，"形势与政策"课是理论武装实效性、释疑解惑针对性、教育引导综合性都很强的一门高校思想政治理论课，是帮助大学生正确认识新时代国内外形势，深刻领会党的十八大以来党和国家事业取得的历史性成就、发生的历史性变革、面临的历史性机遇和挑战的核心课程，

---

①　中华人民共和国学校思想政治理论课重要文献选编：下册［M］．北京：人民出版社，2022：1483．

是第一时间推动党的理论创新成果进教材进课堂进学生头脑，引导大学生准确理解党的基本理论、基本路线、基本方略的重要渠道。① 因此，坚持不断线地对大学生开展形势与政策教育，有利于帮助他们正确认识世情、国情、党情、民情，积极投身于实现中华民族伟大复兴的壮丽事业之中。

在正确把握高校"形势与政策"课的功能定位以及近年来取得的重大成就的同时，还应当看到当前"形势与政策"课教育教学实践中存在的诸多不能适应时代发展要求和高等教育发展趋势的问题。正如习近平总书记在全国思想政治理论课教师座谈会上指出的那样："有的地方和学校对思政课重要性认识还不够到位；课堂教学效果还需要提升，教学研究力度需要加大、思路需要拓展；教材内容还不够鲜活，针对性、可读性、实效性有待增强；教师选配和培养工作还存在短板，队伍结构还要优化，整体素质还要提升；体制机制还有待完善，评价和支持体系有待健全，大中小学思政课一体化建设需要深化；民办学校、中外合作办学思政课建设还相对薄弱；各类课程同思政课建设的协同效应还有待增强，教师的教书育人意识和能力还有待提高，学校、家庭、社会协同推动思政课建设的合力没有完全形成，全党全社会关心支持思政课建设的氛围不够浓厚。"② 这里虽然针对的是思想政治理论课存在的整体性问题，但也同样适用于"形势与政策"课。具体而言，教学内容随意变动、教材使用不够规范、教学方法比较单一、教学效果和教学评价不够理想等已经成为制约"形势与政策"课高质量发展的重要因素，其核心指向是"形势与政策"课的针对性、实效性不够。就如何破解这些问题，学界已经开展了大量的研究并形成了较为丰硕的研究成果，有些研究成果也已被党和政府合理化吸收并形成了指导性的文件制度，一定程度上为开好、上好、讲好"形势与政策"课作出了贡献。但也应当看到，当前以靶向为锚点、以实证调查为基础，系统化、理论化研究"形势与政策"课精准靶向教学过程及其方法的成果，还较为鲜见。因此，本书采用文献研究与实证研究结合法、定性与定量结合分析法、模型构建法、实践检验法等方法，按照"历史—经验—效度测量—问题分析—模式构建—实际应用"的逻辑，分六章进行"形势与政策"课靶向教学的理论与方法研究。研究目标是分析"形势与政策"课教学方法存在的各种效度问题，厘清教学方法与教学质量提升和育人目标达成之间的逻辑关系。重点研究的内容是基于 OFE、CHE-

---

① 中华人民共和国学校思想政治理论课重要文献选编：下册 [M]. 北京：人民出版社，2022：1489.

② 习近平. 思政课是落实立德树人根本任务的关键课程 [J]. 求是，2020（17）：4-16.

CSI 等理念与方法，构建精准靶向式"教""学""评""实践"四维度教学模式；将精准靶向式教学模式应用于不同类型高校"形势与政策"课的教育教学之中，并以之总结经验，修正完善精准靶向式教学模式理论。在理论建构和实践验证的基础上，将精准靶向式教学模式塑造为可操作、可验证、可推广的优质教学方法论。

本书由郑州轻工业大学马寒副教授独著，是教育部 2021 年度高校思想政治理论课教师研究专项一般项目"'形势与政策'课靶向式教学模式构建与应用研究"（项目编号：21JDSZK049）、郑州轻工业大学 2024—2026 年度宣传思想文化研究课题（项目编号：2024XCSX01）阶段性成果。在本书的撰写过程中，得到了诸多学界同仁的关心、支持，部分专家还就一些核心问题给予了悉心指导和精准阐释。特别要感谢教育部社会科学司、郑州轻工业大学社会科学管理处给予的项目支持；感谢郑州轻工业大学易善武、马铮、聂海杰、闫茂伟、范帅、毛倩等老师对本书提出的宝贵意见和建议；感谢易善武、马铮两位老师在师生问卷设计、调查、统计等方面所做的原创性贡献；感谢研究生张宁、张天、王琦、王宜可、赵雪、孟欣、马艺鸽、徐莹莹等同学在资料收集、文稿校对方面提供的帮助，尤其感谢张天同学对第一章第二节的创作贡献。同时，由于写作需要，书中还参阅、引用了许多专家学者的论文、论著，在此一并表示感谢。尽管由于水平有限和时间紧迫，本书中难免会有遗漏，但我们希望在推进新时代高校思想政治理论课尤其是"形势与政策"课建设发展过程中，本书能提供一些有益的方法借鉴。

马　寒

2024 年 4 月于河南郑州

高质量建设高校思想政治理论课的认识维度

哲学思维是人们在认识世界、改造世界过程中使用的具有辩证性、系统性、战略性等一系列哲学特征的思辨方式。以哲学思维推进高校思想政治理论课建设（以下简称"思政课"）是将马克思主义基本立场、观点以及蕴含其中的丰富哲学思维方法运用到课程建设和研究中来，具体讲就是以战略思维、科学思维、理论思维来把握高校思政课的功能价值、构建逻辑与研究论域。高校思政课是一般性与特殊性的统一体，作为高校课程体系的组成部分，它与其他课程一样具有价值塑造、知识传授、能力培养等基本属性。同时，作为以马克思主义理论教育和社会主义思想道德教育为核心内容的专门类课程，它又发挥着维护马克思主义在高校意识形态领域指导地位的"主干渠道""核心课程""灵魂课程"的功用，因而具有其他课程无法替代的特殊性。开展高校思政课建设研究，必须以哲学思维全面把握与思政课相关联的一般性因素以及课程内在的特殊性逻辑。

一、新时代思政课功能价值的战略思维考量

高校思政课承担着对大学生进行系统学习马克思主义理论教育的任务。能否建设好高校思政课、发挥好思政课的立德树人功能，"事关办什么样的大学、怎样办大学的根本问题，事关党对高校的领导，事关中国特色社会主义事业后继有人，是一项重大的政治任务和战略工程"①。因此，要从党和国家政治战略的高度，准确把握思政课的性质和任务，考量加强和改进思政课建设的历史意义和现实价值。

（一）思政课是体现社会主义办学方向的标志性课程

习近平总书记指出："我国有独特的历史、独特的文化、独特的国情，决定

---

① 中华人民共和国学校思想政治理论课重要文献选编：下册［M］. 北京：人民出版社，2022：1419.

了我国必须走自己的高等教育发展道路，扎实办好中国特色社会主义高校。"①思政课最鲜明的特性就是政治性，而社会主义大学区别于其他大学的显著标志也正是在于政治性，即社会主义的属性。因而思政课与社会主义大学在政治要求、政治立场、政治方向等方面具有内在统一性。

新中国成立之初，我们党就把思政课作为体现社会主义本质特征，区别新旧两种教育制度根本标志的课程来看待。1949年12月，在第一次全国教育工作会议上，时任教育部长的马叙伦就对新旧两种教育的本质区别进行了概述，即中国的旧教育是建立在旧经济旧政治基础之上并使旧经济旧政治得以存续的工具，在本质上它"提倡封建的、买办的、法西斯主义的思想，它是为帝国主义和封建买办的统治者服务的"②。与旧教育相对立的新教育反映着新经济新政治，是巩固和发展人民民主专政的一种新的斗争工具。为了使思政课反映新中国的新经济新政治，我们党在高校逐步开设了"马列主义基础""中国革命史""政治经济学"三门基本课，同时针对不同类型高校又增设了"辩证唯物主义与历史唯物主义""社会主义经济建设"等课程。其间虽几经变动和更改，但思政课的社会主义属性始终得到了很好贯彻。党的十一届三中全会后，党对思政课的性质、作用和任务有了更加清晰的认识和界定，教育部明确指出"马列主义理论课是社会主义各类高等学校的必修课；开设马列主义理论课，是新中国大学区别于旧中国大学，社会主义高等学校区别于资本主义高等学校的一个重要标志"③。为了提升思政课教育教学水平和人才培养质量，更加充分地体现社会主义属性，彰显思政课的中国特色、时代特色和理论特色，我们党先后以"85方案"④"98方案"⑤"05方案"⑥分三次对思政课进行了结构性调整，形成了当前以"习近平新时代中国特色社会主义思想概论""马克思主义基本原理"

①　习近平. 习近平谈治国理政：第2卷［M］. 北京：外文出版社，2017：367.
②　教育部社会科学司. 普通高校思想政治理论课文献选编：1949—2008［M］. 北京：中国人民大学出版社，2008：3.
③　教育部社会科学司. 普通高校思想政治理论课文献选编：1949—2008［M］. 北京：中国人民大学出版社，2008：70.
④　思政课"85方案"是指1985年8月1日中共中央出台的《关于改革学校思想品德和政治理论课程教学的通知》，以及1986年3月20日国家教育委员会关于在高等学校进一步贯彻《中共中央关于改革学校思想品德和政治理论课程教学的通知》的意见等一系列改进高校思政课建设的文件的简称。
⑤　思政课"98方案"是指1998年6月10日中共中央宣传部、教育部出台的《关于普通高等学校"两课"课程设置的规定及其实施工作的意见》及其配套文件的简称。
⑥　思政课"05方案"是指2005年2月7日中共中央宣传部、教育部出台的《关于进一步加强和改进高等学校思想政治理论课的意见》及其配套文件的简称。

"毛泽东思想和中国特色社会主义理论体系概论""中国近现代史纲要""思想道德与法治""形势与政策"为主干的本硕博三级课程体系。

（二）思政课是培养社会主义事业建设者和接班人的核心课程

习近平总书记指出："办好思想政治理论课，最根本的是要全面贯彻党的教育方针，解决好培养什么人、怎样培养人、为谁培养人这个根本问题……在这个根本问题上，必须旗帜鲜明、毫不含糊。"① 立德树人的成效是检验高校一切工作的根本标准，就其实现途径而言是融价值塑造、知识传授和能力培养于一体的，而价值塑造是居于"三位一体"的核心位置。对于这一界定的重大意义，教育部出台的《高等学校课程思政建设指导纲要》用"三个影响甚至决定着"②给予了概括。从世界范围内教育事业发展来看，各国的教育从来都不是抽象的，而是具有鲜明的价值主导性。马克思指出："资产者唯恐失去的那种教育，对绝大多数人来说是把人训练成机器。"③ 社会主义"以人为本"的价值理性教育截然不同于资本主义"以人为机器"的工具理性教育。新中国成立之初，毛泽东就明确提出了社会主义的教育方针，"我们的教育方针，应该使受教育者在德育、智育、体育几方面都得到发展，成为有社会主义觉悟的有文化的劳动者"④。这一方针的确立为我国教育事业尤其是高校思想政治工作奠定了坚实的理论基础。从社会主义建设时期我们党提出培养具有爱国主义精神、国际主义精神和共产主义道德品质的社会主义建设者，到改革开放初期提出培养有理想、有道德、有文化、有纪律，为社会主义革命和社会主义建设服务的"四有"公民；从20世纪80年代末提出"高等学校培养出来的大学生、研究生，应当有坚定正确的政治方向，爱祖国、爱社会主义，拥护共产党的领导，努力学习马克思主义，应当热心于改革和开放，有艰苦奋斗的精神，努力为人民服务，为实现具有中国特色的社会主义现代化而献身"⑤，到《国家中长期教育改革和发展规划纲要（2010—2020年）》提出"坚持教育为社会主义现代化建设服务，为人民服务，与生产劳动和社会实践相结合，培养德智体美全面发展的社会主

① 中华人民共和国学校思想政治理论课重要文献选编：下册［M］.北京：人民出版社，2022：1503—1504.
② 注：是指影响甚至决定着接班人问题，影响甚至决定国家长治久安，影响甚至决定着民族复兴和国家崛起。
③ 中共中央马克思恩格斯列宁斯大林著作编译局 . 马克思恩格斯文集：第2卷［M］.北京：人民出版社，2009：48.
④ 毛泽东 . 毛泽东文集：第7卷［M］.北京：人民出版社，1999：226.
⑤ 中共中央文献研究室 . 十二大以来重要文献选编：下［M］.北京：中央文献出版社，2011：328—329.

义建设者和接班人"① 的目标，再到党的十八大以后，提出"努力培养更多让党放心，爱国奉献，担当民族复兴重任的时代新人"② 的育人要求。70多年来，虽然我们党在育人目标的具体表述上不断变化，但根本指向始终是把立德树人放在培养社会主义建设者和接班人这一教育生命线的首位。从教育基本方针的确立到教育核心工作的提出再到教育根本任务的革新，一方面表明高校思政课在高等教育体系中的地位不断提升，另一方面也说明加强思政课建设是一项需要久久为功的重大政治任务和战略工程。

（三）思政课是巩固马克思主义在高校意识形态领域指导地位的关键课程

2014年，习近平总书记在全国高等学校党的建设工作会议上指出："办好中国特色社会主义大学，要坚持立德树人，把培育和践行社会主义核心价值观融入教书育人全过程；要强化思想引领，牢牢把握高校意识形态工作领导权。"③ 2019年他在学校思政课教师座谈会上又针对思政课存在的思想性、理论性和亲和力、针对性不强等问题，提出了八个方面的相统一，并将政治性和学理性、建设性和批判性相统一放在了首要位置，强调要"传导主流意识形态，直面各种错误观点和思潮"④。从以上论述可以看出，强化主流意识形态教育，维护高校意识形态安全是党的十八大以来党中央改进和加强高校思想政治工作的立足点和出发点。回顾改革开放以来40多年间高校思想政治工作的发展历程，这条政治主线始终未变。早在1978年，邓小平就在全国教育工作会议上指出："毫无疑问，学校应该永远把坚定正确的政治方向放在第一位。"⑤ 以全国教育工作会议为界点，党中央根据不同历史时期的教育工作任务和时代特点，大力加强高校思想政治工作，逐步建立完善马克思主义理论教育和思想道德教育并举的基本架构，以及以思政课为核心的课程体系、教材体系、教法体系、学科体系等。从实践上看，坚持高校思想政治工作基本方针有两条路径：一是发挥马克思主义主流意识形态凝聚力、引领力的正向功能；二是用马克思主义主流意识形态批判、消弭各种错误理论思潮的反向功能。当前，一方面经过改革开放四

① 人民出版社. 国家中长期教育改革和发展规划纲要（2010—2020年）[M]. 北京：人民出版社，2010：12.

② 不断开创新时代思政教育新局面 努力培养更多让党放心爱国奉献担当民族复兴重任的时代新人 [N]. 人民日报，2024-05-12（1）.

③ 新华社. 习近平：坚持立德树人思想引领 加强改进高校党建工作 [EB/OL]. 人民网，2014-12-29.

④ 中华人民共和国学校思想政治理论课重要文献选编：下册 [M]. 北京：人民出版社，2022：1505.

⑤ 邓小平. 邓小平文选：第2卷 [M]. 北京：人民出版社，1994：104.

十多年的建设发展，中国特色社会主义进入了新时代，我国经济实力、科技实力和综合国力进入世界前列，我国的国际地位实现前所未有的提升，党的面貌、国家的面貌、中华民族的面貌发生了前所未有的变化，当代中国马克思主义和21世纪马克思主义彰显了强大的理论生命力和巨大的实践指导能力，这为高校主流意识形态教育提供了强有力的现实证据和丰富的教育资源。另一方面当代世界正处在百年未有之大变局，各种思想理论此消彼长，各种风险挑战相互叠加，意识形态领域斗争依然复杂严峻。因此，要实现高校主流意识形态、正向教育效能最大化，客观上要求"思想政治理论课要坚持在改进中加强"，同时"其他各门课都要守好一段渠、种好责任田，使各类课程与思想政治理论课同向同行，形成协同效应"。①

二、新时代思政课改革创新的科学思维引入

推进思政课改革创新是实现思政课高质量发展的内在动力，也是各个历史时期提升思政课教育教学质量的重要举措。思政课要贯彻落实"在坚持中改进"的总体要求，就必须树立科学思维，即承认思政课建设的科学性，把握思政课建设的规律性，提升思政课教育教学的科学化水平。

（一）把握思政课建设的科学性

思政课不是指某一门课，而是指以开展马克思主义基本理论和党的最新理论成果教育为主要内容，以提高学生运用马克思主义基本立场、观点、方法分析问题和解决问题的能力，进而提升学生改造主观世界和客观世界能力的一系列课程的集合。当前，对思政课存在两种认知上的误解：一是思政课传播的内容具有科学性，但思政课本身没有科学性；二是思想政治工作具有规律性和科学性，但思政课作为一类特殊课程没有规律性和科学性。我们认为，第一种误解割裂了思政课内容与形式的统一性，片面强调了内容而忽略了形式载体，造成了两者的对立。第二种误解则没有看到思政课是思想政治工作的重要组成部分，两者之间具有不可分割的一致性，片面地将思政课独立于思想政治工作之外。

准确把握思政课建设的科学性就是要看到思政课内外部诸多要素之间的逻辑关联，以及思政课建设发展过程中所蕴含的基本规律。第一，马克思主义的科学性决定了思政课的科学性。"马克思主义是科学的世界观和方法论，是反映

---

① 中华人民共和国学校思想政治理论课重要文献选编：下册［M］.北京：人民出版社，2022：1444.

客观世界特别是人类社会本质和发展规律的科学。"① 作为科学的理论体系，它深刻揭示了人类思维规律、社会发展规律和自然规律。习近平总书记指出："对待科学的理论必须有科学的态度。"② 这就要求思政课建设必须坚持以马克思主义为指导，将马克思主义立场、观点和方法贯穿教育教学全过程以及各环节，只有如此，青年学生才能在学习马克思主义的过程中准确把握马克思主义的理论精髓和实践指向，进而坚定对马克思主义的信仰。第二，思政课的科学性根源于内在构成要素的科学性。思政课的内在构成要素十分丰富，主要包括课程体系、教材体系、教法体系、评价体系、学科体系等。这些体系是思想政治理论在长期建设发展过程中的经验积累，体现了党对思政课规范化建设的科学设计。因此，思政课的科学性既表明了各构成要素的科学性，又表明了作为运行整体的科学性。第三，思政课的科学性熔铸于思想政治工作的科学性。高度重视思想政治工作是党的优良传统和政治优势。长期以来，思想政治工作之所以可以在革命、建设和改革开放各个历史时期发挥引领人、塑造人、熏陶人的重要作用，从根本上讲就是基于它的科学性，具体表现为指导思想的先进性、教育内容的真理性、工作部署的战略性、方法使用的合理性等③。思政课作为高校思想政治工作的重要组成部分，天然地体现着思想政治工作的科学性和规律性。

（二）重视思政课建设的创新性

思政课既要体现方法上的改革创新，更要体现内容上的改革创新。但这里所讲的改革创新并不是推倒重来，而是在坚持中改进、在守正中创新。所谓坚持守正，一方面是全面贯彻党的教育方针，牢牢把握立德树人根本任务，坚持传播马克思主义科学理论，抓好马克思主义理论教育，这是思政课的"根"和"魂"。另一方面是思政课长期以来形成的一系列规律性认识和积累的丰富经验，这是思政课守正创新的重要基础。当前，推进思政课改革创新关键要在内容上与时俱进，即把马克思主义最新理论成果融入思政课教学中来，实现理论创新与教学内容创新的同频同步。

将马克思主义最新理论成果融入思政课，就是把习近平新时代中国特色社会主义思想作为教学内容改革创新的重点。习近平新时代中国特色社会主义思想是马克思主义中国化时代化的最新理论成果，是我们党在推进"四个全面"战略布局、"五位一体"总体布局中形成的经验总结和理论概括。党的十九大将

---

① 逄锦聚．马克思主义理论教育教学论［M］．北京：中国人民大学出版社，2018：266．
② 习近平．习近平谈治国理政：第3卷［M］．北京：外文出版社，2020：75．
③ 郑重．增强思想政治工作的科学性［J］．江苏社会科学，2007（S1）：59-60．

这一思想确立为党必须长期坚持的指导思想并写进党章。十三届全国人大一次会议通过宪法修正案，将这一思想郑重地写入宪法，实现了从党的指导思想向国家指导思想的转化，成为党和国家政治生活、社会生活的根本指针。马克思指出："任何真正的哲学都是自己时代的精神上的精华。"①习近平新时代中国特色社会主义思想作为当代中国马克思主义、21世纪马克思主义，始终贯穿着马克思主义立场、观点和方法。将习近平新时代中国特色社会主义思想融入思政课是党的政治建设、思想建设的需要，也是高校思政课建设的应有之举。在《"新时代高校思想政治理论课创优行动"工作方案》中，中央又明确提出，要推动37所全国重点马克思主义学院所在高校率先全面开设"习近平新时代中国特色社会主义思想概论"课，并逐步在高校思政课中开设。同时，在修订的2021版《毛泽东思想和中国特色社会主义理论体系概论》教材中，将习近平新时代中国特色社会主义思想作为三个并列专题之一，分七章进行讲述，占全教材内容的一半。自2022年秋季学期起，全国高校全面开设该课程，2023年8月首部《习近平新时代中国特色社会主义思想概论》教材出版发行，并在全国高校本专科生中使用。由此可见，习近平新时代中国特色社会主义思想的"三进"工作的第一、二步即进教材、进课堂已基本完成，当前最重要的就是如何"进学生头脑"，使学生真学、真懂、真信。

将马克思主义最新理论成果融入思政课还应重视其他哲学社会科学研究成果。我们党历来高度重视发展哲学社会科学，始终坚持哲学社会科学"是人们认识世界、改造世界的重要工具，是推动历史发展和社会进步的重要力量"②定位。2016年，习近平总书记在哲学社会科学工作座谈会上强调："哲学社会科学的特色、风格、气派，是发展到一定阶段的产物，是成熟的标志，是实力的象征，也是自信的体现。"③经过改革开放40多年的发展，当前我国哲学社会呈现出大发展大繁荣的景象，理论研究的深度、广度和高度都达到了前所未有的程度，产生了一大批具有中国特色、时代特征和国际视野的原创性成果。习近平总书记提出要善于融通古今中外各种资源，特别是要把握好马克思主义的资源、中华优秀传统文化的资源和国外哲学社会科学的资源④。思政课应在把握、

---

① 中共中央马克思恩格斯列宁斯大林著作编译局．马克思恩格斯全集：第1卷［M］．北京：人民出版社，2009：220.

② 中国社会科学院马克思列宁主义毛泽东思想研究所．毛泽东邓小平江泽民论哲学社会科学［M］．北京：中国社会科学出版社，2005：5.

③ 习近平．习近平谈治国理政：第2卷［M］．北京：外文出版社，2017：338.

④ 习近平．习近平谈治国理政：第2卷［M］．北京：外文出版社，2017：338.

吸收这三方面资源的基础上，引导学生正确认识世界和中国发展趋势，正确认识中国特色和国际视野，正确认识时代责任和历史使命，正确认识远大抱负和脚踏实地，从分析批判比较、从不同学科专业视角不断提升理论修养和专业能力。

（三）推进思政课建设的现代性

通常学界对"现代性"的解读有三个层面：一是指欧洲启蒙时代以来的"新的"世界体系生成的时代特征。二是一种持续进步的、合目的性的、不可逆转的发展的时间观念。三是现代社会所展现的时代特性与推进未来发展的动力因素。哈贝马斯指出："人的现代观随着信念的不同而发生了变化。此信念由科学促成，它相信知识无限进步、社会和改良无限发展。"[①] 哈贝马斯将人的现代性归结为信念的变迁，显然具有唯心主义色彩，但他肯定科学对现代化的推进作用无疑是正确的。这里，我们所认为的思政课的现代性是将思政课放在现代社会整体发展的大背景下来考察的，因而其内涵十分丰富和多元。比如，思路的现代性、师资的现代性、教材的现代性、教法的现代性、机制的现代性、环境的现代性，等等。

目前，重视思政课改革创新的现代性，关键要从三个维度来着手。第一，建设理念的现代性。思政课是随着党和国家战略政策转移以及时代发展变化而不断前进的。习近平总书记提出的高校思想政治工作要"因事而化、因时而进、因势而新"[②]，本质上就是解决思想政治工作理念缺乏现代性的问题。早在改革开放之初，邓小平就提出"教育要面向现代化、面向世界、面向未来"[③]。三个"面向"、三个"因"具有内在逻辑一致性。思政课的三个"面向"是指现代性的三个维度，即以服务社会主义现代化建设为圭臬，以培养学生的世界视域和推动人类文明进步为情怀，以推进中国与世界的未来同步发展为指向，这三个维度使思政课摆脱作为某一类课程的限制，从而提升到了影响国家、世界和未来发展的高度。三个"因"是指思政课现代性的实践途径，即要适应现代社会和新时代发展要求，顺应国内国际形势、局势和趋势，在"变"中求"进"、在"化"中求"新"。第二，建设教学方法的现代性。随着教育理念和技术手段的发展，各种新的教育手段和教学方法层出不穷且迭代更新十分迅猛。"云

---

① 哈贝马斯. 论现代性//王岳川，尚水. 后现代主义文化与美学 [M]. 北京：北京大学出版社，1992：10.

② 新华社. 习近平：把思想政治工作贯穿教育教学全过程 [EB/OL]. 人民网，2016-12-08.

③ 邓小平. 邓小平文选：第3卷 [M]. 北京：人民出版社，1993：35.

课""微课""慕课""雨课堂""翻转课堂"等教学方法一方面弥补了传统课堂的不足，另一方面，知识传递的碎片化、知识系统的割裂化、知识弥散的短暂化等又使传统课堂受到了极大影响。思政课建设方法的现代化并不代表传统课程的教学方法已经过时，而是肯定传统课程应积极吸收现代化教学手段、方法、平台的有利因素，最大限度地发挥现代化技术手段和教学方式的优势。第三，师资建设的现代性。习近平总书记指出："办好思想政治理论课关键在教师，关键在发挥教师的积极性、主动性、创造性。"[1] 为提升思政课教师整体素质，他又提出了"政治要强、情怀要深、思维要新、视野要广、自律要严、人格要正"[2] 的六点要求。其中"思维要新、视野要广"正是师资队伍建设的现代性要求。这是依据新的时代条件下，世界教育发展趋势、高等教育发展现状、学生成长特点和思政课运行规律做出的正确判断。

三、新时代思政课研究界域的理论思维导向

恩格斯曾经指出："一个民族要想站在科学的最高峰，就一刻也不能没有理论思维。"[3] 理论思维本质上就是规律思维，即把思考问题、分析问题的视角从纷繁复杂的现象性认识上升到规律性认识。2022 年，习近平总书记在视察中国人民大学时强调："思政课的本质是讲道理，要注重方式方法，把道理讲深、讲透、讲活"[4]，这就要求高等学校在推进思政课建设时必须树立理论思维，以理论思维、规律思维研究为基础去诠释重大理论与现实问题。

（一）明确思政课的研究界域

思政课的研究界域从宏观上看由两部分构成：一是思政课自身的研究域；二是思想政治教育相关学科的研究域。相对而言，思政课支撑学科的建设发展周期较短，难免与其他学科相互交叉，但作为一个相对独立的学科体系和课程体系，应当体现出独特的研究对象和问题场域。因而，明确思政课研究界域既要克服当前存在的论域扩大、理论依附和简单移植等边界不明问题，又要防止以其他相关学科和课程研究来消减、替代思政课及支撑学科的不良倾向，确保思政课及其支撑学科研究的独立性、完整性和科学性。

---

① 中华人民共和国学校思想政治理论课重要文献选编：下册［M］.北京：人民出版社，2022：1505.

② 习近平.习近平谈治国理政：第 3 卷［M］.北京：外文出版社，2020：330.

③ 中共中央马克思恩格斯列宁斯大林著作编译局.马克思恩格斯选集：第 3 卷［M］.北京：人民出版社，1995：875.

④ 扎根中国大地办大学［N］.人民日报，2022-04-27（01）.

第一，研究马克思主义基本理论。虽然广义上的马克思主义基本理论泛在于所有课程之中，但主要集中于本专科生的"马克思主义基本原理"、研究生的"自然辩证法"等专题类课程。开展马克思主义基本理论教育教学必须把学习、研究和系统把握马克思主义基本理论的知识体系和逻辑构成作为看家本领。掌握马克思主义基本理论既要深入学习研究马克思恩格斯关于辩证唯物主义和历史唯物主义的哲学原理，关于劳动价值理论、剩余价值理论、生产分配交换理论等的政治经济学原理，关于人类社会发展规律、资本主义矛盾运行规律和共产主义社会实现条件的科学社会主义理论，以及马克思恩格斯在自然科学、历史科学、思维科学和其他科学领域的理论观点，更要从整体上而不是割裂地、零碎地学习研究马克思主义各个组成部分及其逻辑关系，从而实现"以透彻的学理分析回应学生，以彻底的理论说服学生，用真理的强大力量引导学生"[①]。

第二，研究马克思主义中国化时代化理论成果及其相互关系。主要集中在"毛泽东思想和中国特色社会主义理论体系概论""习近平新时代中国特色社会主义思想概论"等课程中。党的十九届六中全会出台的《中共中央关于党的百年奋斗重大成就和历史经验的决议》将"坚持理论创新"作为党百年奋斗的十项历史经验之一，并首次提出了马克思主义中国化时代化的三次理论飞跃。三次理论飞跃对应的是我们党在革命、建设、改革开放和新时代四个宏观历史时期的伟大实践创新，深刻解答了"中国共产党是什么，要干什么""过去我们为什么能够成功，未来我们怎样才能继续成功"等一系列根本性问题。把握马克思主义中国化时代化理论成果及其相互关系，首先要研究三次理论飞跃的一脉相承性，避免割裂三者的历史联系和逻辑统一；其次要研究三次理论飞跃在不同历史条件下的实践指向、价值目标、具体内容以及功能作用；最后要研究三次理论飞跃在当代中国的最新发展成果和对人类社会发展的重大意义。

第三，研究"四史"及其启示。主要集中在"中国近现代史纲要"以及本科生、研究生各相关专业课程中。从马克思主义创始人到习近平总书记，共产党人始终把学习历史、研究历史作为不断前进的根基，从而形成了包含"四史"在内的大历史观。在大历史观的指引下，中国共产党人不仅有力证明了中国特色社会主义存续发展的合理性和合法性，而且科学阐明了推进社会主义建设发展和实现共产主义的合历史性和合规律性。2016年，习近平总书记在全国高校思想政治工作会议上明确将"正确认识世界和中国发展大势"放在了教育引导

---

① 中华人民共和国学校思想政治理论课重要文献选编：下册［M］. 北京：人民出版社，2022：1505.

大学生四个"正确认识"的首位，强调要"从我们党探索中国特色社会主义历史发展和伟大实践中，认识和把握人类社会发展的历史必然性，认识和把握中国特色社会主义的历史必然性，不断树立为共产主义远大理想和中国特色社会主义共同理想而奋斗的信念和信心"①。落实好习近平总书记提出的教育引导任务，必须加强对中国共产党史、新中国史、改革开放史、社会主义发展史的学习研究。"四史"虽然各有侧重、各有特色、各有各的研究范式和知识结构，但决不能将其片面化、分散化，更不能割裂化。"四史"时间跨度不一，从最长500年的社会主义发展史，到最短40多年的改革开放史，任何一部史都包含有极为丰富的内容。这就决定了研究"四史"必须有科学的历史学研究方法，规范的历史学研究范式和明确的各部具体史研究内容。

第四，研究社会主义道德法律基本理论。主要集中在"思想道德修养与法治"以及相关专业类课程。党的十九大报告指出："人民有信仰，国家有力量，民族有希望。要提高人民思想觉悟、道德水准、文明素养，提高全社会文明程度。"② 在中央政治局第二十次集体学习时以及2020年全国两会期间，习近平总书记对加强法治教育和法律研究提出了明确要求。马克思主义认为，道德、法律等作为上层建筑由经济基础所决定。因此，当前社会主义道德、法律建设必然根植于生产力发展水平和生产关系发展要求之上。加强道德法律基本理论教育研究必须紧紧抓住我国所处的历史方位、新时代中国特色社会主义的发展目标和战略任务，把道德法律研究与国民经济和社会发展结合起来。同时，要加强社会主义道德法律与中国传统道德法律的比较研究，以及东西方道德法律的比较研究，在正确的比较中让学生逐步认识到社会主义道德的先进性和社会主义法律的人民性，从而坚定以社会主义道德法律规范言行、修身自省。

第五，研究党和国家路线方针政策以及重大决策部署。主要集中在"形势与政策"等课程之中。习近平总书记指出，"做好高校思想政治工作，要因事而化、因时而进、因势而新"、要教育引导学生"正确认识中国特色和国际比较，全面客观认识当代中国、看待外部世界"③。这里所讲的"化""进""新""比较"等，从构成上看来自两个层面。一是对内而言，就是将党和国家制订的路线方针政策、安排的重大决策部署，准确无误地传导给学生，使学生在全面洞

①　中华人民共和国学校思想政治理论课重要文献选编：下册［M］. 北京：人民出版社，2022：1444.

②　党建读物出版社. 党的十九大文件汇编［M］. 北京：党建读物出版社，2017：29.

③　中华人民共和国学校思想政治理论课重要文献选编：下册［M］. 北京：人民出版社，2022：1444.

察"事""时""势"中自觉实现"化""进""新"。二是对外而言，就是将国际形势最新变化、发展趋势以及我们党和国家的态度、看法与应对举措等以古今对照的方式、中外比较的方式、科学评价的方式准确地对学生进行教育引导。因而，思政课教师必须加强以上两个方面内容的研究，在提高自身认知水平的基础上提高学生的认知能力和批判能力。

（二）深化前沿问题研究

习近平总书记指出："理论创新只能从问题开始。从某种意义上说，理论创新的过程就是发现问题、筛选问题、研究问题、解决问题的过程。"① 前沿问题研究的过程其实就是理论创新的过程，它是依据一定时期思政课研究的重难点而开展的具有开创性意义的理论探索和理论创新。前沿问题与非前沿问题都是相对的，两者可以依据一定条件相互转化。例如关于"协同育人"问题，早在1951年教育部就提出"坚决克服将革命的思想政治教育和一般业务课程对立起来，片面进行、不相联系的现象""各系主任拟定教学计划时，不应单纯地从业务课着眼，而应把思想政治课目作为本系业务课的重要部分，并与其他业务课统一计划，并负责督导检查其进行"②。1955年，时任教育部副部长的刘子载在高等工业学校、综合大学校院长座谈会上作了发言。这个发言最大的亮点在于深刻论述了协同育人的重要性，"一切新中国的教师，不管他们教哪门课程，都应在教学中对学生进行政治思想教育，不应该只注重传授业务技术知识，还应该结合业务技术知识的教育随时进行政治思想教育和道德品质教育"③。可以说"协同育人"在当时应当属于十分前沿的问题，但由于受当时的教育条件、研究基础和学界的关注点的限制，这个前沿性问题并没有得到重视。所以党的十八大召开之前，协同育人的研究理论一直未有新的突破。党的十八大以来，尤其是全国高等学校思想政治工作会议和学校思政课教师座谈会召开以后，党中央提出了"三全育人""十大育人体系""'思政课程'与'课程思政'协同育人"等一系列建设理念，"协同育人"研究才由非前沿转变为前沿。这说明，开展思政课理论研究必须善于将非前沿问题转化为前沿问题，并依据时代要求和思政课自身发展需要不断发现和筛选具有引领作用的前瞻性、前沿性问题。

---

① 习近平．习近平谈治国理政：第2卷［M］．北京：外文出版社，2017：342.
② 教育部社会科学司．普通高校思想政治理论课文献选编：1949—2008［M］．北京：中国人民大学出版社，2008：9.
③ 教育部社会科学司．普通高校思想政治理论课文献选编：1949—2008［M］．北京：中国人民大学出版社，2008：22.

（三）加强现实问题研究

马克思认为："问题就是时代的口号，是它表现自己精神状态的最实际的呼声。"① 思政课既是一门政治理论教育课和价值引领课，更是一门具有很强的现实针对性的实践课，必须坚持理论性和实践性相统一，"用科学理论培养人，重视思政课的实践性，把思政小课堂同社会大课堂结合起来"②。将"小课堂"与"大课堂"结合起来，就是要重视对社会现实问题的研究，并将得出的规律性结论转化为学生正确认识、评判进而解决社会现实问题的思维方式。

第一，深化对治国理政重大问题的研究。在哲学社会科学工作座谈会上，习近平总书记不仅指出了哲学社会科学研究的方法和视角，即"以我们正在做的事情为中心，从我国改革发展的实践中挖掘新材料、发现新问题、提出新观点、构建新理论"，而且提出了三个方面的重点研究内容，即"加强对改革开放和社会主义现代化建设实践经验的系统总结，加强对发展社会主义市场经济、民主政治、先进文化、和谐社会、生态文明以及党的执政能力等领域的分析研究，加强对党中央治国理政新理念新思想新战略的研究阐释，以从中提炼有学理性的新理论，概括有规律性的新实践"③。这不仅为哲学社会科学研究指明了方向，而且为思政课研究提供了遵循。当前，中国特色社会主义已经进入新时代，我国正由世界舞台边缘逐步走向世界舞台中心，时代条件、历史方位和国际形势的巨大变化，不仅考验着我们党治国理政的能力和水平，也给我们党提出了一系列亟待破解的重大现实难题，这些现实问题和难题理应成为思政课研究的重点和主攻方向。

第二，深化对人民群众生动实践的研究。马克思主义理论的科学性和价值性根源于人民群众的生动实践。因而，思政课研究不能离开对人民群众生动实践过程和宝贵经验积累的探索。当前，在贯彻新发展理念，推进经济社会高质量发展，构建国家治理体系和治理能力现代化，推动绿色发展，建设美丽中国等过程中，人民群众发挥聪明才智，创造性地开展了大量的生动实践。思政课应让研究脚步走向田间地头，应把研究视域放在社会基层，以人民群众的实践为指向，以人民群众的现实需求为靶向，产出更多的"真成果""新成果"。

第三，深入研究具有深远影响力的重大国际问题。思政课要有吸引力、向

---

① 中共中央马克思恩格斯列宁斯大林著作编译局．马克思恩格斯全集：第40卷［M］．北京：人民出版社，1982：289-290．

② 习近平．习近平谈治国理政：第3卷［M］．北京：外文出版社，2020：331．

③ 习近平．习近平谈治国理政：第2卷［M］．北京：外文出版社，2017：344．

心力就必须融通国内国际两个界域，在加强对国际发展趋势的比较中得出构建中国特色社会主义理论体系、道路、制度、文化的合理性和应然性。马克思和恩格斯一生的研究视野都是放在全世界、全人类的发展上的，他们敏锐地观察着、考察着世界形势发展变化和资本主义世界的发展趋势，从而得出了"资产阶级的灭亡和无产阶级的胜利是同样不可避免的"① 这一科学社会主义的经典结论。当前，世界正处于百年未有之大变局。一方面世界多极化、经济全球化深入发展，社会信息化、文化多样化持续推进，新一轮科技革命和产业革命正在孕育成长，"你中有我，我中有你"、不可分割、休戚与共的命运共同体更加凸显，和平发展、合作共赢成为促进美好世界建设的共同愿望和基本原则。另一方面，"人类也正处在一个挑战层出不穷、风险日益增多的时代"②，霸权主义、强权政治、保护主义、单边主义、"新冷战思维"、零和博弈等理论还有相当大的市场，传统安全与非传统安全相互交织，发展失衡、治理困境、数字鸿沟、公平赤字等问题亟待解决。如何正确认识世界就是如何正确认识中国，如何从正反两个层面科学把握世界发展趋势就是如何科学把握中国特色社会主义的目标走向。因此，思政课必须将研究具有深远影响力的重大国际问题作为重要内容，在科学解答这些问题的基础上提升思政课的前沿性和预见性。

---

① 中共中央马克思恩格斯列宁斯大林著作编译局. 马克思恩格斯文集：第 2 卷 ［M］. 北京：人民出版社，2009：43.

② 习近平. 共同构建人类命运共同体——在联合国日内瓦总部的演讲 ［N］. 人民日报，2017-01-20 (2).

第一章

"形势与政策"课靶向教学的研究缘起与逻辑架构

　　"形势与政策"课是高校思想政治理论课（除标题和文件名外，以下简称"思政课"）的重要组成部分，能否开好、讲好、学好"形势与政策"课程直接影响到思政课教育教学的整体效果，甚至影响到大学生思想政治工作全局。1988年5月，原国家教育委员会在制定的《关于高等学校开设〈形势与政策〉课的实施意见》中就明确指出，"形势与政策"是一门必修的思想教育课程，其任务是"帮助学生了解国内外重大时事，学习党和国家的路线、方针、政策"①以达到激发爱国主义精神、增强民族自信心和社会责任感的目的。随后，在《关于进一步加强高等学校〈形势与政策〉课程建设的意见》（1996年）、《关于进一步加强高等学校形势与政策教育的通知》（2004年）等文件中，对"形势与政策"的课程地位、功能定位、任务目标等进行了多次重申。党的十八大以来，以习近平同志为核心的党中央高度重视思政课建设尤其是大学生"形势与政策"教育，出台了《关于加强新时代高校"形势与政策"课建设的若干意见》《关于深化新时代学校思想政治理论课改革创新的若干意见》等一系列管根本、利长远的文件制度，为高校有效开展"形势与政策"教育提供了强有力的制度保障。新的时代条件下，以"教学""教材""教法""实践""评价"等为靶向，系统化开展"形势与政策"课程建设理论与实践方法研究，对于落实立德树人根本任务、夯实思政课主渠道主阵地作用具有极为重要的价值和意义。

第一节　"形势与政策"课靶向教学的研究缘起

　　改革开放以来，1980年教育部、共青团中央印发《关于加强高等学校学生

---

① 教育部社会科学司.普通高校思想政治理论课文献选编（1949—2008）[M].中国人民大学出版社，2008：136.

思想政治工作的意见》首次将"形势与政策"赋予"课"的概念，到 1987 年原国家教育委员会印发《关于高等学校思想政治理论课程建设的意见》第一次明确"形势与政策"课归属于思想教育课程，再到"98 方案""05 方案"后思政课逐步走向规范化制度化，"形势与政策"作为一门必修课程在经历了漫长的推进过程后，才慢慢发展成长起来。这一方面得益于马克思主义中国化时代化的快速推进和党的创新理论成果的不断涌现，另一方面得益于"形势与政策"课在解答国内外形势和重大政策变化的基础上，也在不断解答自身发展存在的问题。在系统研究新的时代条件下，"形势与政策"课靶向教学的基本问题、对象与目标、价值与意义，是全面推进该课程乃至思政课整体高质量发展的逻辑起点。

一、"形势与政策"课靶向教学研究的基本问题

问题既是"形势与政策"课靶向教学的研究目的，也是研究的逻辑起点。正如习近平总书记指出的那样："坚持问题导向是马克思主义的鲜明特点。问题是创新的起点，也是创新的动力源。只有聆听时代的声音，回应时代的呼唤，认真研究解决重大而紧迫的问题，才能真正把握住历史脉络、找到发展规律，推动理论创新。"① 当前，我国高等教育已经进入大众化、普及化阶段。据教育部统计数据显示，2022 年我国各类高等教育在学总规模达 4655 万人，毛入学率达到 59.6%，较 2012 年总规模、毛入学率分别增长了 40% 和 29.6%。这一方面说明，我国高等教育规模不断扩大，具备了为建设社会主义现代化强国培育更多人才的条件和基础；另一方面也预示着对高校学生进行系统化的形势与政策教育，不断提升他们的思想道德素质和政策理论水平的任务越来越重。面对如此庞大的受教育队伍和复杂多变的国内外形势，如何提升高校以"形势与政策"课为核心的形势与政策教育的针对性和实效性，是摆在广大思政课教师和思政理论工作者面前亟待解决的重大理论与实践问题。因此，"形势与政策"课靶向教学研究就是要直面问题、针对问题，探寻问题背后的理论逻辑、实践要求和历史规律，进而找到破解问题的科学路径。具体来讲，本书着重研究三个方面的基本问题。

（一）马克思主义形势观、政策观基本理论问题

科学认识并准确把握马克思主义形势观、政策观的理论内涵及其逻辑构成，是高校开展"形势与政策"课教育教学的基础。长期以来，高校"形势与政

---

① 习近平. 在哲学社会科学工作座谈上的讲话［M］. 北京：人民出版社，2016：14.

策"课在教育教学过程中之所以出现"讲不深""讲不透""讲不活"甚至讲"歪"讲"邪"等问题，其根本原因在于对马克思主义形势观、政策观掌握不准、不牢。习近平总书记指出："要坚持不懈传播马克思主义科学理论，抓好马克思主义理论教育，为学生一生成长奠定科学的思想基础。"① 这段话既是对高校思政课提出的明确要求，更是对传播马克思主义理论、开展马克思主义理论教育与学生成长成才内在逻辑关系的深刻阐明。在现实的教育教学过程中，常常存在这样的不良倾向或错误认识，即"形势与政策"课就是对当下国内外发生事情的讲述，没有多少道理、学理、哲理。这不仅削弱了"形势与政策"作为一门课程的价值功能，而且对高校思政课课程体系的整体建构造成了严重阻碍。

破解这一问题，需要从三个维度加强理论研究。第一，研究马克思主义形势观理论。主要包括马克思主义经典作家对社会历史形势的整体判断方法、研究方法和解决方法；分析、解决特定社会历史问题的世界观和方法论；马克思主义政党及其领导人在领导革命、建设、发展等实际工作中运用的形势观测与分析方法，等等。第二，研究马克思主义政策观理论。政策是体现实践主体愿望、意志、目的及其行动价值的策略与方法，不同的实践主体在不同的历史阶段和处理差异性问题中制定的政策迥然不同。因而，政策本身带有鲜明的价值性、主体性、实践性、时段性。研究马克思主义政策观理论，应当包含两个部分：一方面是马克思主义经典作家对待政策的基本态度和理论阐述；另一方面是立足于科学的政策观对不同政策的价值取向与实践目标的系统研究。第三，研究马克思主义形势观与政策观之间的逻辑关系。主要包括两者的共通性和差异性，两者在研究分析具体问题时的异同，等等。

（二）"形势与政策"课建设的历史与逻辑问题

"同历史对话，我们能够更好认识过去、把握当下、面向未来。"② 新中国成立以来，"形势与政策"课建设经历了一个漫长的历史演进过程，对这一历史的梳理，一方面可以分析得失、总结经验，另一方面可以把握该课程建设的规律，从而对当下和未来一个时期的课程建设提供依据与支撑。关于"形势与政策"课建设历史与逻辑的研究，主要侧重于三个基本问题：第一，从不同历史时期，我们党关于加强和改进思政课教育教学尤其是"形势与政策"课教育教

① 习近平. 论党的宣传思想工作 [M]. 北京：中央文献出版社，2020：276.

② 习近平. 在中国文联十大、中国作协九大开幕式上的讲话 [EB/OL]. 人民网，2016-11-30.

学的相关文件制度中，分析"形势与政策"课的价值功能以及在思政课课程体系中的地位与作用；第二，从"形势与政策"课建设历史中，梳理总结存在的问题和建设经验；第三，在当前"形势与政策"课规范化、标准化建设要求的背景下，遵循该课程建设历史逻辑与实践逻辑，提出合理化的政策优化策略。

（三）"形势与政策"课教学理论问题

"形势与政策"课教学既有与其他课程类同的共性理论问题，也有适用自身教育特点和要求的理论问题。本书主要聚焦于该课程的独特性问题进行理论研究，主要包括主体论、客体论、方法论、环境论、过程论、介体论等，尤其关注客体论、方法论和过程论。在客体论方面，"形势与政策"课作为高校思政课的重要组成部分，是对学生进行形势与政策教育的主要渠道和重要阵地，是每个大学生的必修课程。该课程主要针对国内外形势与政策的变化，以党和国家的重大会议、重大决策、重要事件为契机，帮助学生了解国内外形势与政策的变化，理解党和国家的路线方针政策，引导学生正确认识当前形势，正确理解党的路线方针政策。这说明，该课程的客体在实施层面主要指的是"学生"，而在内容层面主要指的是国内外政治经济等客观存在的形势及其发展变化与趋势，以及党和国家应对形势发展变化所采取的政策措施。对于客体的教学理论研究主要聚焦于形势的历史变化规律和政策的理论基础。在方法论方面，有学者认为，"教学方法研究属于教学研究，不是学术问题的研究，因而不是严格意义上的理论研究，而是应用层面的操作性研究"，并据此得出了"教学方法研究的重点不在于去创造一种新的方法，而在于研究用什么方法来操作具有更好的效果"的结论。① 我们对这种观点并不赞同，因为方法本身既是科学研究的工具，也是科学研究的对象。教学方法所具有的科学性应当在学术研究中得到尊重和挖掘，而不是被排除在理论研究之外。在本书的研究中，我们将"形势与政策"课教学方法论放在"理念—设计—验证"的逻辑框架内进行研究，就是要揭示蕴含其中的规律，以及在此规律指导下的"形势与政策"课程的高质量发展与实践。在过程论方面，"形势与政策"课与其他思政课程一样都存在"讲授—接收—反馈—评价—优化"等基本过程。从本质上讲，包括"形势与政策"课在内的高校思政课教学过程都是一个复杂的螺旋式上升的循环体，从教师主体的首次"讲授"行动结束到下一次"讲授"行动的开始，必然经历一个"施""介""受""评""反馈"的自觉或非自觉运动程序，而这个程序运行的有序与否直

---

① 顾钰民. 马克思主义理论学科建设和思想政治理论课教学研究［M］. 北京：中国人民大学出版社，2016：314.

接反映教学的成败。本书以靶向教学方法为研究对象，就是要将其置之于"形势与政策"课教学"全过程"中来考察其适用性，具体包括靶向教授、靶向接收心理及接收效率、靶向效果反馈与评价、下一教学行为循环的靶向优化等。既然靶向教学方法与过程是个复杂体，那么就必须将其作为一个基本问题，立足马克思主义基本方法论，采用"工具互借、学科交叉、文理融合、理论超越"的研究理路，进行深入系统地研究。

二、"形势与政策"课靶向教学研究的对象与目标

（一）研究对象

无论是从课程归属还是学科归属来看，形势与政策教育都属于思想政治教育的重要领域，是思想政治教育学科的次级学科。学界普遍认为，"所谓思想政治教育就是一定阶级或政治集团，为了实现其政治目标和任务而进行的，以政治思想教育为核心与重点的，思想、道德和心理综合教育实践"，而作为特殊性的马克思主义思想政治教育是与一切剥削阶级的思想政治教育有着本质区别的，它是"为了保证党和中华民族奋斗目标的实现，以宣传和传播社会主义和共产主义思想体系，引导人们的政治态度，解决各类思想问题，提高思想、道德和心理素质，完善人格和调动积极性为根本任务，对人们进行的以政治思想教育为核心和重点的，思想教育、道德教育和心理教育的综合教育实践"[1]。这说明，思想政治教育学科有着不同于其他学科的研究对象与目标。有学者将其研究对象归纳为两大规律，即思想品德和心理素质教育的规律、人的思想品德和心理素质发展变化的规律。[2] 也有学者直截了当地认为"思想政治教育的对象是人，是千百万人民群众"[3]。辩证唯物主义认为，任何事物都是一般性与特殊性的统一体，"形势与政策"课程理论在研究对象上既有思想政治教育理论的共通性对象，也有自身的特殊性对象。正如毛泽东在《矛盾论》一文中所讲到的："每一种社会形式和思想形式，都有它的特殊的矛盾和特殊的本质。科学研究的区分，就是根据科学对象所具有的特殊的矛盾性。因此，对于某一现象的领域所特有的某一种矛盾的研究，就构成某一门科学的对象。"[4] 那么，如何界定形势与政策教育的研究对象呢？

---

① 陈秉公. 思想政治教育学原理 [M]. 沈阳：辽宁人民出版社，2001：3.
② 陈秉公. 思想政治教育学原理 [M]. 沈阳：辽宁人民出版社，2001：8.
③ 陆庆壬等. 思想政治教育学原理 [M]. 上海：复旦大学出版社，1986：9.
④ 毛泽东. 毛泽东选集：第1卷 [M]. 北京：人民出版社，1991：309.

关于形势与政策的研究对象，学界存在三种误区。第一是将形势与政策教育的研究对象与"形势与政策"课程的研究对象相等同，看不到"形势与政策"课程对象的特殊性。第二是将政策学的研究对象类同于"形势与政策"课程的研究对象。诚然，"形势与政策"课程研究对象必然涉及政策学，但它们是有着明显区别的。政策学一般是指"以政策及其运动规律为研究对象的学科"①或"以政策及其运动为对象，研究如何运用系统的知识、有结构的理性和有组织的创造性来改进政策制定系统，以更好地制定政策的跨学科的全新科学"②。而"形势与政策"课程研究的对象主要是课程教学活动及其运行规律。两者在对象上有着较大区别，不可混淆。第三是将"形势与政策"课程研究对象与思想政治教育学研究对象相等同。前已述及，作为形势与政策教育研究组成部分的课程研究，必然归属于思想政治学研究范畴，但这并不能说明两者可以无差别地相互替代。要想消除三种认识误区，应当抓住形势与政策教育的本质，即从基本概念尤其是研究对象的科学界定上来把握。对此，有学者认为，"'形势与政策'是一门应用性强的学科，其研究对象是国内外形势与政策变化发展的态势、特点、成因和规律以及大学生形势与政策观的形成、发展和对大学生进行'形势与政策'课教学的规律"③。也有学者认为，"形势与政策课程是一门应用性较强的学科，其研究对象是不断变化和发展的形势与政策，内容既包含相对稳定的有关形势与政策的基本理论和基础知识，党的路线、方针和政策等基本内容，同时又包括动态性较强的国内外重大事件，敏感问题，社会热点、难点、疑点等时事问题"④；"形势与政策教育研究是以高校学生的形势观、政策观的形成和变化发展规律以及对学生进行形势与政策教育的特点和规律作为研究对象"⑤。这些界定说明学界关于形势与政策的研究对象问题并没有达成基本共识。我们认为，"形势与政策"课程研究对象当然离不开主体对象的研究，即"人"（教师、学生）的研究，以及课程本身发展历史与建设规律的研究。由于本书主要聚焦于靶向教学，属于教学方法论范畴，因此其研究对象具体包括"形势与政策"课教学方法的发展规律研究，"形势与政策"课教学方法的

① 沈承刚. 政策学［M］. 北京：北京经济学院出版社，1996：1.
② 刘斌，王春福，等. 政策科学研究：第1卷［M］. 北京：人民出版社，2000：1.
③ 付红梅，张录平. 大学生形势与政策教育基础理论教程［M］. 长沙：湖南人民出版社，2009：1.
④ 俞海洛. 大学生形势与政策教育方法论教程［M］. 郑州：河南人民出版社，2010：2.
⑤ 李斌雄，蒋耕中等. 高校学生形势与政策教育引论［M］. 北京：中国文史出版社，2014：3.

依据、功能和特点研究，"形势与政策"课教学方法之间的关联研究，"形势与政策"课教学方法的发展趋势研究等。

（二）研究目标

2018年，教育部出台的《关于加强新时代高校"形势与政策"课建设的若干意见》指出："'形势与政策'课是理论武装时效性、释疑解惑针对性、教育引导综合性都很强的一门高校思政课，是帮助大学生正确认识新时代国内外形势，深刻领会党的十八大以来党和国家事业取得的历史性成就、发生的历史性变革、面临的历史性机遇和挑战的核心课程，是第一时间推动党的理论创新成果进教材进课堂进学生头脑，引导大学生准确理解党的基本理论、基本路线、基本方略的重要渠道。"① 这表明，"形势与政策"课程教育是代表国家意志、有着明确教育目标的教学行为。它不同于一般意义上的思想教育、道德教育、政治教育、法治教育等，而是有组织、有计划、有目的和有规程的教育，其本质是"促使大学生提高形势判断能力和政策执行能力的政治教育实践活动，其实质是促进大学生的政治社会化"②。

本书的总体研究目标是通过靶向教学方法的理论与实践研究，把握高校形势与政策教育教学的特点与规律，提升"形势与政策"课教育教学的针对性、实效性，为培养具有较高政治素质、形势分析能力、政策执行能力的社会主义建设者和接班人服务。具体来讲，包括三个层面的研究目标。第一，在理论上，着力探究适应新时代思想政治教育特点和发展要求的方法论。当前，党和国家高度重视思想政治教育工作，将保障中国特色社会主义事业后继有人作为一项重大战略任务，为加强高校思想政治工作做出了一系列重大部署，取得了一系列重大成就，在维护马克思主义在高校意识形态领域指导地位的同时，也极大地推进了高校思想政治工作理论发展，创造了一大批行之有效的工作方法和教育教学方法。尤其是教育部实施思政课教学方法改革项目择优推广计划以来，数百项优秀教学方法得到推广应用，成为高校提升教学质量的重要抓手。靶向教学法是诸多教学方法论中的一种，它主要解决的是"形势与政策"课内容选取不精准、对象接受不积极、反馈评价不科学等理论和实践问题。该方法借助中国高等教育顾客满意度指数分析方法（CHE-CSI），对教师"教"的质量和学生"学"的效果进行测量，并从中梳理出影响和制约"形势与政策"课教学

---

① 教育部关于加强新时代高校"形势与政策"课建设的若干意见 [EB/OL]. 中国政府网，2018-04-27.

② 李斌雄，蒋耘中等. 高校学生形势与政策教育引论 [M]. 北京：中国文史出版社，2014：3.

质量的关键问题，从理论上提出基于"教""学""评""实践"四维方向下"形势与政策"课精准靶向教学模式。第二，在实践上，基于 OBE 教学理念，通过对"形势与政策"课教学效果的测量与靶向分析，构建靶向教育模式、学习模式、实践模式、评价模式、反馈模式"五位一体"的教学方法体系，为提升思政课育人的针对性、实效性提供借鉴。例如，基于学习产出驱动教育（OFE）理念，构建以"精准内容传导""精准主体筛选""精准目标达成"为核心的"教学模式"；基于学习动能增长和学习效果提升教育理念，构建以"朋辈意见领袖""兴趣小组""课堂分组""班群宿舍""专门社团"等为主体的精准帮扶"学习模式"；基于中国高等教育顾客满意度指数分析方法（CHE-CSI），构建以教师自评、学生评价、同行评价、督导评价、社会评价等多元参与的精准教学成效"评价模式"；基于全课覆盖、分类指导、跟踪问效的教学方法，构建以"精准实践导入""课程协同"和"情感认同"为核心的"综合实践模式"。近年来，课题组所在高校已经开展了多轮靶向教学的实验检测，构建了"形势与政策"课靶向教学与资源数据库，截至 2024 年 2 月份，累计积累各类样本数据 4200 余万份，参与师生 8.6 余万名，为开展靶向教学研究提供了强有力的数据支撑。因此，在大量有效样本数据和丰厚的理论积累基础上，"形势与政策"课教学研究必然能进一步促进理论创新指导下的实践创新。第三，在学科上，靶向教学方法论研究将为马克思主义理论学科发展提供支持。恩格斯曾指出："每一门科学都是分析某一个别的运动形式或一系列相关联和互相转化的运动形式的。因此，科学分类就是这些运动形式本身依据其内部所固有的次序的分类和排列，而它的重要性也正在这里。"① 形势与政策教育学是马克思主义理论学科的次级学科，由于马克思主义理论学科作为独立学科起步较晚，因而在学科方向凝练、学科体系建构、学科方法创新等方面还有诸多问题需要解决。当前国内国际形势发展变化加快，新形势、新任务、新政策不断涌现，"世情、国情、社情、党情都发生着深刻变化，各种思想文化和价值观念交流交融交锋，高校师生的政治意识、大局意识、忧患意识和责任意识遭遇前所未有的挑战。加强和改进高校思想政治工作，比以往任何时候都更加紧迫、更加重要。在高等教育战线切实贯彻党中央重大决策部署，可以提升高校统筹国内国际两个大局的能力、引领思想文化的能力、驾驭复杂局面的能力和应对突发事件的

---

① 中共中央马克思恩格斯列宁斯大林著作编译局．马克思恩格斯全集：第 20 卷［M］．北京：人民出版社，1971：593.

能力"①，这就要求马克思主义理论学科必须在方法论上进行改革和创新，以适应新形势新任务。靶向教学方法论研究最为突出的特点就是针对性、实效性和可操作性，该方法以知识含量、讲教形式与视角、接受心理与程度、课程考试测评成绩均值、其他课程协同效果、知识留储与弥散时长等核心因子的效度测量为中心，对当前形势与政策教学过程中出现的问题进行科学化测定与评价，并找出解决问题的途径与方法，这不仅符合马克思主义科学性、实践性的特征，而且对推进马克思主义理论学科高质量发展具有不可替代的方法论价值。

三、"形势与政策"课靶向教学研究的价值与意义

有学者认为，形势与政策教育"是执政党和政府的政策目标的关键环节和重要工具，是引导公民正确认识形势，认知、理解、接受执政党和政府的政策，进而形成对执政党和政府政策认同和支持，提高执政党政策执行力和政府公信力的重要途径"②。这个一般性定义是对形势与政策教育价值的确证，即教育在体现执政党和政府政策正确性的前提下，实现教育的政治性与价值性。作为课程的"形势与政策"与作为公共产品的形势与政策教育在价值目标上是一致的，但也有一定的区别，其根本点在于作为课程的"形势与政策"教育具有公共产品性质的形势与政策教育所不具备的规范性与双向互动性。推进"形势与政策"课靶向教学研究，将采用历史、理论、实践、实验相结合的角度与方法，梳理新中国成立以来"形势与政策"课建设的历史演进与新时代该课程建设的政策指向，总结70多年来课程建设和教育教学的历史经验与存在的矛盾、问题，通过样本验证的方法对当前"形势与政策"课教学效果进行测量与靶向分析，科学化建构"形势与政策"课靶向教学的教育模式、学习模式、实践模式、评价模式、反馈模式，以期在推进形势与政策教育、整体思政课教育教学乃至思想政治教育效能提升中彰显研究价值。仅就高校思政课教学而言，"形势与政策"课靶向教学研究具有以下价值。

第一，有助于提升当前"形势与政策"课教学的针对性和实效性。近年来，随着国家推进高校思政课的改革创新，"形势与政策"课在课程设置、内容选取、方法创新等方面取得了较大进步，"形势与政策"课程建设质量和教学水平

---

① 靳诺. 准确把握新时代新形势培养民族复兴的有用人才［N］. 光明日报，2018-9-13（14）.

② 李斌雄. 形势政策教育学：研究对象、内容和方法——基于高校学生形势与政策教育教学经验的思考［J］. 思想教育研究，2012（10）：45-48.

有了明显提升。但长期以来存在的"老大难"问题并没有真正从根本上得到解决。例如，师资队伍来源的易变性与非专业化问题、课程内容选取照搬教育部教学要点与实际结合不紧的问题、课堂教学形式单一化问题、教学效果评价与反馈机制不科学问题，等等。"形势与政策"课要做到"因事而化、因时而进、因势而新"①，不断增强时代感和吸引力，还有很长的路要走。从实践层面来看，造成这些问题存在的根本原因就是教与学的双向"脱靶"，即教师"教"的内容与学生"学"的需求无法对接。靶向教学法就是要解决"教"与"学"这两个核心环节的"对靶"问题。具体做法就是通过设计一整套靶向教学模式和测评标准，对教学、学习、实践等进行标准化测评，精准发现各教学环节存在的问题，从而提出具体化的解决方案，以使"教""学""评""测""反馈"等环节真正实现对标对靶。

第二，有助于推进"形势与政策"课科学化、规范化建设。在高校本专科思政课程体系中，"形势与政策"课无论是内容还是形式都是变动最大的课程。主要表现为：一是没有国家统编教材。讲授内容只能依据教育部每学期编发的《教学要点》自行编制教学大纲和基础性讲义，因而具有内容选取的随意性；二是没有统一的教学计划。近年来，中央和国家教育主管部门虽然出台了《新时代学校思想政治理论课改革创新实施方案》《关于加强新时代高校"形势与政策"课建设的若干意见》等文件，就"形势与政策"课的课程设置、学时学分、考核方式等进行了规定，但在实际执行过程中存在一定偏差。例如，《新时代学校思想政治理论课改革创新实施方案》明确规定，"形势与政策"课四年制本科要不断线地开设，但在执行过程中有的高校四年级要么没有开设，要么用报告会、座谈会、专家讲座等来代替，有的高校甚至把课程集中在三年级开设，从而大大降低了该课程的教学效果。从调研情况来看，造成这些问题的根本原因是未能形成统一的教学计划，该课程未能科学、规范地纳入"人才培养"计划之中，导致了该课程被边缘化。三是教师队伍流动性大，整体素质不高。较之于其他思政课程，该课程兼职教师队伍庞大，专业来源庞杂，辅导员、党政干部甚至服务管理人员等也可以参与课程的教学工作中来。教师队伍的非专业化严重降低了该课程的教学质量和教育效果。对于这个问题，近年来学界进行了较为深入的讨论，"教师需求量特大，导致兼职老师很多，兼职老师的来源广、专业不合、理论功底相对较弱、上课经验不足、工作事务杂、上课时间与持续性均不稳定，特别是部分兼职教师这门课程的实践教学能力有限、专业不

① 习近平. 习近平谈治国理政［M］. 北京：外文出版社，2017：378.

合、水平不高、经验不足，或工作压力较大，或责任心不强，或是混课时与课酬，或工作性质所属流动较快，不能胜任或不适应'形势与政策'课实践教学需要，这样既加大了教学管理的难度，又淡化了教学的严谨性，更是降低了教学实效性"①。靶向教学研究将直面这些问题，通过设计"形势与政策"课教学效果测量指标和评测模式，关注教学过程中教材使用、课程设置、师资水平等相关要素的目标达成情况，从而为解决该课程非科学化、规范化问题提供依据。

第三，有助于完善"形势与政策"课教学体系。从思政课"85方案"到"98方案"再到"05方案"，国家始终强调"理论+实践"的双向课程体系建设。党的十八大以来，国家在突出强调理论教学的同时，将实践教学要求也提到了前所未有的高度。教育部在《关于进一步加强高校实践育人工作的若干意见》（2012年）中明确指出："实践教学是学校教学工作的重要组成部分，是深化课堂教学的重要环节。"② 中共中央宣传部、教育部《普通高校思想政治理论课建设体系创新计划》（2015年）强调要"强化思政理论课实践教学，建设与课堂教学相互促进的思政理论课第二课堂教学体系"③；历次制定的《高等学校思想政治理论课建设标准》更是规定了"实践教学纳入教学计划，统筹各门思政理论课的实践教学"④ 等。"形势与政策"课作为"第一时间推动党的理论创新成果进教材进课堂进学生头脑，引导大学生准确理解党的基本理论、基本路线、基本方略重要渠道"⑤ 的思政课程，其特点就在于理论讲授与实践认知的高度统一。在理论讲授上，2018年教育部出台的《关于加强新时代高校"形势与政策"课建设的若干意见》已经做出了明确规定。例如，学时学分要"保证本、专科学生在校学习期间开课不断线。本科每学期不低于8学时，共计2学分；专科每学期不低于8学时，共计1学分"⑥。讲授内容要围绕学习贯彻习近平新时代中国特色社会主义思想，开设全面从严治党形势与政策的专题、我国

① 涂平荣，赖晓群. 新时代高校"形势与政策"课实践教学规范化建设研究［J］. 思想政治课研究，2023（1）：143-156.
② 教育部. 教育部等部门关于进一步加强高校实践育人工作的若干意见［EB/OL］. 教育部网，2012-01-10.
③ 中央宣传部、教育部. 关于印发《普通高校思想政治理论课建设体系创新计划》的通知［EB/OL］. 教育部网，2015-07-30.
④ 教育部. 关于印发《高等学校思想政治理论课建设标准（2021年）》的通知［EB/OL］. 教育部网. 2021-12-02.
⑤ 中华人民共和国学校思想政治理论课重要文献选编：下册［M］. 北京：人民出版社，2022：1489.
⑥ 中华人民共和国学校思想政治理论课重要文献选编：下册［M］. 北京：人民出版社，2022：1489.

经济社会发展形势与政策的专题、港澳台工作形势与政策的专题、国际形势与政策专题，并按教育部每学期印发的《高校"形势与政策"课教学要点》安排教学。① 但如何开展"形势与政策"课的实践教学，采用什么样的方法，达到什么样的效果，教育部门并没有详细的指导意见和具体的执行方案。我们认为，这既与各地各高校教学实际差异化等客观条件有关，更与实践教学效能、效果不易测量等问题有关。实践证明，"形势与政策"课程体系必然包含理论教学体系和实践教学体系两个基本部分，实践教学体系的缺失或弱化，势必影响该课程的整体质量。靶向教学研究将依据国家相关教学评测要求，对"形势与政策"课实践教学情况进行数据计量和科学评测，找出其中的症候及其影响因素，并提出合理化的解决方案，使"形势与政策"课程体系真正达到理论与实践的统一。

第二节　"形势与政策"课靶向教学的研究动态及其评价

"形势与政策"课是高校思政课程体系的重要组成部分，具有理论武装时效性、释疑解惑针对性、教育引导综合性等课程特点，对于提升大学生分析研判形势的能力、理解把握党和国家重大政策的能力发挥着极为重要的作用。习近平总书记强调："办好思政理论课，最根本的是要全面贯彻党的教育方针，解决好培养什么人、怎样培养人、为谁培养人这个根本问题。"② 《关于加强新时代高校"形势与政策"课建设的若干意见》不仅首次将"形势与政策"课放在了"帮助大学生正确认识新时代国内外形势，深刻领会党的十八大以来党和国家事业取得的历史性成就、发生的历史性变革、面临的历史性机遇和挑战的核心课程"，"第一时间推动党的理论创新成果进教材进课堂进学生头脑，引导大学生准确理解党的基本理论、基本路线、基本方略的重要渠道"③ 的战略高度，而且对推进"形势与政策"教育高质量发展进行了全面安排，标志着"形势与政策"课教育教学逐步走上了科学化、规范化的道路。近年来，学界围绕"形势与政策"课建设发展进行了深入的研究，并从不同维度探索了新时代"形势与

① 中华人民共和国学校思想政治理论课重要文献选编：下册 [M]. 北京：人民出版社，2022：1489-1490.

② 习近平. 思政课是落实立德树人根本任务的关键课程 [J]. 求是，2020（17）：4-16.

③ 中华人民共和国教育部. 教育部关于加强新时代高校"形势与政策"课建设的若干意见 [J]. 中华人民共和国教育部公报，2018（4）：136.

政策"课创新性发展、创造性转化的方法与路径。从现有的研究成果整体来看，虽然党和国家在课程设置、教学规范等具象问题方面达成了较为一致的意见，但在课程归属、建设规范、发展创新等关键议题上仍有较大的探讨价值。因此，新时代提升高校"形势与政策"课教育教学质量应就相关议题研究进行系统梳理并给予合理回应。

一、关于"形势与政策"课程属性的考辨

"形势与政策"课程属性争论的实质包含两个层面的含义：第一层含义是指"形势与政策"课与其他思政课是否具有内恰性，即该课题归属思政课的科学性；第二层含义是指"形势与政策"课与除思政课之外的哲学社会科学类课程是否具有耦合性，即该课题归属思政课的合理性。对于这两个层面的争议可以理解为对"形势与政策"课内涵与外延关系的考辨。高校思政课"05 方案"实施以后尤其是党的十八大以来，虽然中央先后出台了《普通高校思想政治理论课建设体系创新计划》《高等学校思想政治理论课建设标准》《关于加强新时代高校"形势与政策"课建设的若干意见》《新时代学校思想政治理论课改革创新实施方案》等一系列文件制度，对"形势与政策"课程性质和功能定位进行了明确，但并不代表关于"形势与政策"课程属性在理论层面上论争的结束。

从目前情况看，关于"形势与政策"课程属性主要有三个界定维度。第一，"单维属性说"。"形势与政策"课程属性的单维性是当前学界比较普遍认同的观点。持此观点的学者多是从中央关于对思政课整体属性的定位来认识的。如，孔朝霞等从"政治引导是思政课的基本功能"论断出发，认为政治性是所有思政课的根本属性，其他属性均服务与服从于政治性，"形势与政策"课作为思政课必然要将坚守政治性作为首要任务。[1] 胡航认为，"形势与政策"课与其他思政课一样，本质上都是意识形态课，维护马克思主义在意识形态领域的指导地位既是其基本功能，也是其基本属性。[2] 第二，"双维属性说"。持此观点的学者认为，"形势与政策"课兼具思政课程的一般性和特殊性，如果将该课程仅仅视为单维性，则抹杀了与其他思政课的差异和区别。因而对其属性的界定既要考察课程的本身特性，更要考察该课程与其他思政课的关联性。刘有升认为

---

① 孔朝霞，王绪风. 新时代高校"形势与政策"课守正创新的逻辑建构［J］. 思想理论教育导刊，2021（4）：121.

② 胡航. 高校"形势与政策"课的内涵特征与优化路径［J］. 学校党建与思想教育，2021（20）：60.

"形势与政策"课具有共同性和独特性双重属性。共同性是指该课程与其他思政课共同具有的"思想性""理论性""政治性"，独特性则是指它在课程定位、建设原则和教学管理等方面的唯一性特征。① 李克和一方面把价值性和知识性的统一作为思政课的共有属性，另一方面又把时效性、动态性等视为"形势与政策"的独特属性。② 彭庆红等认为，由于存在形势发展的客观性和人们对形势分析、评价的主观性矛盾，"形势与政策"课一方面应保持客观公正，另一方面又要根据党和国家路线方针政策以及形势自身的是非曲直进行教学，因而具有阐述事实的客观性与价值引导的政治性。③ 第三，"多维属性说"。持此观点的学者认为，"形势与政策"课虽然是一门比较特殊的思政课，但在本质上它具有"课"的属性，因此不能过分强调它的独特性，以免造成它与自然科学类课程、哲学社会科学类课程的割裂。兰清等人认为，"形势与政策"课存在教学内容和教学对象两个层面的"多学科性"，应按照多学科交叉的特点来界定课程属性，不应将该课程只限定在思政课的范畴来考察。④

　　我们认为对"形势与政策"课程属性的界定应依据三个基本标准。第一，历史标准，即从"形势与政策"课发展演进的历史逻辑来判定。新中国成立以来，"形势与政策"课经历了从无到有、从不规范到规范化建设的过程，有学者将这一过程划分为初设预制阶段（1951 年 9 月—1986 年 7 月）、起步实施阶段（1986 年 7 月—1996 年 10 月）、规整推广阶段（1996 年 10 月—2014 年 11 月）、推进提升阶段（2014 年 12 月至今）四个阶段⑤。这种阶段式划分主要依据中央和国家教育行政主管部门的政策文件，而不是形势与政策教育内在发展要求和建设规律，因而并不具有说服力。通过历史考察可以发现，思政课"85 方案"实施以前，高校的形势与政策教育与党和国家对社会层面的形势与政策教育并未做出严格区分，无论在教育形式、教育内容还是参与主体方面均体现为一种时事教育运动化，而并未按课程建设规范化来设置。"85 方案"实施以后，中

① 刘有升. 高校"形势与政策"课的双重属性、建设困境及对策思考 [J]. 学校党建与思想教育，2021（4）：31.
② 李克和. "形势与政策"课教学中价值性与知识性的统一 [J]. 珠江论丛，2019（Z1）：218.
③ 彭庆红，潘红涛. 高校"形势与政策"课程的体系构建与实践探索 [J]. 思想教育研究，2015（11）：111.
④ 兰清，田魁园，罗英. 多学科视野下"形势与政策"课教师队伍建设的"项链"模式研究与实践 [J]. 高教学刊，2021（11）：189.
⑤ 王刚. "形势与政策"课规范化建设：问题与解决路径 [J]. 思想理论教育，2015（11）：19.

央先后印发了《关于对高等学校学生深入进行形势政策教育的通知》《关于高等学校思想教育课程建设的意见》《关于进一步改革高等学校马克思主义理论课（公共课）教学的意见》，一方面明确提出了"形势与政策"课的规制问题，另一方面在实践上规定了必须将"形势与政策"课作为必修课程之一。随着教育形势的发展，"98方案""05方案"不仅将"形势与政策"课纳入思政课程体系，而且更为明确地界定了该课的属性。如，2004年，中共中央宣传部、教育部印发的《关于进一步加强高等学校学生形势与政策教育的通知》开篇就明确指出："形势与政策课是高校思想政治理论课的重要组成部分，是对学生进行形势与政策教育的主渠道、主阵地，是每个学生的必修课程，在大学生思想政治教育中担负着重要使命，具有不可替代的重要作用。"① 2018年，教育部印发的《关于加强新时代高校"形势与政策"课建设的若干意见》不仅进一步明确了"形势与政策"课属于思政课，而且将其提升到了"核心课程"和"重要渠道"的历史高度。总体来看，依据历史标准，"形势与政策"课从诞生之时起就属于思政课的范畴，政治性是其本质属性。第二，价值标准，即从"形势与政策"课的功能作用来判定其属性。《关于加强新时代高校"形势与政策"课建设的若干意见》引言部分对该课的功能作用作了三重界定：第一重界定是与其他思政课的共通性，即理论武装时效性、释疑解惑针对性、教育引导综合性；第二、三重界定是该课程的独特性。这三重属性实质上对应着"形势与政策"课的三种基本价值功能，即维护马克思主义在高校意识形态领域指导地位的政治功能，宣传党的基本理论、基本路线、基本方略和国家重大政策的传播功能，引导大学生认清形势、积极投入中华民族伟大复兴生动实践的教育功能。第三，学科标准，即从"形势与政策"课的学科归属和学科支撑来判定。作为思政课重要组成部分的"形势与政策"课，其学科归属必然是马克思主义理论。但由于其内容涉及范围的广泛性和受教育主体学科背景的多元性，因而其支撑学科又会涉及人文社会科学、思维科学甚至自然科学，形成了"一主多辅"的学科支撑模式。因此，界定"形势与政策"课程属性不应机械地归类为"单维""双维"或"多维"，而应在坚持以上三个基本标准的基础上给予综合解答。

二、关于"形势与政策"课程改革核心问题的解析

习近平总书记指出："坚持问题导向是马克思主义的鲜明特点。问题是创新

---

① 教育部社会科学司. 普通高等学校思想政治理论课文献选编（1949—2008）［M］. 北京：中国人民大学出版社，2008：210.

的起点，也是创新的动力源。"① 推进"形势与政策"课改革创新是提升该课程建设质量和育人水平的关键所在。近年来，学界围绕"形势与政策"课教学内容、教学模式、教师队伍等方面存在的突出问题进行了深入研究，为厘清问题的表现形态和产生的原因，加快构建符合现代教育规律和改革发展趋势的思政课程体系做出了有益探索。

（一）教学内容的随意性和散泛化

教学内容是实现课程价值与教学目标的重要载体，是影响思想政治理论教育成效的首位因素。学界认为，当前"形势与政策"课程在教学内容上存在的不规范、时效性差、稳定性差、专业性理论及教材缺乏等问题，是制约课程质量提升的关键问题。具体来讲，有以下几个方面的问题。

第一，内容选取的随意性。2018 年以来，教育部每年春秋两季均向高校印发《高校"形势与政策"课教学要点》，作为开展"形势与政策"课程教学的参考。各高校根据这些基本的教学点自行安排教学活动，因此在教学内容上存在不统一、不固定、缺乏规范性的问题。骆郁廷认为，由于"形势与政策"课的变动性和缺乏统一编订的教材，因此各高校在该课程上拥有较强的自主性，从而导致教学内容缺乏规范性。同时，部分高校并未制定"形势与政策"课程的教学计划，忽视了对基本形势的把控，只讲形势或只讲政策，导致教学内容的分散性②。柴紫慧则从课程界定角度指出，因缺乏对"形势与政策"课程教学内容的系统表述和界定，导致其内容建设规范化的缺失及在理论与实践方面的不足。由于缺乏统一的大纲和教材，造成老师对"形势与政策"课程的内容结构、教学依据、教学逻辑的认知不同，导致学科认同感低，对学科中蕴含的理论不能透彻地传达给学生，未达到课程的教学目标。③

第二，内容传导的滞后性。2020 年 12 月，中共中央宣传部、教育部联合印发的《新时代学校思想政治理论课改革创新实施方案》明确规定，"形势与政策"课程主要讲授党的最新理论成果、新时代坚持和发展中国特色社会主义的生动实践、马克思主义形势观政策观、党的路线方针政策、基本国情、国内外形势及其热点难点问题④。从教学实践来看，"形势与政策"课具有"变"与

① 习近平. 在哲学社会科学工作座谈上的讲话［M］. 北京：人民出版社，2016：14.
② 骆郁廷. 加强形势与政策教育的多维思考［J］. 思想理论教育，2015（11）：12.
③ 柴紫慧. 加强高校"形势与政策"课教学内容建设的多重思考［J］. 思想理论教育，2018（5）：66.
④ 中央宣传部，教育部. 关于印发《新时代学校思想政治理论课改革创新实施方案》的通知［J］. 中华人民共和国国务院公报，2021（9）：75.

"不变"的双重特点。"变"是指"形势与政策"课程因国内外形势发展变化而产生的教学资源的变动性，因受教育主体流动性强引发的变动性，以及教学内容具有其他思政课程所不具备的时效性与变动性；"不变"是指"形势与政策"课程的师资队伍、教学目标和价值功能具有相对稳定性。其一，在教学重点方面，何兰萍认为部分教师在授课中过于依赖教学要点而忽视了当下时事与政策的变化，导致教学内容滞后；还有部分教师一味地追求教学形式的创新和"热点"问题，偏离了教学目标和教学重点。① 对此，曹猛和谢守成指出，"形势与政策"课程要紧扣国内外时局的变化发展，让学生能够在百年未有之大变局中把握变与不变，看到变化中蕴含的历史机遇。② 其二，在教学组织方面，彭庆红等指出，由于"形势与政策"课程教师难以组织统一培训，教师自身根据要点备课时间较短，讲义不精，且在大班授课中难以充分落实教学目标。③ 因此，针对当前"形势与政策"课程内容地改革，要处理好变与不变的关系，既能将最新理论成果、国内外新变化引入课堂，增强时效性；又要有固定的专题阐释发展规律，培养学生的政策观和形势观。

第三，内容讲授的散泛化。一方面，"形势与政策"课程内容涉及经济、政治、文化、社会、生态等多个方面，且没有固定统一的教材，这就给授课教师带来极大的挑战。同时部分教师在课堂上一味地迎合学生的兴趣，只讲热点事件，忽略课程内涵。对此孔朝霞、王绪风指出，"形势与政策"课程的学理性很强，如果教师学术功底不足，讲课过于肤浅且缺乏理论支撑，"形势与政策"课程的价值引领作用会丧失。④ 另一方面，李小鲁指出，在"形势与政策"课程的实际教学中，其教学内容的系统性较差，与其他几门思政课程联系不足。⑤

（二）教学方式和评价机制的程式化

教育部《关于加强新时代高校"形势与政策"课建设的若干意见》强调："要切实保障'形势与政策'课教学效果，让学生真心喜爱、终身受益，把这门

① 何兰萍. 新时代推进高校"形势与政策"课改革创新的思考［J］. 思想理论教育导刊，2019（10）：120.
② 曹猛，谢守成. 提升高校"形势与政策"课实效性的三个向度［J］. 思想教育研究，2020（9）：96.
③ 彭庆红，潘红涛. 高校"形势与政策"课程的体系构建与实践探索［J］. 思想教育研究，2015（11）：111.
④ 孔朝霞，王绪风. 新时代高校"形势与政策"课守正创新的逻辑建构［J］. 思想理论教育导刊，2021（4）：121.
⑤ 李小鲁. 学科化视角下高校"形势与政策"课建设的理念与路径［J］. 思想理论教育导刊，2011（11）：39.

课真正打造成思想政治理论课的示范课。"① 教学方法和评价机制是提升教学效果的两个基本维度，教学方法衡量的是"教学内容"与"接受效果"衔接能力，评价机制衡量的是"个体收获"与"总体教学"的效度。学界普遍认为，当前"形势与政策"课在这两个基本维度的教学实施中还存在较为突出的问题。

第一，教学方法的模式化。近年来，虽然各高校全面贯彻落实中央关于思政课的建设要求并对教学方法从不同层面和角度进行了改革，但就"形势与政策"而言其教学方法改革仍存在诸多问题。其一，在教学方法方面，李梁指出，当前多数高校"形势与政策"课均采取大班授课，主讲教师要承担绝大部分课堂活动，灌输式、填鸭式教学方式依然是课堂教学的主角，一定程度上造成了课程内容传导的单维性与学生接受心理的多维化的矛盾。② 有学者认为，当前"形势与政策"课教师在教学中存在四种误区，就教学方法而言有两种：一是无论讲形势还是讲政策，如果让学生听得懂、听得进，"通俗化是王道、娱乐化是捷径"；二是宣传阐释党的路线方针政策和国家重大战略任务，应须原原本本、不可稍改。③ 这两种误区的实质是教学方法的两对关系处理问题，即"教"的主导性与"学"的自主性问题、文本传递与原理阐释的问题。习近平总书记指出，加强和改进高校思想政治教育工作，要做到"因事而化、因时而进、因势而新。要遵循思想政治工作规律，遵循教书育人规律，遵循学生成长规律"④。这段论述深刻表明，"形势与政策"课教学方法要因事、因时、因势、因人而进行不断调整，把课程教学的实效性和学生的获得感作为教学方法选用的基本指向。其二，在教学设计方面，柴艳萍认为，一些高校在对教学课程进行改革的过程中，存在着减少课堂教学，降低课时安排的情况。主要表现在：增加实践教学，侵占原有课堂教学时长；增加线上教学方式，减少甚至取消线下课程。⑤ 这种情况究其原因在于没有处理好"形势与政策"课程目的与方式的关系。虽然名义上增加了实践教学与网络教学安排，但导致了课程碎片化，淡化了课程的功能与目的。

① 中华人民共和国教育部. 教育部关于加强新时代高校"形势与政策"课建设的若干意见 [J]. 中华人民共和国教育部公报, 2018 (4): 136.
② 李梁. 深化"形势与政策"课教学改革的若干思考：从"大国方略"看"形势与政策"课教学改革 [J]. 思想理论教育, 2015 (11): 26.
③ 孔朝霞, 王绪凤. 新时代高校"形势与政策"课守正创新的逻辑建构 [J]. 思想理论教育导刊, 2021 (4): 121.
④ 习近平. 把思想政治工作贯穿教育教学全过程 [N]. 人民日报, 2016-12-09 (01).
⑤ 柴艳萍. 高校思政课教学方式方法改革再思考 [J]. 思想理论教育导刊, 2017 (9): 115.

第二，教学评价的程式化。自"形势与政策"课程设立以来，其教学考核与评价经历了一个从简单粗略到日益精确的过程，在这个过程中评价主体日益多元、评价内容日益深入、评价方法日益科学。但从总体来看，教学评价还处于初级阶段，仍有很多问题需要探索和改进。学界认为，课程评价与教师考核是当前亟待解决的两个方面问题。关于课程评价，有学者认为当前"形势与政策"课程评价主要依据教育部2015、2019、2021年颁布的三份《普通高等学校思想政治理论课建设标准》，这三份评价标准里面虽然涉及"形势与政策"课，但毕竟是对思政课整体评价做出的制度设计，因而缺乏针对性。从技术层面看，余双好等指出，包括"形势与政策"课在内的思政课程评价在评价范围上局限于教学评价、评价目的上偏重于结果评价、评价主体上局限于学生评价、评价标准上较为自主、评价方法上缺乏科学性。① 从模式层面看，"形势与政策"课具有理论性和实践性相统一的课程特征，因而在评价模式选用上，应包含课程理论讲授效果和课程实践效果两个层面。然而，目前各高校选用的评价模式或搭建的评价模型中，运用学习产出驱动教育（OFE）理念，中国高等教育顾客满意度指数分析方法（CHE-CSI），以及以"精准实践导入""课程协同"和"情感认同"为核心的综合实践评价明显不充分。关于教师评价，李秀娟认为，由于当前教学管理主要是自上而下的线性模式，因而"形势与政策"课教师教学效度考核一般是由主管部门直接安排，一方面学生虽然具有主体参与权，但其权重较低，另一方面教师被排斥在评价主体之外，造成了因评价主体的不对等而引发的信度降低。②

（三）教学管理的松散化

2021年中央出台的《关于加强新时代马克思主义学院建设的意见》对思政课教学管理体系进行了明确，其实质就是要逐步形成"党委统一领导、部门分工协同、马克思主义学院具体实施、其他学院学科支持配合"科学化、规范化的管理模式。由于"形势与政策"课程的特殊性质与功能，当前其教学组织与管理尤其是教学队伍建设还存在诸多问题，成为该课程改革创新建设的瓶颈。

第一，教学组织管理缺乏规范性。首先，组织管理的主体责任不够清晰。《关于加强新时代高校"形势与政策"课建设的若干意见》明确规定要将"形势与政策"课程纳入思政课程管理体系，设置"形势与政策"课程教研室，由

① 余双好，张琪如. 高校思想政治理论课课程评价的特点及改革路径 [J]. 思想理论教育，2021（3）：18.
② 李秀娟. 高校《形势与政策》课程改革模式探索：基于华东政法大学的实践分析 [J]. 思想政治课研究，2016（1）：28.

党委宣传部、党委学生工作部、教务处等相关部门共同配合做好教学管理工作。有学者认为，这种根据中央政策形成的"共管"模式，一方面有利于统筹教学资源，汇集各部门共同支撑"形势与政策"课教学质量提升的合力，另一方面这种"齐抓共管"的模式在实际运行中，由于党委组织主体的缺位往往会出现推诿，由"共管"变成"不管"，进而影响了教学工作的开展。① 其次，教学组织管理的随意性。高德毅认为，虽然中央和教育主管部门不断推进"形势与政策"课的标准化、规范化建设，但由于认知水平、管理传统等因素影响，目前"形势与政策"课程管理依然存在多样化，不同学校、不同地区差异性较大。突出表现在：部分高校未能连续四年开设"形势与政策"课程，或者用讲座代替课堂教学；在班级安排上采取大班制，一个班级少则七八十人多则两三百人，学生参与度低；教学专题与课程重点安排由老师自主安排，形势与政策教育类的选修课和选择性必修课开设不足。②

第二，师资队伍的非专业化。《高等学校马克思主义学院建设标准》《新时代高校思想政治理论课教学工作基本要求》《新时代高等学校思想政治理论课教师队伍建设规定》《关于加强新时代高校"形势与政策"课建设的若干意见》等文件制度对"形势与政策"课专兼职教师队伍建设和教师选配均有明确规定，"从思想政治理论课教师、哲学社会科学专业课教师、高校辅导员等教师队伍中择优遴选'形势与政策'课骨干教师"③。一方面扩展了"形势与政策"课的学科基础，另一方面也加剧了师资队伍的非专业化。李克荣等指出，当前"形势与政策"课程教师队伍建设存在领导对师资建设的认识有待提高、教师管理与保障机制不健全、教师数量缺乏且整体素质有待提升和缺乏学科依托的问题。④由于教师队伍来源复杂、学科背景多元，导致教师的学科归属感较差，兼职教师很难达到对教学内容的深刻解读与把握，一定程度上影响了课堂效果。严毛新从学生需求角度进行了考察，认为一方面因为"形势与政策"课时较少导致学生与主讲老师交流互动不足，使课程教育仅存留于课堂而无法实现长效跟踪式教育。另一方面，目前部分高校无法达到 1∶350 思政课师生比例要求，而

---

① 徐楠."共管"模式下高校"形势与政策"课的实施路径［J］.思想教育研究，2013（4）：59.

② 高德毅.高校"形势与政策"课质量提升：规范化建设与综合改革［J］.思想理论教育导刊，2017（9）：26.

③ 中华人民共和国教育部.教育部关于加强新时代高校"形势与政策"课建设的若干意见［J］.中华人民共和国教育部公报，2018（4）：136.

④ 李克荣，张俊桥.高等学校"形势与政策"课教师队伍规范化建设的思考［J］.思想理论教育导刊，2012（9）：36.

"形势与政策"课专职教师缺口最为明显，造成了兼职教师与专职教师比例严重失衡，无法满足学生对"形势与政策"的"金课"需求。①

三、关于"形势与政策"课程的改革路径

习近平总书记在学校思政课教师座谈会上，就加强和改进新时代思政课建设提出了"八个相统一"的要求，强调要"积极探索教学方法改革、优化教学手段，不断增强思想政治理论课的思想性、理论性和亲和力、针对性"②。这些要求为破解新时代"形势与政策"课程改革创新过程中存在的诸多问题指明了方向。近年来，学界在教学内容、教学方法、教师队伍、教学管理、教学改革与评价等核心议题上进行了研究和探讨，为推进"形势与政策"课程改革创新奠定了坚实的方法论基础。

（一）增强课程的稳定性和教学内容的专业性

针对当前"形势与政策"课程教学内容随意性和散泛化问题，学界从提高课程规范性、加强专业性、增强时效性、保持稳定性等层面提出了针对性的措施。第一，在提高课程规范性上，胡航针对目前"形势与政策"课程的学科基础较差、教师专业素养参差不齐且课程没有固定教材等问题，提出了建立"专家领航、教师互助、学生参与"的"形势与政策"教研室。同时，根据《高校"形势与政策"课教学要点》进行课程研制、制定教学计划与大纲、研磨精品课程的交流平台，从而明确每位教师的教学要点、教学方向、教学方案、教学难点与重点等，实现规范化教学。③ 冯刚、宫留记、冯留建、廉武辉、黄小艳等学者就"四史"、中华优秀传统文化、优秀地域文化、现代信息技术等融入"形势与政策"课教学、拓展教学内容方面，提出了诸多理论观点和实践方法。第二，在增强时效性和保持稳定性上，学界普遍认为，由于"形势与政策"课程价值导向的政治性和内容的广博性特征，因而必须走专业化建设道路。其核心在于加强"形势与政策"课教材体系建设，即以教育部印发的《高校"形势与政策"课教学要点》为基点，中共中央宣传部、教育部组织编写的《时事报告（大学生版）》为范本，在严格把关的基础上，支持、鼓励各地各高校根据教育教学实际编制符合党和国家要求、适合学生学习阅读的校本教材或教学资料。

① 严毛新. 高校"形势与政策"课教学现状与对策：基于浙江 8 所高校"形势与政策"课教学现状的实证调查 [J]. 思想教育研究，2011（4）：31.
② 习近平. 思政课是落实立德树人根本任务的关键课程 [J]. 求是，2020（17）：4-16.
③ 胡航. 高校"形势与政策"课的内涵特征与优化路径 [J]. 学校党建与思想教育，2021（20）：60.

同时，支持、鼓励"形势与政策"课教师撰写形势与政策类、思想政治教育类等学术著作或研究论文，并将学术研究成果及时融入"形势与政策"课教育教学中来，在保证课程时效性、稳定性的同时，提升课程教学的专业性和学理性。第三，强化教学内容的针对性和说服力。张亚峰、王国斌等学者认为，一方面应在教学中引入"专家讲座制"，进一步拓展教学资源，实现现实性应用的"新"与"实"。另一方面应针对不同年级、不同专业的大学生有针对性地开展专题活动，如针对大一新生开展紧密结合专业发展的"形势与政策"专题讲座，针对大四学生开展就业形势、职业选择、职业伦理道德等形势和政策教育，切实提高课程的针对性与应用性。①

（二）提升教学方法的精准度

实践证明，"形势与政策"课应坚持守正创新。"守正"就是坚持课程的马克思主义一元价值论主导；"创新"就是以教学方法创新为主体的系统性重构。在教学方法创新方面，学界普遍认为其核心在于针对教学效度不足等问题，着力提升教学的精准度和靶向性。具体而言，有以下几个方面的具体举措。第一，基于现代教学理念的方法创新。罗英等学者认为将"OBE 理念"应用于新时代"形势与政策"课程改革创新中是实现立德树人的关键，有助于实践教学模式与课堂教学模式的融通互补，构建多维度的教学方式，从而提高教学效度。② 高德毅认为在面对更加有活力与个性的学生群体时，"形势与政策"课应在充分尊重学生思想与认知规律的基础上，坚持问题导向，让学生在自主学习的过程中掌握隐藏在问题背后的知识，提高教学实效。③ 在马克思主义基本原理的指导下，在探寻思想政治工作规律、教书育人规律和学生发展规律的基础上，把握学生群体需求，引入现代教学方法，激活"形势与政策"课发展的内生动力。第二，基于现代教育技术的方法创新。在 2016 年全国高校思想政治工作会议上，习近平总书记指出："要运用新媒体新技术使工作活起来，推动思想政治工作传统优势同信息技术高度融合，增强时代感和吸引力。"④ 当前学界大力推进信息网络技术和现代传媒手段的运用，通过利用翻转课堂、慕课、线上 SPOC、VR 技术

① 张亚峰，王国斌."专家讲座制"在高校"形势与政策"课教学中的应用［J］.学校党建与思想教育，2019（20）：55.
② 罗玉洁，罗英.基于 OBE 理念的"形势与政策"课教学设计与模式探索［J］.高教学刊，2021（11）：135.
③ 高德毅.高校"形势与政策"课质量提升：规范化建设与综合改革［J］.思想理论教育导刊，2017（9）：26.
④ 习近平.把思想政治工作贯穿教育教学全过程开创我国高等教育事业发展新局面［N］.人民日报，2016-12-09（01）.

等信息化教学模式保证教学内容的及时性与综合性，助推实现"形势与政策"课的育人使命。第三，基于实践效度的方法创新。王恒指出，实践教学是"形势与政策"课程的重要环节，也是坚持"八个相统一"教学改革的内在要求，根据当前"形势与政策"实践教学中存在的问题，应做到线上与线下、课内与课外、引进来与走出去、实践基地与学生组织的四个相结合①。在实践中强化学生对于世情、国情、社情的认识，培养学生正确的形势观与政策观，提高学生在信息化时代辨别是非的能力。

（三）打造复合型、专业化教师队伍

习近平总书记在学校思政课教师座谈会上强调："办好思想政治理论课关键在教师，关键在发挥教师的积极性、主动性、创造性。"② 这说明推进"形势与政策"课程教师队伍建设是提升"形势与政策"课程质量的重要保证和关键所在。针对当前"形势与政策"课教师队伍建设困境，学界从以下方面提出相应措施。第一，组建复合型教师队伍。依据教育部颁布的《新时代高等学校思想政治理论课教师队伍建设规定》，当前学界普遍认为应建设一支由专职、兼职和特聘教师组成的"形势与政策"课程复合型师资队伍。高校思政课教师作为专职教师，负责日常教学与研究工作；学校哲学社会相关学科教师与学校党政负责人作为兼职教师，从不同的角度分析当前国内外面临的理论与实践问题，拓宽学术视野；当地的党政领导、先进代表与优秀企业家，用生动的事例与数据向学生分析我国面临的机遇和挑战。一方面有效解决了高校高素质思政课教师短缺问题，另一方面打破了传统的课堂模式，实现了课内外的双重价值传播，满足学生需求，发挥课堂双主体作用。第二，打造专业化教学团队。权良柱认为学校要加大对于思政课教师的引进与培训投入，构建集体备课模式，落实《关于深化新时代学校思想政治理论课改革创新的若干意见》要求，推动课堂效果与质量的同步提升③。于霞认为，应依据教育部每年春、秋两季印发的《"形势与政策"课程的教学要点》的基本模块组建相应的专题教学团队，各专题组围绕其所负责的专题开展教研工作，提升教学针对性与纵深性④。第三，健全教

---

① 王恒，柳洲．形势与政策课程实践教学改革的思考：学习习近平总书记思政课教师座谈会讲话精神［J］．长春理工大学学报（社会科学版），2019，32（5）：38.

② 习近平．论党的宣传思想工作［M］．北京：中央文献出版社，2020：378.

③ 权良柱．加强"四个统筹"扎实推进高校形势与政策教育教学工作：基于北京科技大学教学改革实践的思考［J］．思想教育研究，2019（2）：90.

④ 于霞．多措并举 实现"形势与政策"课建设的"师资攻坚"［J］．思想理论教育导刊，2017（9）：73.

师培育机制。段研认为，一方面要按照新形势与新要求加大对原有教师的培训，及时补充学科最新理论，用先进的教学理念与教学方法武装头脑，开展思政领军计划，发挥带头示范作用；另一方面教育主管部门要健全任用与选拔机制，严格按照习近平总书记对思政课教师提出的"六要"要求，严把政治关、师德关、业务关，确保"形势与政策"课教师队伍质量①。

（四）规范化推进教学组织管理

2018 年，教育部颁布的《关于加强新时代高校"形势与政策"课建设的若干意见》指出，新时代高校"形势与政策"课在教学组织管理方面的建设发展要加强规范性和统一性。严格规范的教学管理是高校保持良好课程秩序，提升教学质量的必要措施。因此，针对"形势与政策"课在组织管理中的问题，有以下解决措施。第一，优化"共管模式"。徐楠认为，应建立"形势与政策"课教育工作小组，校党委负责课程的规划落实，马克思主义学院负责教研工作，组织部、宣传部、学工部、研工部、团委、教务处、人武部及社科处等相关部门作为小组成员也要发挥重要作用，保障"形势与政策"课教育教学工作的顺利实施②。李志强指出，不仅要组建"形势与政策"领导小组实现各部门协调一致，密切配合，还要组建教研室并设立专项讲学研究经费。通过教研室实现集中统一备课，理清教学逻辑与重难点，保持政治纪律的一致性。③ 第二，推进学科建设。张俊桥等学者认为，"形势与政策"课教学组织规范化建设的一个重要因素就是学科化，在相应学科制度的依靠下，以项目建设带动理论研究水平和教学水平的提高，实现课程质量的有效提升④。第三，教学安排常态化。有学者认为，应将学分学时制度贯穿"形势与政策"课程在大学教育期间的全过程，纠正过去课程设置的随意性⑤。第四，打造新形态教材。候良健认为，根据教育部印发的教学要点打造纸质教材与数字多媒体资源相融合的一体化设计教学资

① 段妍. 新时代构建思政课育人新格局的重要着力点 [J]. 思想政治教育研究，2020, 36（2）：13.

② 徐楠. "共管"模式下高校"形势与政策"课的实施路径 [J]. 思想教育研究，2013（4）：59.

③ 李志强. 新时代高校"形势与政策"课教学质量提升的路径 [J]. 高教论坛，2021（5）：30-32, 59.

④ 李克荣，张俊桥. 高等学校"形势与政策"课教师队伍规范化建设的思考 [J]. 思想理论教育导刊，2012（9）：36.

⑤ 高德毅. 高校"形势与政策"课质量提升：规范化建设与综合改革 [J]. 思想理论教育导刊，2017（9）：26.

料是符合当前"形势与政策"课的规范化发展的趋势①。

（五）标准化构建教学考核与评价体系

"形势与政策"课程作为高校思政课的重要组成部分，具有帮助大学生正确认识国内外情况，深刻理解党的基本路线、方针和政策，树立正确形势观与政策观的重要作用。因此，构建多元化与规范化的教学考核与评价体系，对提升课堂教学质量尤为重要。近年来，学界主要从以下几个方面提出"形势与政策"课程考核与评价的改革创新措施。第一，构建多元化评价与考核体系。刘家祥认为，"形势与政策"课教师在课堂教学中可以根据课程需要从情景式、论题式、即兴式、互评式和结构式等多种考核方式中选择，灵活考查学生学习情况。② 陆向荣认为，在考核评价体系中引入分层教学理念，任课教师可以根据学生学习情况因材施教的完成考核评价。③ 还有学者认为在评价主体的多元化的同时，评价内容应侧重德育评价，重在考查学生是否领悟党的重要会议精神和中央大政方针与决策的部署而非对课本知识的单纯把握。④ 第二，采用灵活的教学评价方法。目前学界通过打破学科界限，利用因子分析法、CIPP 模式、心理测评量表等信息技术，提高"形势与政策"课教学评价的科学性、专业性和客观性。第三，形成长效的评价体制。黄立清认为，不仅要将教师的课堂效果评价与学生的考核评价相结合，还要将学生在校评价与离校跟踪评价相结合，在长效评价与动态评价中考察"形势与政策"课程的实效性。⑤

四、评价与展望

从整体来看，由于党的十八大以来党和国家高度重视高校思政课建设，多措并举推进思政课改革创新，因此学界对"形势与政策"课程建设发展的研究逐步走向深入，总体呈现出三种研究趋势。第一，在论域上，从思政课整体框架下的"形势与政策"课程宏观性研究逐渐转向以内涵建设为主旨的微观性研

---

① 侯良健.《形势与政策》新形态教材建设的探索与思考［J］. 思想教育研究，2016（7）：88.
② 刘家祥. 创新高校"形势与政策"课程建设模式［J］. 思想理论教育导刊，2016（2）：109.
③ 陆向荣. 创新考核评价模式提升高校思想政治理论课教学品质的若干思考［J］. 思想理论教育导刊，2018（8）：116.
④ 郑斌. 供给侧改革背景下高校"形势与政策"课改革创新研究［J］. 河南理工大学学报（社会科学版），2017，18（3）：99.
⑤ 黄立清. 高校"形势与政策"课教学质量提升的思考［J］. 思想政治工作研究，2019（10）：38.

究。第二，在论题上，从"形势与政策"课建设的价值意义、原则方向、方法途径等一般意义上的探讨转向课程归属、学科支撑、范式规制、绩效评价等前沿问题的研究。第三，在范式上，从"形势与政策"课定性式、描述式论证转向通过调查数据和典型案例进行定量分析的研究范式。"形势与政策"课程研究论域、论题、范式的转换反映了现代教育科学研究嬗变趋势，有助于推动高校思政课改革创新和内涵式发展。

然而，由于"形势与政策"课程具有的理论武装时效性、释疑解惑针对性、教育引导综合性等特点，以及影响课程建设效能的内外部条件的不断变化，这就意味着该课程研究尚有大量亟待解决的问题。第一，在内涵研究方面，应在确立"形势与政策"课程属性和学科归属的基础上，加强课程的教材建设、教师建设、学科建设，以及反馈机制与评价体系等方面的研究。第二，在外延研究方向，不应只关注"形势与政策"课程本身，而应一方面从历史的维度，关注"形势与政策"课建设发展的历史、探索蕴含其中的历史逻辑、建设规律和未来向度，另一方面从整体维度，关注"形势与政策"课与其他思政课程的融合关系、与高校思政工作体系的逻辑关系，以及与其他哲学社会科学课程、学科的协同关系等。第三，在研究方法上，应削减介绍性、描述性研究比重，增加比较性、定量性、批判性研究比重，以提升研究的说服力和可信度。同时，应加强现代技术条件下的教育教学方法论研究，推进"形势与政策"课理论教育与现代技术方法的深度融合。

第三节　"形势与政策"课靶向教学研究的逻辑与方法

马克思在《资本论》第二版的跋中写道："叙述方法必须与研究方法不同。研究必须充分地占有材料，分析它的各种发展形式，探寻这些形式的内在联系。只有这项工作完成以后，现实的运动才能适当地叙述出来。"[①] 作为"形势与政策"课程教学方法论研究，当然也存在研究方法与叙述方法的不同。前已述及本书主要采用史论结合、理论与实践结合、样本分析等方法来占有研究材料并对各要素之间的逻辑关联进行客观分析。而叙述方法因本书研究对象的抽象性而不可避免地呈现出学术化，即用规范的学术概念、学术范式来叙述确定性的研究内容。

---

① 中共中央马克思恩格斯列宁斯大林著作编译局．马克思恩格斯文集：第5卷［M］．北京：人民出版社，2009：21-22．

因而单独列出本节阐述本书研究的逻辑框架和主要方法是十分必要的。

一、"形势与政策"课靶向教学研究的逻辑架构

（一）研究思路

"形势与政策"课靶向教学研究属于高校思政课课程建设的基础性研究范畴，涉及"形势与政策"课课程论、主体论、客观论、方法论、过程论等，其中最为核心的是方法论，即研究该课程教育教学效果如何达到最优化的标准与方法。教学研究以马克思主义理论为基础，立足于国内外形势发展变化、党和国家对形势与政策教育的基本要求、大学生形势与政策接受心理与能力等，聚焦于当前形势与政策教育教学出现的问题，运用历史比较法、数据测量法、调研访谈法等方法获取研究的基础数据，分析当前"形势与政策"课教育教学效率与课程教学模式之间的比差问题。目的是通过深入的理论与实践研究，帮助大学生理解国内外形势发展的特点与规律，把握党和国家应对形势发展变化所作政策的主要内容与价值指向，进而在生活实践中牢牢树立并自觉运用马克思主义形势观、政策观分析问题、解决问题。

具体来讲，就是通过辨析马克思主义形势观、政策观的基本内涵及其逻辑关系，以确定"形势与政策"课的功能定位和核心任务。运用"历史—逻辑"分析法，对新中国成立以来"形势与政策"课发展的历史演进及其建设经验进行总结分析，以辩观当前党和国家关于加强和改进"形势与政策"教育的政策指向与实践要求。通过分析当前"形势与政策"课建设存在的宏观症候和微观症结，从理论上解答靶向入场及其在教学中的功能适用问题。在充分调研和数据收集整理的基础上，运用 SPSS 等测量工具，从实操上分析当前"形势与政策"课教学方法存在的各种效度问题，厘清教学方法与教学质量提升和育人目标达成之间的逻辑关系。最后，在厘清问题的基础上，研究基于"OBE""CHE-CSI"等理念与方法，将如何构建精准靶向式"教""学""评""实践"四维度教学模式，如何将精准靶向式教学模式应用于不同类型高校"形势与政策"课教育教学之中，并总结经验、修正完善精准靶向式教学模式理论，将精准靶向式教学模式塑变为可操作、可验证、可推广的优质教学方法论。

（二）逻辑架构

本书除前言外，共包括七部分内容，其逻辑架构具体如下。

引论部分主要从哲学维度阐述加强高校思政课课程建设研究的重要性和必要性。主要观点为：哲学思维是人们在认识世界和改造世界过程中使用的具有

辩证性、系统性、战略性等一系列哲学特征的思维方式。以哲学思维推进高校思政课建设是将马克思主义基本立场、观点以及蕴含其中的丰富哲学思维方式运用到课程建设研究中来。高质量建设高校思政课，既应重视实践建构，更应重视认识提升。高校思政课所具有的一般性和特殊性，决定了高校思政课建设必须坚持战略思维、科学思维、理论思维等哲学思维方式。坚持战略思维是从战略定位角度把握高校思政课建设的价值性和应然性，认识到其是体现社会主义办学方向的标志性课程，是培养社会主义事业建设者和接班人的核心课程，是巩固马克思主义在高校意识形态领域指导地位的关键课程。坚持科学思维是从教材体系、内容体系、方法体系等角度理解高校思政课建设的系统性和现代性，准确把握思政课建设的科学性，全面体现思政课建设的创新性，重视思政课建设的现代性。同时，坚持理论思维是从高校思政课应当解决的基本理论与重大现实问题着手，明确思政课的研究界域，深化前沿问题研究，加强现实问题研究。①

第一章是"形势与政策"课靶向教学的研究缘起与逻辑架构，主要解答四个基本问题。其一，"形势与政策"课靶向教学需要研究的基本论域问题，即马克思主义形势观、政策观基本理论问题，"形势与政策"课建设的历史与经验问题，"形势与政策"课教学理论问题；其二，解答"形势与政策"课靶向教学研究的对象与目标是什么的问题；其三，阐释当前"形势与政策"课靶向教学的研究动态及研究趋势问题；其四，解答本书与现有成果的差异化问题，以及本书的研究思路、研究逻辑架构与方法论等问题。

第二章主要研究形势与政策教育与课程建设之间的关系的基本理论。具体包括三个部分：第一部分属于立论基础，主要从理论上阐述马克思主义形势观、政策观的内涵、本质及其关系；第二部分从宏观上阐述泛义形势与政策教育的基本结构及其内容，目的是使泛义形势与政策教育同狭义"形势与政策"课教学进行学理区分；第三部分主要是围绕狭义上的"形势与政策"课，对其功能定位、核心任务、基本特点、运行模式与方法进行界定和学理分析，目的是阐明"形势与政策"课与其他思政课的异同性。

第三章主要研究"形势与政策"课建设的历史图景与政策指向。具体分为三部分研究内容：其一，研究新中国成立以来70余年间"形势与政策"课建设的历史演进过程，旨在纠正学界存在的"形势与政策"课"无史"的错误认知；其二，研究党的十八大以来，"形势与政策"课建设的政策指向问题，旨在

---

① 马寒，刘卫涛. 新时代高质量建设高校思想政治理论课的三重认识维度 [J]. 郑州轻工业大学学报（社会科学版），2022，23（3）.

阐明规范化、制度化、科学化既是新时代"形势与政策"课建设的遵循原则和发展目标，也是该课程未来发展的价值旨归；其三，通过"历史—逻辑"的梳理分析，对"形势与政策"课建设的主要经验做了五个方面的总结，将党对"形势与政策"课建设的领导作为根本保证、将中国化时代化的马克思主义教育和形势政策教育作为核心内容、将培养社会主义事业建设者和接班人作为根本任务、将师资队伍建设作为发展关键、将课程改革创新作为发展的根本动力。

第四章主要研究"形势与政策"课的教学理念转换与靶向教学理念设计。具体为："形势与政策"课的教学理念转换与教学模式变革、靶向教学理念及其在"形势与政策"课教学中的适用性，以及基于靶向教学理念的"形势与政策"课现代性设计。

第五章主要研究"形势与政策"课靶向教学的功能实现。设计并解析了基于成果导向教育理念的靶向教学功能实现、基于学习动能增长和学习效果提升的靶向学习功能实现、基于层级分析法的靶向教学绩效评测功能实现的"形势与政策"课三个基本教学模式的构成问题（其基本设计原理如图1-1所示）。

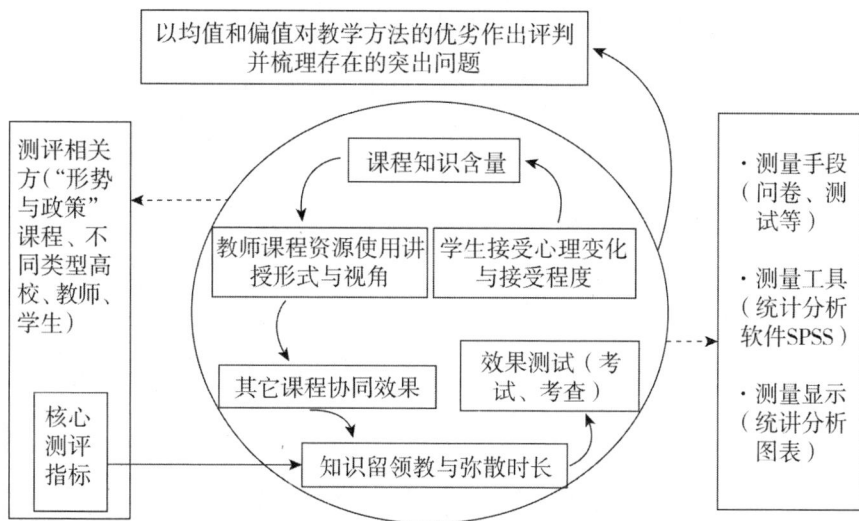

图1-1 "形势与政策"课程教学方法效度测量图

第六章主要研究"形势与政策"课靶向教学设计的具体应用效果问题。这一部分以郑州轻工业大学"四位一体"（校本教材+课堂教学+网络教学+实践教学）的"形势与政策"课程建设为个案，深入解析该校"形势与政策"课在校本教材建设、课堂教学、网络教学与资源库建设、实践教学等方面进行的富有特色的靶向教学改革及教学成果，以期为学界开展相关研究提供个案借鉴。（郑州轻工业大学"形势与政策"课靶向教学"四位一体"结构模式如图 1-2 所示）。

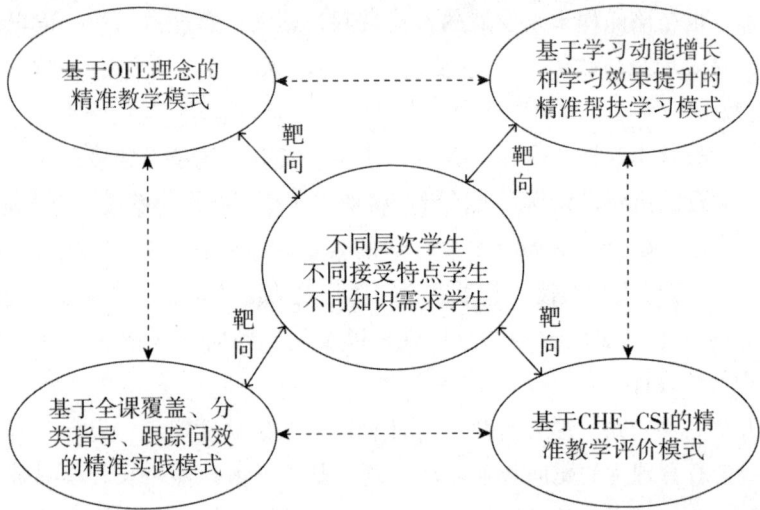

图 1-2　"形势与政策"课"教""学""评""实践"四维度精准靶向教学模式图

结语部分主要探讨智能时代"形势与政策"课建设的发展趋势。主要从挑战和机遇两个维度进行合理性分析，从而为学界持续开展相关研究提供思路借鉴。

二、"形势与政策"课靶向教学研究的主要方法

不同的研究对象有不同的研究方法，而不同的研究方法又会达到不同的研究效度。美国学者弗雷德里克·J. 格拉维特（Frederick J. Gravetter）和罗妮安·B. 佛泽诺（Lori-Ann B. Forzano）在《行为科学研究方法》一书中就指出，"因为不同的研究方法有不同的目标，它们对内部效度和外部效度也有不同的期望水平。比如，描述性研究、相关性研究和非实验性研究要在自然的、现实的背景中考察变量，因此，就期望有相对较高的外部效度。相反，实验研究需要有更严格的监控，因此，就期望有较高的内部效度"①。他们认为研究方法作为研究的总体方式和目标，通常是由研究所要解决的问题种类以及想要得到的结果决定的。在现实社会科学研究中比较常见的方法可以归结为五类，即实验法（experimental strategy）、准实验法（quasi-experimental strategy）、非实验法（non-experimental strategy）、相关法（correlational strategy）和描述法（descriptive

---

① 弗雷德里克·J. 格拉维特，罗妮安·B. 佛泽诺. 行为科学研究方法［M］. 邓铸，等，译. 上海：上海教育出版社，2020：135.

strategy)。① 本书在研究方法选取上，一方面坚持将唯物辩证法作为根本方法，另一方面又借鉴诸如调查法、实验法、文献法等具体方法。

（一）调查研究法

调查研究法是学术研究比较常见的一种方法，具体包括问卷调查（线上、线下或线上线下相结合）、访谈调查（集体访谈、个体访谈）、实地考察等方法，"是量化与质性研究的结合体"②。具体到本书而言，我们将通过设计调查问卷、开展高校各阶层主体访谈，以及利用自建的郑州轻工业大学"形势与政策"课靶向理论教学与实践资源数据库，获取足够量级的研究数据，并借用 SPSS 等测量工具对数据进行科学化、标准化测量，从而得出令人信服的研究结论。

（二）实验研究法

一般认为，实验研究法是自然科学研究的基本方法，哲学社会科学通常使用非实验法或描述法，其实这是一种误解。例如，马克思在撰写《资本论》时就大量运用了实验法，通过构建分析模型、提出理论假想，最终揭示了资本主义社会的经济运动规律。本书所运用的实验研究法并不是在实验室里研究自然科学的"实验法"，而是社会科学里常用的模型建构法，即通过理论假设确立可验证的数据分析模型，并在给可变性赋值的过程中验证理论假设的真伪性。例如，在研究"形势与政策"课实践靶向教学中，我们将建立包含若干观测指标和分析模型的测量框架，用实证方法来衡量实践教学效果到底如何，是否能真正反映教学主客体的实际需求。

（三）文献研究法

通过权威文献梳理，把握"形势与政策"课程的教学特点和学生的接受特点，同时剖析"形势与政策"课程亟待解答的热点问题、紧迫问题。在此基础上，有针对性地改革教学方法并构建新型教学范式。目前，本书作者率领的研究团队已经搜集、整理了《新中国成立以来思想政治教育重要文件汇编》5 卷、《思想政治理论课建设重要文献汇编》4 卷，按历史逻辑线索整理"思政课建设大事记"20 余万字，加之近年来教育部组织出版的《中华人民共和国学校思想政治理论课重要文献选编》《普通高校思想政治教育课程文献选编》以及学界相关文献资料等，积累了海量的研究资料，为研究"形势与政策"课程建设的历史奠定了坚实基础。

---

① 弗雷德里克·J. 格拉维特，罗妮安·B. 佛泽诺. 行为科学研究方法［M］. 邓铸，等，译. 上海：上海教育出版社，2020：136.

② 王玉秋. 大学科研评价全景考察与范式转换［M］. 北京：知识产权出版社，2019：25.

当然，除了文献法之外，本书还采用了定性与定量相结合的分析方法。例如，通过对不同类型高校的形势与政策教学方法进行分类研究，借助软件工具统计分析，对教学效度进行量化测度，并在此基础上做出定性分析。因其与实验法大同小异，这里不再赘述。

第二章

"形势与政策"教育与课程建设的基本理论

开展有效的形势与政策教育是一个国家政权组织维护自身政治安全、提升政治统合能力的重要举措。自中国共产党成立以来，我们党就把正确的形势教育、政策教育作为思想政治教育的重要内容，贯穿于革命、建设和改革开放始终，成为党领导人民不断从胜利走向新的胜利的政治优势和宝贵经验，毛泽东就曾指出："掌握思想教育，是团结全党进行伟大政治斗争的中心环节。如果这个任务不解决，党的一切政治任务是不能完成的。"① 开展"形势与政策"课程建设研究归根结底是对党的思想政治教育工作的研究细化，这既是一个实践问题，也是一个理论问题，但首先是一个理论问题。"一门科学提出的每一种新见解都包含这门科学的术语的革命"②，课程论意义上的当代"形势与政策"教育本身就是一门科学，而对于它的深入研究，必须从"形势""政策""形势观""政策观"等基本概念以及它们的逻辑关系中肇始。

第一节 马克思主义形势观、政策观及其关系

马克思主义形势观、政策观是依据马克思主义基本原理和立场、观点、方法的正确看待，分析解决形势问题、政策问题的科学世界观与方法论。准确把握马克思主义形势观、政策观的基本内涵以及两者之间的逻辑关系，是深刻理解形势与政策教育与"形势与政策"课程建设的理论前提。本部分我们将着重阐明三个问题：一是形势、政策的内涵及其关系是什么；二是马克思主义形势观、政策观的核心内容及其辩证关系是什么；三是为什么说政治观是马克思主

---

① 中共中央宣传部．毛泽东邓小平江泽民论思想政治工作［M］．北京：学习出版社，2000：2.

② 中共中央马克思恩格斯列宁斯大林著作编译局．马克思恩格斯文集：第5卷［M］．北京：人民出版社，2009：32.

义形势观与政策观的逻辑统一体。

一、形势、政策及其逻辑关系

从范畴来看，"形势与政策"课本身包含形势教育和政策教育两个部分，两者既有联系又有区别，并统一于思想政治教育。那么要开展"形势与政策"课程建设研究，首先要搞清楚"形势"和"政策"的概念与特征。

（一）形势的概念与特征

"形势"一词古已有之，其含义主要包含国家治理状态、人文地理形态、军事战争态势等。例如，《治安策》中的"长沙乃在二万五千户耳，功少而最完，势疏而最忠，非独性异人也，亦形势然也"，讲的就是国家治理和戡乱的基本状况；《三国志·孙权传》中的"是时曹公新得表众，形势甚盛"，讲的是政治势力的态势；《汉书·艺文志》中的"形势者，雷动风举，后发而先至，离合背向，变化无常，轻疾制敌者也"，讲的则是军事战争应当具备的条件和技术。在现代汉语中，"形势"一词的内涵更加丰富。《现代汉语词典》列出了多达12种解释，即事物的存在形体形态、局势、趋势、文章的格局、权势权位、气势声势、地理状况、军队阵势等。由此可见，我们可以将"形势"作出三重界定：一是自然地理环境意义上的地形与地势；二是社会生活意义上的客观事物的状态或情境变化发展的趋势；三是军事意义上的阵势或战术。当然，我们在做本书研究时主要指的是社会生活意义的"形势"。关于"形势"的定义，俞海洛认为，形势就是事物或事情客观存在的状况和发展趋势。[①] 李斌雄认为，形势就是客观事物（包括自然事物和社会系统）的存在状态和变化、发展趋势。[②] 戴茂林认为，形势是系统诸要素所孕育的发展趋势。[③] 不管如何定义，"形势"都包含三重构成要素：其一，本体的客观性；其二，客观本体的存在状态；其三，客观本体的发展趋势。

虽然我们无法给"形势"作出确证性的定义，但其特点是比较明确的。有学者将其概括为五个方面，即客观性与可知性的辩证统一、静态与动态的辩证

[①] 俞海洛. 大学生形势与政策教育方法论教程 [M]. 郑州：河南人民出版社，2010：3.

[②] 李斌雄，蒋耘中等. 高校学生形势与政策教育引论 [M]. 北京：中国文史出版社，2014：29.

[③] 戴茂林，张志光，周维强等. 中国共产党人形势观 [M]. 沈阳：辽宁人民出版社，2001：13.

统一、现象与本质的辩证统一、主流与支流的辩证统一、量变与质量的辩证统一①。综合学界的认识，我们认为"形势"至少包含七个方面的特点，即客观性、变化性、复杂性、联系性、阶段性、发展性和规律性。第一，客观性是指形势的形成和发展具有一定的客观规律性，不以人的意志为转移。无论人们在主观上承认还是不承认，它都是客观自然的存在。第二，变化性是指形势随着时间、空间、环境和条件的变化而变化。第三，复杂性是指形势的个性或区别性、层次性、矛盾性。这是由事物本身所具有的属性，以及事物发展所处的环境、条件的差异、主客观条件的变化而造成的。第四，联系性。世界上的一切事物都是相互联系、互相作用的，世界上没有孤立存在着的事物。所以，自然、社会的各种形势都是在彼此互相联系、互相作用中发展、生成的。第五，阶段性是形势的时间特征，在不同时期、不同阶段，形势是有差别的。形势的变化，总要从一个阶段到另一个阶段，从旧阶段到新阶段。第六，发展性。事物的发展性，是由物质不灭和时间发展一维性定律以及主观追求的无限性所决定的。任何事物都不是静止不动的，总是处在永不停息的发展中，总有其过去、现在和未来。因此，形势是不断延续、前进的。第七，规律性。形势的规律性是指事物的发展要符合自然演变、进化的规律，反映人类和社会发展的内在要求，代表广大人民群众的利益和愿望。②

（二）政策的概念与特征

相对于形势而言，政策是人们通过主观努力改变客观形势所采取的措施。在现实生活中，我们认识和把握形势的最终目的是改变客观形势的状态和发展趋势，使其发展朝着更有利于"我"或"我们"的方向前进。因此，研究形势只是认识客观事物的基础，而研究政策并制定出科学合理的政策才是目的与归宿。

关于政策的含义，《现代汉语词典》从泛义和狭义两个维度给出了定义。泛义上是指一切团体组织为达到设定目标所采取的方法、策略；狭义上是指国家或政党为实现一定历史时期的路线和任务而制定的行动纲领和准则。而梳理学界关于政策的定义大致有五种：其一，政策是专指政党或国家的行动准则和方向。"政策是一个政党或国家在一定的时期为实现一定的任务而规定的行动准则

①　李斌雄，蒋耘中等．高校学生形势与政策教育引论［M］．北京：中国文史出版社，2014：30-31．

②　俞海洛．大学生形势与政策教育方法论教程［M］．郑州：河南人民出版社，2010：3．

和行动方向。"① 其二，政策是为实现特定目的而采取的策略。"政策是人们为实现某一目标而确定的行为准则和谋略。"② 其三，政策是政治团体为方便统治需要制定的方法和措施。"政策是国家机关、政党及其他政治团体在特定时期为实现或服务于一定社会政治、经济、文化目标所采取的政治行为或规定的行为准则，它是一系列谋略、法令、措施、办法、方法、条例等的总称。"③ 其四，政策是泛指党和政府制定的法律法规或规章制度。"政策是党和政府用以规范、引导有关机构团体和个人行为的准则或指南。其表现形式有法律、规章、行政命令、政府首脑的书面或口头声明和指示以及行动计划与策略等。"④ 其五，政策是国家或政党的政治活动过程。"政策是国家或政党为了实现一定的总目标而确定的行为准则，它表现为对人们的利益进行分配和调节的政治措施和复杂过程。"⑤ 除以上定义外，伍德罗·威尔逊、戴维·伊斯顿、拉斯韦尔、托马斯·戴伊等国外学者也分别从政策学、公共管理学等学科角度对其进行过定义，但总体而言都比较宽泛。根据本书的研究主旨，我们认为，政策是政党和国家依据客观形势与治理需要，制定的制度规范总称，其目的是通过制度规范治理主体的社会行为，使治理主体行为符合政党和国家治理意志。可以说是客观实在与主观意志的统一，实质是"对各种资源和社会利益的权威性分配"⑥。

　　与形势相比，政策具有阶级性、导向性、权威性、阶段性与相对稳定性、策略性等特征。第一，阶级性是指任何政策都是服务于特定政治组织的治理需要。毛泽东曾多次讲到，"政策和策略是党的生命，各级领导同志务必充分注意，万万不可粗心大意"⑦，"须知政策与策略，是我党我军的生命"⑧。他这里所讲的政策作为党和军队的"生命"，实质上就是说政策的服务主体是党和军队，而不是其他政治军事组织，这就有力地证明了政策的阶级属性。第二，导向性是指政策所具有的问题导向和价值导向功能。问题导向是指任何政策制定

---

① 兰秉洁，刁町. 政策学 ［M］. 北京：中国统计出版社，1994：3.
② 刘斌，王春福. 政策科学研究：第1卷 ［M］. 北京：人民出版社，2000：89.
③ 陈振明，黄强，骆沙舟. 政策科学原理 ［M］. 厦门：厦门大学出版社，1993：19.
④ 张金马. 政策科学导论 ［M］. 北京：中国人民大学出版社，1992：19-20.
⑤ 孙光. 政策科学 ［M］. 杭州：浙江教育出版社，1988：14.
⑥ Easton D. The Political System：An Inquiry into the State of Political Science ［M］. New York：Knopf，1971：129.
⑦ 中共中央宣传部. 毛泽东邓小平江泽民论思想政治工作 ［M］. 北京：学习出版社，2000：149.
⑧ 中共中央宣传部. 毛泽东邓小平江泽民论思想政治工作 ［M］. 北京：学习出版社，2000：150.

者在制定政策时都是为了解决特定问题或影响事业发展的总体性问题，如果政策不解决问题，那么政策也就失去了存在价值。价值导向是指政策的制定和实施具有鲜明的价值目的性，其作用是通过政策制定，统一思想和行动，共同完成政策的价值使命。第三，权威性是指政策作为行为规范和行动要求具有一定的强制性。政策所覆盖的主客体都有按照政策要求开展实施活动的责任和义务，否则就要受到规制约束和相应的惩罚。第四，阶段性与相对稳定性是指政策的时效性问题。一方面政治组织的政策制定都是基于阶段性任务作出的考量，超越了政策依存的阶段条件，政策将会失效。例如，我国的户籍政策自新中国成立以来经历了四个阶段：第一阶段，1958 年以前，属于自由迁徙期；第二阶段，1958 年至 1978 年，为严格控制期；第三阶段，1978 年至 2001 年，属于半开放期；2001 年以来基本上属于全面开放期。其间，具体政策也经历了一个由 1951 年公安部制定的我国首个户籍法规《城市户口管理暂行条例》，到 1958 年以《中华人民共和国户口登记条例》为标志进行户籍制度改革，再到 1984 年国务院颁布的《关于农民进入集镇落户问题的通知》等的复杂调整过程。另一方面政策还具有相对稳定性，即为了最大化地保持实施主体对政策的认可度和执行力，政策的原则理念等核心要素并没有频繁改变。例如，我们党在改革开放之初制定的"一个中心、两个基本点"的基本路线、城乡改革基本制度等都具有长期的稳定性。对此，邓小平曾指出，"要坚持党的十一届三中全会以来的路线、方针、政策，关键是坚持'一个中心、两个基本点'……基本路线要管一百年，动摇不得"①，"城乡改革的基本政策，一定要长期保持稳定。当然，随着实践的发展，该完善的完善，该修补的修补，但总的要坚定不移。即使没有新的主意也可以，就是不要变，不要使人们感到政策变了"②。第五，策略性是指政策的灵活性。在不同历史阶段和社会条件下，政治组织为了实现政治目标、完成政治任务会对政策进行相应的调整，有时甚至为了全局利益牺牲局部利益而对先前政策进行战略性让步。

此外，政策还有系统性、层次性、现实性、长远性、管理性、象征性等特征，这里不再一一赘述。

（三）形势和政策的辩证统一关系

前已述及，形势和政策是有着严格区别的两个概念，其内容、范畴、特点、特征等各不相同。但应当看到两者既有着严格的区别，又有着紧密的联系，是

① 邓小平．邓小平文选：第 3 卷 [M]．北京：人民出版社，1993：370-371．
② 邓小平．邓小平文选：第 3 卷 [M]．北京：人民出版社，1993：371．

辩证统一的关系。这种关系可以概括为：形势是政策的客观基础和依据，有什么样的形势就会有什么样的解决政策与之相对应；政策是对形势的主观判断，是推进形势发展变化、改变形势运动趋势的措施和方法。两者统一于认识和改造世界的过程之中，是人的主观能动性与客观事物发展的规律性相统一的过程。

二、马克思主义形势观、政策观的内涵

马克思主义在认识世界和改造世界的过程中，形成了科学的形势观和政策观。它们以辩证唯物主义、历史唯物主义为基础，将唯物辩证法和唯物历史观运用到观察形势、分析问题、制定政策、推进发展、改造世界的具体实践之中，是科学世界观和政治观的主观能动反映。新的历史条件下，开展马克思主义形势观、政策观研究，搞通弄懂蕴含其中的内在逻辑和实践指向，对于坚持和巩固马克思主义的指导地位，推进包括"形势与政策"课在内的思政课程建设都具有深远的意义。

（一）马克思主义形势观的基本内涵

关于马克思主义形势观的界定，学界有的简洁，有的详细，但基本指向是一致的。例如，孟祥才主编的《形势政策基础》、徐继春主编的《形势与政策导论》、熊晓梅等著的《形势与政策课程体系研究》等都将马克思主义形势观定义为"是以马克思主义为指导的观察、分析形势的立场、观点和方法"。而李斌雄等著的《高校学生形势与政策教育引论》则对其作出了更为详细地界定："是关于形势的本质和规律以及认识形势和驾驭形势的基本立场、基本观点、基本原则和基本方法的总和，是以辩证唯物主义的世界观和唯物史观为基础，坚持人民大众的基本立场，以科学社会主义为理论指导的科学的形势观，体现了马克思主义理论的科学性与实践性、革命性与阶级性的统一。"① 我们认为，马克思主义形势观包含三个方面的基本内涵，或者说是对三个问题的科学解答：一是立足于辩证唯物主义而非唯心主义，对形势的科学界定问题；二是正确认识和科学研判形势的功能作用问题；三是正确认识和科学研判形势的立场、观点和方法问题。

第一，对形势的科学界定问题。对形势的界定即是对形势的本质及其发展规律的判断。在这方面辩证唯物主义与唯心主义（无论是客观唯心主义还是主观唯心主义）有着根本的区别。唯心主义由于对客观事物发展动力、趋势、规

---

① 李斌雄，蒋耘中等．高校学生形势与政策教育引论［M］．北京：中国文史出版社，2014：42.

律不了解，而将形势限定为"自发、自为"状态来考察，其结果必将客观形势引向不可知论（agnosticism）。托马斯·亨利·赫胥黎、康德、D. 休谟等都是近代欧洲不可知论的代表人物，其核心观点是否认认识世界或彻底认识世界的可能性。康德在《纯粹理性批判》中就认为，刺激人们的感官而引起感觉的物的本来面貌是不可认识的；作为一切精神现象最完整的统一体的灵魂、作为一切物理现象最完整的统一体的世界和作为最高统一体的宗教都不是认识的对象，而属于信仰的领域。①休谟则在其著作《人性论》（*Treatiseon Human Nature*）中，将人的认知能力局限于可知的经验知识之内，凡是不在经验知识范围内的事物都是不可知的，"人不仅不能感知和证明物质实体的存在，也不能感知和证明精神实体（包括宗教）的存在"。相对于唯心主义或不可知论，马克思主义认为形势不仅客观存在，而且还具有规律的可认知性，是客观事物发展变化的方向、趋势。形势既包括人类社会发展的整体方向与趋势，也包括政治、经济、文化、社会等具体领域，以及某一具体领域中的具体事件的发展变化。马克思主义认为，形势之所以会出现发展变化，是由事物包含的主要矛盾来推动并受到事物内外部环境和条件的影响。

第二，对科学研判形势的功能作用问题。形势的客观性与认识的主观能动性是对立统一体，当人们的认识符合形势发展规律，则人们就可以正确认识并把握形势发展趋势，进而制定正确的政策、策略以影响形势的正向进展。反之，则会导致形势的负向进展。例如，毛泽东在中共七大上所做的《论联合政府》报告中，提出"目前的国际国内形势，对中国人民提供了极其有利的条件。中国人民如果能很好地利用这些条件，积极地坚决地再接再厉地向前奋斗，战胜侵略者和建设新中国，是毫无疑义的"②。这里毛泽东全面分析了第二次世界大战各参战国的形势，并与第一次世界大战进行了对比。同时，还对中国进行长期战争的基本形势和对日作战的趋势进行了分析研判。在此基础上，毛泽东提出了中国抗日战争的基本政策，即"我们的一般纲领""我们的具体纲领"。抗日战争的胜利充分说明了毛泽东对形势的判断是科学的、正确的，是符合"抗日战争""世界反法西斯战争"这些客观事物发展方向的，因此在这种科学判断基础上制定的政策策略也必然具有科学性。再比如，1992 年初面对纷繁复杂的国内外形势，许多人被时事所蒙蔽，看不到社会主义中国的巨大发展潜力，因而对"马克思主义如何发展""中国向何处去"等重大问题产生了错误判断。

①　杨洪林.杨献珍与马克思主义哲学中国化研究［M］.北京：人民出版社，2018：300.
②　毛泽东.毛泽东选集：第3卷［M］.北京：人民出版社，1991：1030.

邓小平则在正确分析国内外形势发展变化的基础上，一针见血地指出："从一定意义上说，某种暂时复辟也是难以完全避免的规律性现象。一些国家出现严重曲折，社会主义好像被削弱了，但人民经受锻炼，从中吸取教训，将促使社会主义向着更加健康的方向发展。因此，不要惊慌失措，不要认为马克思主义就消失了，没用了，失败了。哪有这回事！"①在对形势科学正确判断的基础上，邓小平提出要坚持党的基本路线，大力推进改革开放，尽快建立社会主义市场经济，"要坚持党的十一届三中全会以来的路线、方针、政策，关键是坚持'一个中心、两个基本点'。不坚持社会主义，不改革开放，不发展经济，不改善人民生活，只有死路一条"②。南方谈话以来的30余年间，我国经济社会发展取得的巨大成就充分证明了邓小平当年对形势判断的科学性、正确性，充分证明了我们党依据形势制定的深化改革、推进全面开放、加快建设社会主义市场经济等重大政策的科学性和正确性。以上两个例子，有力说明了正确认识和科学研判形势对事物发展具有重要价值与意义。

第三，正确认识和科学研判形势的立场、原则、方法问题。面对客观形势，坚持什么样的立场是十分重要的问题，不同的阶级立场必然导致对同一客观形势的不同判断。早在延安整风时期，毛泽东就针对抛弃马克思主义的主观主义现象进行了批判，提出理论家要坚持马克思主义立场来观察形势、解释世界，"我们所要的理论家是什么样的人呢？是要这样的理论家，他们能够依据马克思列宁主义的立场、观点和方法，正确地解释历史中和革命中所发生的实际问题，能够在中国的经济、政治、军事、文化种种问题上给予科学的解释，给予理论的说明"③。马克思主义是我们立国立党、兴国兴党的根本指导思想，具有鲜明的科学性、人民性、实践性、开放性，科学研判形势必须坚持以马克思主义为指导，坚持无产阶级立场和人民立场。科学研判形势，除坚持正确立场外还需要有正确的原则和科学的方法。基本原则应包括客观性原则、整体性原则、发展性原则、联系性原则、对立统一性原则、具体历史性原则等。毛泽东曾指出："人们要想得到工作的胜利即得到预想的结果，一定要使自己的思想合于客观外界的规律性，如果不合，就会在实践中失败。"④"我们的结论是主观和客观、理论与实践、知和行的具体的历史的统一，反对一切离开具体历史的'左'的

---

① 邓小平．邓小平文选：第3卷 [M]．北京：人民出版社，1993：383.
② 邓小平．邓小平文选：第3卷 [M]．北京：人民出版社，1993：370.
③ 毛泽东．毛泽东选集：第3卷 [M]．北京：人民出版社，1991：814.
④ 毛泽东．毛泽东选集：第1卷 [M]．北京：人民出版社，1991：284.

或右的错误思想。"① 这些论述在实质上指明了认识、对待形势的基本原则问题。从一定意义上讲,认识、对待形势的原则也可以说就是方法。例如,整体性既是原则也是方法,即在观察分析形势时既要坚守整体性分析原则,也要坚持整体性分析方法。以经济形势为例,我们要从世界经济发展状况和我国经济发展情况来整体认识与把握。早在2014年中央外事工作会议上,习近平总书记就深刻指出:"认识世界发展大势,跟上时代潮流,是一个极为重要并且常做常新的课题。中国要发展,必须顺应世界发展潮流。……要充分估计世界经济调整的曲折性,更要看到经济全球化进程不会改变。"② 2022年,习近平总书记又在世界经济论坛视频会议发表的演讲中从世界和中国两个维度分析了当前的经济形势,指出"中国经济总体发展势头良好,……虽然受到国内外经济环境变化带来的巨大压力,但中国经济韧性强、潜力足、长期向好的基本面没有改变,我们对中国经济发展前途充满信心"③。这就是典型的整体性形势分析原则和方法。

（二）马克思主义政策观的基本内涵

马克思主义政策观是立足于辩证唯物主义和历史唯物主义,对政策制定的条件、原则、内容、方法、价值等形成的基本态度和观点,是"马克思主义政治观在政党和政府政策问题上的具体化"④。马克思主义形势观与政策观具有天然的联系,形势观决定着政策观,即有什么样的形势观就会有什么样的政策观与之相对应;同时,政策观又反作用于形势观,不同主体政策观一定程度上影响和制约着形势观。

自马克思主义诞生以来,其在领导无产阶级革命运动、社会主义建设运动过程中形成了科学的、系统的政策观。从实践层面来看,马克思主义政策观可以划分为宏观政策和微观政策两个维度。宏观政策维度主要是依据历史发展规律来洞察人类社会发展趋势和资本主义社会发展状态与最终归宿,在揭示资本主义社会必然灭亡、共产主义社会必然胜利这一科学真理的同时,制定无产阶级革命的总体斗争政策与策略。关于这方面内容,《共产党宣言》《政治经济学批判》《哥达纲领批判》《社会主义从空想到科学的发展》《家庭、私有制和国家的起源》《1891年社会民主党纲领草案批判》《卡尔·马克思》《德国的社会

① 毛泽东.毛泽东选集:第1卷[M].北京:人民出版社,1991:296.
② 习近平谈经济全球化[EB/OL].人民网,2017-01-15.
③ 习近平在2022年世界经济论坛视频会议的演讲[EB/OL].中国政府网,2021-01-17.
④ 李斌雄,蒋耘中等.高校学生形势与政策教育引论[M].北京:中国文史出版社,2014:48.

主义》《资本论》《国家与革命》《帝国主义是资本主义的最高阶段》等经典著作给予了较为系统的阐述。例如，马克思在《哥达纲领批判》中首次提出了共产主义社会"两个阶段"的划分，即"共产主义社会第一阶段"和"共产主义社会高级阶段"。由于第一阶段"它不是在它自身基础上发展了的，恰好相反，是刚刚从资本主义社会中产生出来的，因此它在各方面，在经济、道德和精神方面都还带着它脱胎出来的那个旧社会的痕迹"①，所以这一阶段的政策和策略必须坚持无产阶级专政、建立无产阶级政权，清除"旧社会的痕迹"，"在资本主义社会和共产主义社会之间，有一个从前者变为后者的革命转变时期。同这个时期相适应的也有一个政治上的过渡时期，这个时期的国家只能是无产阶级的革命专政"②。微观政策维度主要是依据革命、建设、发展不同形势和任务，在揭示事物发展特殊规律的同时制定相应的具体化政策。关于这方面内容，马克思主义经典作家的论述十分丰富，例如《危机与反革命》《资产阶级与反革命》《1852年神圣同盟对法战争的条件与前景》《德国的革命与反革命》《中国革命与欧洲革命》《法兰西内战》《俄国社会民主党人的任务》《我们的纲领》《我们运动的迫切任务》《怎么办？》《社会民主党在民主革命中的两种策略》《中国红色政权为什么能够存在?》《井冈山的斗争》《星星之火，可以燎原》《我们的经济政策》《论反对日本帝国主义的策略》《中国革命战争的战略问题》《战争与战略问题》《中国革命和中国共产党》，等等。在具体的政策制定和执行中，毛泽东是运用马克思主义政策观的典型代表。1940年12月25日，在抗日战争和国内反共高潮的情况下，他为中共中央起草了《论政策》的党内指示，指出："在目前反共高潮的形势下，我们的政策有决定的意义。……现在的抗日民族统一战线政策，既不是一切联合否认斗争，又不是一切斗争否认联合，而是综合联合和斗争两方面的政策。"③毛泽东针对党内存在的错误政策观，提出"必须使他们从历史上和目前党的政策的变化和发展，作全面的统一的了解，方能克服"④。在这种科学政策观的基础上，他不仅提出了十条具体的对敌政策，而且还就政权组织、劳动政策、土地政策、税收政策、锄奸政策、人民政权、经济政策、文化教育政策、军事政策等进行详细的论证和阐述。类似的例子在毛泽

---

① 中共中央马克思恩格斯列宁斯大林著作编译局. 马克思恩格斯文集：第3卷［M］. 北京：人民出版社，2009：434.
② 中共中央马克思恩格斯列宁斯大林著作编译局. 马克思恩格斯文集：第3卷［M］. 北京：人民出版社，2009：445.
③ 毛泽东. 毛泽东选集：第2卷［M］. 北京：人民出版社，1991：762-763.
④ 毛泽东. 毛泽东选集：第2卷［M］. 北京：人民出版社，1991：765.

东著作和党的政策文献中比比皆是。正是因为以毛泽东为代表的中国共产党人坚持马克思主义政策观，根据不同历史任务制定科学正确的政策，才取得了革命、建设和改革开放的巨大成就。正因为如此，党的十一届六中全会通过的《中国共产党中央委员会关于建国以来党的若干历史问题的决议》才将"关于政策和策略"纳入毛泽东思想六个方面内容之一，并给予了高度概括和评价，"毛泽东同志精辟地论证了革命斗争中政策和策略问题的极端重要性，指出政策和策略是党的生命，是革命政党一切实际行动的出发点和归宿，必须根据政治形势、阶级关系和实际情况及其变化制定党的政策，把原则性和灵活性结合起来"①。

关于马克思主义政策观的基本观点和具体内涵，有学者将其概括为四个方面，即政策必须符合客观实际；社会经济关系是制定政策和策略的基础；政策的立足点是群众的实践和利益；制定政策必须站在无产阶级的立场上，反映无产阶级的利益。② 我们基本同意这些观点概括，但如果再添加一条"政策和策略是无产阶级政党的生命"，以表明政策对于党的自身建设、党的领导力提升的极端重要性，将会更加全面。由于这些内容不是本文论述的重点，这里不再详细阐述。

三、政治实践：马克思主义形势观和政策观的统一

前已述及，马克思主义形势观决定着政策观，而马克思主义政策观又反作用于形势观，一方面两者具有辩证统一关系，另一方面两者又统一于马克思主义政党的政治实践，即在政治实践中体现马克思主义形势观和政策观。毛泽东指出："只有人们的社会实践，才是人们对于外界认识的真理性的标准。实际的情形是这样的，只有在社会实践过程中（物质生产过程中，阶级斗争过程中，科学实验过程中），人们达到了思想中所预想的结果时，人们的认识才被证实了。人们要想得到工作的胜利即得到预想的结果，一定要使自己的思想合于客观外界的规律性，如果不合，就会在实践中失败。"③

自中国共产党成立以来，我们党就极其注重依据马克思主义形势观、政策观来推进政治实践，并在各个不同历史阶段形成了十分宝贵的政治实践经验。例如，抗日战争时期，我们党在陕甘宁边区实行的"三三制"政权组织原则就是极好的例证。当时的形势是：第一，第二次世界大战爆发，日本加紧侵华步

---

① 中共中央文献研究室. 三中全会以来重要文献选编：下 [M]. 北京：中央文献出版社，2011：160.

② 李斌雄，蒋耘中等. 高校学生形势与政策教育引论 [M]. 北京：中国文史出版社，2014：48-49.

③ 毛泽东. 毛泽东选集：第1卷 [M]. 北京：人民出版社，1991：284.

伐，试图以武力摧毁民主革命并占领全中国；第二，国民政府对日本的侵略实施不抵抗政策，造成了大面积国土丧失和国民伤亡；第三，国内外爱国进步人士呼吁国共合作，共同抵御日本的侵略，具备了新时期爱国统一战线的形成条件；第四，1937年1月党中央由陕西保安迁至延安，建立了陕甘宁边区革命根据地。卢沟桥事变后，如何处理国共关系、如何建设陕甘宁边区政府政权、如何形成广泛的爱国统一战线以抵御日本侵略，成为这一时期中国共产党的首要政治任务。在此形势下，1939年12月，毛泽东撰写了《中国革命和中国共产党》，明确指出："在中国共产党领导的各个抗日根据地内建立起来的抗日民主政权，乃是抗日民族统一战线的政权，它既不是资产阶级一个阶级的专政，也不是无产阶级一个阶级的专政，而是在无产阶级领导之下的几个革命阶级联合起来的专政。只要是赞成抗日又赞成民主的人们，不问属于何党何派，都有参加这个政权的资格。"① 这就形成了民主联合政权政策的理论基础，这种理论基础在本质上是马克思主义政策观的体现。既然这种政策是科学的、正确的、客观的，那么其所引领的政治实践也必然会获得成功。1940年3月6日，毛泽东为中共中央起草《抗日根据地的政权问题》的党内指示，首次提出了"三三制"政权建设政策，即"根据抗日民族统一战线政权的原则，在人员分配上，应规定为共产党员占三分之一，非党的左派进步分子占三分之一，不左不右的中间派占三分之一"②。"三三制"政策的实施既确保了党的领导权，又巩固和扩大了抗日民族统一战线，为最终取得抗日战争的胜利打下了坚实的政治基础。这个例子充分说明了马克思主义形势观对科学政策制定的决定性作用，而科学政策的制定又极大地改变了形势发展，使形势朝着有利于马克思主义政党领导革命、建设和发展的方面转变。同时，这两者的有机结合与相互促进，又体现在马克思主义政党的正确政治实践之中。

改革开放以来尤其是党的十八大以来，以习近平同志为核心的党中央根据国内国际形势发展变化，作出了"世界百年未有之大变局""中华民族伟大复兴全局"以及"我国是最大的发展中国家""我国日益走进世界舞台的中央"等一系列重大形势判断。在此基础上，习近平总书记提出了"人类命运共同体""一带一路"、新发展理念、新发展阶段、新发展格局等战略思想和战略举措，形成了新时代的科学形势观与政策观。而新时代的形势观与政策观，又加快推进中国共产党人的政治实践，使"科学社会主义在二十一世纪的中国焕发出新

---

① 毛泽东. 毛泽东选集：第2卷 [M]. 北京：人民出版社，1991：648
② 毛泽东. 毛泽东选集：第2卷 [M]. 北京：人民出版社，1991：742.

的蓬勃生机，中国式现代化为人类实现现代化提供了新的选择，中国共产党和中国人民为解决人类面临的共同问题提供更多更好的中国智慧、中国方案、中国力量，为人类和平与发展崇高事业作出新的更大的贡献"①。

第二节 "形势与政策"教育的基本结构与内容

了解和把握形势与政策教育的基本结构与内容，是研究"形势与政策"课的基础和前提。作为广义的形势与政策教育，与作为狭义的形势与政策教育的"形势与政策"课的结构、内容上既有联系，又有区别。通过系统研究，我们认识到广义的形势与政策教育在结构上有着"六层次"的严密逻辑，在内容上涵盖政治、经济、文化等具体领域。

一、"形势与政策"教育的"六层次"结构

我国的形势与政策教育是在中国共产党的领导下，以马克思主义为指导的世界观、政治观、形势观、政策观教育以及各领域具体化的形势和政策教育的总和，从归属上看属于国民教育和思想政治教育的重要组成部分。具体来讲，广义的形势与政策教育包括位阶逐渐提升的六个基本层次（如图2-1所示）。

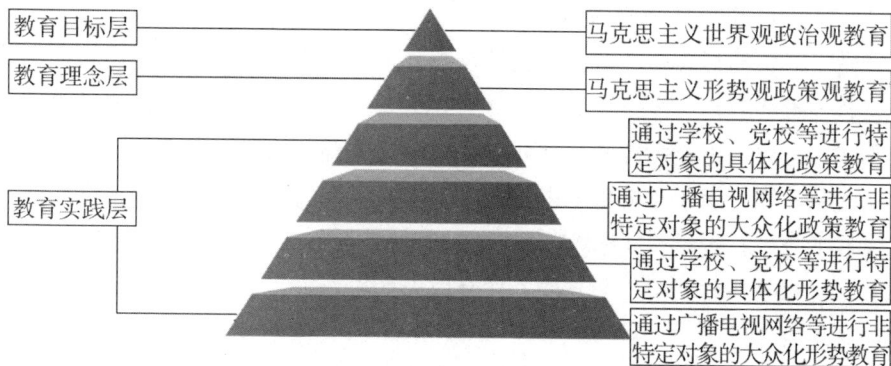

图2-1 形势与政策教育的层次结构图

（一）非特定对象的形势教育

思想政治教育是我们党的政治优势和优良传统。毛泽东指出："掌握思想教

---

① 党的二十大报告学习辅导百问［M］. 北京：党建读物出版社，2022：12.

育，是团结全党进行伟大政治斗争的中心环节。如果这个任务不解决，党的一切政治任务是不能完成的。"① 在党的十四届二中全会上，江泽民也曾指出："在新的形势下加强党的思想政治教育工作，是建设有中国特色社会主义理论和党的基本路线的要求，是改革开放和现代化建设的要求，目的是增强党和国家的凝聚力，增强干部队伍和群众队伍的凝聚力，更好地发展社会生产力，集中力量把国民经济搞上去。"② 这些论述说明，我们党对非特定对象的形势教育是加强思想政治工作的重要组成部分和关键环节，其目的在于通过形势教育使干部群众了解国内外形势基本情况和发展变化，进而调动其积极性，增强推进事业发展的凝聚力。开展非特定对象的形势教育具有四大特征：其一，具有形式的多样性，即既有广播、电视、电影、报刊等传统媒介的形势教育，又有网络等新媒体的形势教育，也可以是宣讲、报告、讲座等形势教育；其二，具有受众的非特定性，即在形势教育过程中目标受众不固定，而是依据信息接收的群体自发性、自觉性来判定；其三，具有内容的广延性，即形势教育的内容选取的非专题性，是各类信息的融合与集成。例如"新闻联播""新闻30分"等都是将国内外形势进行整合播报，由受众自由进行信息选择，同时，在信息选择过程中延展自身对国内外形势的认知；其四，具有效果的不可预测性，即形势教育信息传播出去以后，由于目标受众的不确定性，致使教育效果无法进行标准化（如测试、考试）测定。

（二）特定对象的形势教育

特定对象的形势教育是指通过学校教育、党校教育、社会专题化培训等形式进行的形势教育。这类教育一般分为线下、线上、线上线下混合式教育等几种形式，可以是集中式教育，也可以是分散式教育。例如，大学里开设的"形势与政策"课就属于线下集中式教育，而"网络干部学院"等在线培训网站就属于线上分散式教育。这类教育具有四个基本特征：其一，形式的相对单一性；其二，目标受众的固定性；其三，教育内容的专题性、系统性；其四，教育效果的可测量性。

（三）非特定对象的政策教育

与形势教育一样，开展非特定对象的政策教育的主要目的是将党和国家路线、方针、政策以及制定的法律法规进行大众化传播，使大众在接受教育过程

① 毛泽东. 毛泽东选集：第3卷 ［M］. 北京：人民出版社，1991：1094.
② 中共中央文献研究室. 十四大以来重要文献选编：上 ［M］. 北京：人民出版社，1996：130.

中达到思想和行动的统一。非特定对象的政策教育有两个基本前提。其一，政策必须具备公开性和普及性。公开性是指政策教育中的政策种类应属于非涉密类，各种涉密或不宜公开的政策不在其列；普及性是指政策的适用范围的广泛性或非特指性，例如国家制定的《空气质量持续改善行动计划》《关于推进基本养老服务体系建设的意见》《关于构建优质均衡的基本公共教育服务体系的意见》等政策措施均具有非特指性。其二，政策必须具有相对固定性。由于政策具有强制性和法定执行义务，因而必须保持相对固定。从实践上看，易变性政策很难对非特定对象产生教育效果。非特定对象的政策教育是各国进行国民教育的通用做法，例如，改革开放初期我们党推进"农业生产责任制""家庭联产承包责任制"政策就是如此。1980年9月，中共中央印发《关于进一步加强和完善农业生产责任制的几个问题》，对已经出现的"包干制"生产经营模式进行政策回应，充分肯定了包产到户的做法。但由于部分农村农民和管理干部并没有认识到包产到户的益处，因而产生了迟疑甚至拒绝的态度，这就需要全面的非特定对象的政策教育。1980年以后，广播、电视、报刊和"党的各级组织进行了广泛的思想政治工作，向人们说明农民的这一创造的价值，说明这种做法是发展生产的一种形式，是属于社会主义的。这就打消了一些人的顾虑，使扩大这一责任制的工作进行得比较顺利"[1]。

（四）特定对象的政策教育

特定对象的政策教育从宏观上看主要适用于两类群体：一类是政策的特定执行者，可以是集体（如各级党组织、政府管理部门、特定社会团体），也可以是个体；另一类是潜在的政策执行者或者说是未来的政策执行者（如学生、政策研究人员）。例如，1957年3月7日，毛泽东在普通教育工作座谈会上的讲话要求："学校要大力进行思想教育，进行遵守纪律、艰苦创业的教育。学生要能耐艰苦，要能白手起家。我们不都是经历过困难的人吗？社会主义事业是艰苦的事业。我们以后对工人、农民、士兵、学生都应该宣传艰苦奋斗精神。"[2] 这就属于典型的特定对象政策教育。再比如，党的十八大以来，党中央组织实施的党的群众路线主题教育、"两学一做"学习教育活动、"三严三实"专题教育活动、党史学习教育、学习贯彻习近平新时代中国特色社会主义思想主题教育等，其对象都是面向全体党员，以县处级以上领导干部为重点，这些都属于特定对象的政策教育。

---

① 许启贤. 中国共产党思想政治教育史：第2版［M］. 北京：中国人民大学出版社，2004：331.

② 毛泽东. 毛泽东文集：第7卷［M］. 北京：人民出版社，2009：246.

（五）马克思主义形势观政策观教育

马克思主义形势观、政策观属于理念层面，在广义的形势与政策教育中居于中级位阶，是对具象化形势教育、政策教育的抽象表达。抽象化的形势观政策观教育依托于具象化的形势教育与政策教育，是通过哲学形态的教育引导受众从纷繁复杂的形势、政策中，探索蕴含其中的道理、哲理、原理，进而在探求和掌握形势、政策发展变化规律中加以科学应用，从而使形势、政策朝着正向发展。2016 年 12 月，习近平总书记在全国高校思想政治工作会议的讲话指出："要教育引导学生正确认识世界和中国发展大势，从我们党探索中国特色社会主义历史发展和伟大实践中，认识和把握人类社会发展的历史必然性，认识和把握中国特色社会主义的历史必然性，不断树立为共产主义远大理想和中国特色社会主义共同理想而奋斗的信念和信心；正确认识中国特色和国际比较，全面客观认识当代中国、看待外部世界；正确认识时代责任和历史使命，用中国梦激扬青春梦，为学生点亮理想的灯、照亮前行的路，激励学生自觉把个人的理想追求融入国家和民族的事业中，勇做走在时代前列的奋进者、开拓者；正确认识远大抱负和脚踏实地，珍惜韶华、脚踏实地，把远大抱负落实到实际行动中，让勤奋学习成为青春飞扬的动力，让增长本领成为青春搏击的能量。"① 这"四个正确认识"尤其是前两个正确认识，就属于理念层面的教育要求。

（六）马克思主义世界观政治观教育

马克思主义世界观、政治观教育属于目标层或价值层，在广义形势与政策教育中居于顶端位阶。有什么样的世界观、政治观就会有什么样的政治实践，坚持马克思主义世界观就要反对批判各种有神论世界观和非马克思主义世界观，这是树立科学世界观的基础，"宗教世界观与马克思主义世界观是根本对立的。共产党人是无神论者，共产党人的世界观应该是马克思主义的世界观。共产党员不但不能信仰宗教，而且必须要向人民群众宣传无神论、宣传科学的世界观"②。一旦科学的世界观即以辩证唯物主义和历史唯物主义为基础的马克思主义世界观确立以后，那么正确的政治观才能得以确立和存续。正确的政治观包括正确的民主观、自由观、权利观、法治观、政党观、群众观等具体的观念、理念。诚然，开展形势与政策教育就是要贯彻这些观念、理念，但马克思主义

---

① 新华社. 把思想政治工作贯穿教育教学全过程开创我国高等教育事业发展新局面［EB/OL］. 中华人民共和国教育部，2016-12-08.

② 中共中央宣传部. 毛泽东邓小平江泽民论思想政治工作［M］. 北京：学习出版社，2000：144.

政治观教育超越了具体观念、理念而上升到对根本问题的解决上，对于这个问题我们党给予了极为明确的解答。其一，正确的政治观必须紧紧围绕解放和发展生产力这个发展主线。毛泽东早在新民主主义革命时期就指出，"中国一切政党的政策及其实践在中国人民中所表现的作用的好坏、大小，归根到底，看它对于中国人民的生产力的发展是否有帮助及其帮助之大小，看它是束缚生产力的，还是解放生产力的"①。邓小平也指出，"按照历史唯物主义的观点来讲，正确的政治领导的成果，归根结底要表现在社会生产力的发展上，人民物质文化生活的改善上"②，"我们的政治路线，是把四个现代化建设作为重点，坚持发展生产力，始终扭住这个根本环节不放松"③。其二，正确的政治观必须紧紧围绕以人民为中心这个价值主线。"为什么人"是衡量一个政党政治观的基本价值标准。从中国共产党成立之日起，我们党就把为人民谋幸福、为民族谋复兴作为初心和使命，可以说以人民为中心是贯穿中国共产党百年发展始终的价值主线，也是区别于世界上其他非马克思主义政党最为显著的标志。在党的十九届六中全会出台的《中共中央关于党的百年奋斗重大成就和历史经验的决议》中，我们党把"坚持人民至上"列入百年奋斗十条历史经验的重中之重，指出，"党的根基在人民、血脉在人民、力量在人民，人民是党执政兴国的最大底气。民心是最大的政治，正义是最强的力量。党的最大政治优势是密切联系群众"④。历史和实践证明，只有以人民为中心的政治观才是科学正确的政治观，才能把社会主义事业不断向前推进。总之，马克思主义世界观和政治观教育是紧密相连的逻辑整体，具有辩证统一的关系，开展形势与政策教育必须坚持和发展马克思主义世界观和政治观。

二、"形势与政策"教育的内容覆盖

一般情况下，学界对形势与政策教育内容的解析主要集中在具象化的形势教育、政策教育，例如国际国内政治形势、政治政策，经济形势、经济政策，社会形势、社会政策，文化发展形势、文化发展政策，安全形势、安全政策，等等。这种认识作为狭义上的形势教育、政策教育是没有问题的，但如果上升到广义的思想政治教育来看待的话，那么这种认识就有所缺失。我们认为，狭

①　毛泽东.毛泽东选集：第3卷 ［M］.北京：人民出版社，1991：1079.

②　邓小平.邓小平文集：第2卷 ［M］.北京：人民出版社，1993：128.

③　邓小平.邓小平文集：第3卷 ［M］.北京：人民出版社，1993：64.

④　党的十九届六中全会《决议》学习辅导百问 ［M］.北京：党建读物出版社，2021：62-63.

义的形势教育与政策教育想要上升到广义思想政治教育上的形势与政策教育，

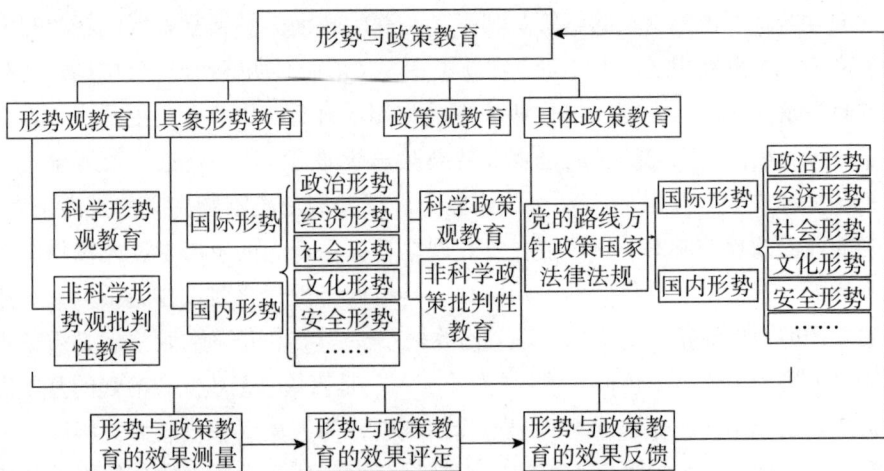

图 2-2　形势与政策教育的内容结构图

在内容上应包含三个相互嵌套且能形成教育闭环的板块（如图 2-2 所示）。第一板块为基本理论教育层。"没有革命的理论，就没有革命的行动"。开展具象化的形势教育、政策教育是"实践行动"，其成功与否取决于教育主体对马克思主义基本理论尤其是马克思主义形势观、政策观的掌握程度。"用共产主义理论和世界观武装和教育工人政党，是决定和保持无产阶级政党的性质和先进性的根本条件，也是马克思主义政党同其他工人政党相区别的根本分界线"①。前文已经对马克思主义形势观、政策观的内涵与两者的逻辑关系进行了较为详尽的阐述，这里不再赘述。但需要说明的是作为理念层面的马克思主义形势观、政策观教育包含两个维度的内容：一是正向教育维度，即对教育受体进行系统的科学的形势观、政策观教育，使之产生理论认同和价值认同；二是反向教育维度，即通过对非马克思主义的形势观、政策观的批判性教育，使教育受体在正反比较中树立对马克思主义的理论认同和价值认同。从实际教育情况来看，第一板块教育是最为复杂且长期的教育，因而其教育价值也最为凸显，这不仅在学科上突破了形势与政策教育范畴（需要马克思主义理论、哲学、政治学、教育学、心理学等多学科的支持），而且也打破了思想政治教育的单一范式。

第二板块为具象化国际国内形势教育、政策教育层。具象化的国际国内形势具有客观性、易变性等特征，具体内容涵盖政治形势、经济形势、社会形势、

① 刘海藩，万福义. 毛泽东思想综论 ［M］. 北京：中央文献出版社，2006：261.

文化发展形势、安全形势等。开展形势教育的目的是使教育受体了解形势的动因、发展的趋势、蕴含的规律、各方的态度，进而为了解、掌握、执行党和国家制定相关政策做准备。具象化的国际国内政策具有主观性、阶级性、时段性等特征，其依据是客观存在的形势。开展具象化的国际国内政策教育包含两个递进式的内容：一是总体上的党和国家路线方针政策、各类法律法规教育；二是具体层面上的政治政策、经济政策、社会政策、文化政策等教育。比如，要开展关于教育政策的教育，一方面首先应对受体进行党的教育方针以及《中华人民共和国教育法》《中华人民共和国高等教育法》等法律法规的教育。只有先在总体上把握党和国家对教育工作的基本要求，才能理解教育发展形势和应对形势发展变化的教育政策。另一方面，应对受体进行反向批判性教育，使之在正反比较中理解党和国家事关教育工作的形势判断与政策决策的必要性、科学性。

第三板块为形势教育、政策教育的效果测评层与反馈层。这一板块包括形势与政策教育的效果测量、效果评定、效果反馈三个依次递进的内容。形势与政策教育的落脚点并不在教育形式和教育内容本身，而在于教育形式、教育内容作用于受体的效果，即受体的接受程度与践行效果。马克思主义认为，人是"能动的自然存在物，是有自然力的、有生命力的、现实的、感性的、对象的存在物"①。从马克思主义人学视角出发，我们认为把受体的认知（包括感性认知和理性认知）程度作为接续教育的基础意义十分重大，因而把效果测评与反馈纳入形势与政策教育的内容体系是恰当的、必要的。关于形势与政策教育的效果测量与评定，可以采用定量、定性两种方法来解决，具体的方法采用我们将在随后章节中进行详细解读。关于形势与政策教育的效果反馈，主要包括横向反馈和纵向反馈。横向反馈具体为民意测验反馈、大众传媒反馈、对象直接反馈；纵向反馈具体为定点式反馈、抽样式反馈、汇报式反馈、考试考核式反馈等。无论哪种反馈，其最终都要回归到形势与政策再教育措施的优化和完善上，并在此形成循环性闭环。

第三节　"形势与政策"课的功能定位与核心任务

恩格斯认为："一门科学提出的每一种新见解都包含这门科学的术语的革

---

① 中共中央马克思恩格斯列宁斯大林著作编译局. 马克思恩格斯全集：第42卷［M］. 北京：人民出版社，1979.

命。"① 恩格斯这里所说的术语的革命可以从两个角度来理解：一是为了更好地阐释某门科学所创造的全新术语，即新概念；二是对已有的概念进行改造并赋予其特定含义，使其具有新的解释能力，即意义创新。历史来看，"形势与政策"课在高校的建设发展中经历了"时事学习""政治教育""形势教育""形势与任务""形势与政策"等多次术语变更，其内涵和外延也发生了多次变化。当前，开展"形势与政策"课程建设研究，必须从其术语界定、功能定位、基本特点和核心任务等方面着手，并在此基础上划定研究范畴。从而使研究的主体、主线和论域更加科学、清晰。

一、"形势与政策"课的功能定位

开展形势与政策教育是国民教育的重要组成部分。它既可以是一种广义上的社会教育，即通过一定的媒介将政党理念和国家意志传导给全体或特定的社会成员，从而达到最优化的治理效果的一种手段，也可以是一种狭义上的专门化教育。例如，1988 年中共中央宣传部发出《关于广泛深入地进行形势政策教育的通知》要求："在全国城乡广泛深入地进行形势与任务教育，使党的正确主张为干部群众所理解、接受，成为上下一致的共同认识和积极行动……报刊、广播、电视要加强和改进形势宣传，对社会舆论进行正确引导。"② 这里所指的形势政策教育即广义上的教育形态。而近年来，国家教育主管部门印发的《关于进一步加强高等学校〈形势与政策〉课程建设的意见》《关于进一步加强高等学校形势与政策教育的通知》《关于加强新时代高校"形势与政策"课建设的若干意见》等则属于狭义上的形势与政策教育。我们要讨论和研究形势与政策教育专指狭义上的教育形态，即以课程形式呈现的形势教育、政策教育。

党的十一届三中全会以来，随着"形势与政策"课被逐步纳入思政课课程体系，关于"形势与政策"课功能定位的表述经历了几次重要变化。1988 年 5 月，《关于高等学校开设〈形势与政策〉课的实施意见》是国家第一次就如何建设"形势与政策"课制定的专门性文件。关于该课程性质的界定只有一句话，即"是一门思想教育课程"。这一界定只是表明了"形势与政策"课在课程归属上的"回归"，并没有说明它与其他课程的联系与区别。1996 年 10 月，国家

---

① 中共中央马克思恩格斯列宁斯大林著作编译局 . 马克思恩格斯文集：第 5 卷［M］. 北京：人民出版社，2009：32.

② 中共中央宣传部 . 中国共产党宣传工作文献选编（1957—1992）［M］. 北京：学习出版社，1996：846—849.

教委出台《关于进一步加强高等学校〈形势与政策〉课程建设的意见》，文件的第一部分首次对"形势与政策"课的性质和地位进行了三个方面的概括：一是思想品德课的必修课和每个学生的必修课；二是学校德育的重要内容；三是其他思政教育类课程不可替代的。2004年11月，为了贯彻落实中央16号文件精神，中共中央宣传部、教育部联合印发了《关于进一步加强高等学校形势与政策教育的通知》。这个通知不仅对形势与政策教育与"形势与政策"课程进行了区分，而且对课程性质和功能定位进行了更加具体的界定。第一，在逻辑关系上，界定了"形势与政策"课程教育是形势与政策教育的一部分，而形势与政策教育是高校思政教育的重要内容，这种清晰描述了"'形势与政策'课—形势与政策教育—思想政治教育"三者的基本逻辑关系，消除了长期以来存在的认识模糊问题。第二，在课程关系上，界定了"形势与政策"课是高校思政课的重要组成部分。这就使该课程摆脱了只归属于"思想品德"课的狭隘认识。第三，在课程的功能上，作了两重界定，即"是对学生进行形势与政策教育的主渠道、主阵地"和"在大学生思想政治教育中担负着重要使命，具有不可替代的重要作用"。其中"主渠道、主阵地"的界定将该课程提升到了前所未有的地位。党的十八大以后，国内外形势发展变化跌宕起伏，一方面高校形势与政策教育的任务越来越重，另一方面党和国家对该课程性质功能的认识更加成熟。2018年4月，教育部印发并实施《关于加强新时代高校"形势与政策"课建设的若干意见》，这是新时代国家对该课程首次制定的专门性文件。该文件的引言部分，对"形势与政策"课的性质功能在承袭以往表述基本精神的基础上，进行了三重扩展式界定：第一，它是一门思政课，但较之于其他思政课程"理论武装时效性、释疑解惑针对性、教育引导综合性"更强；第二，它是一门核心课程。其"核心性"在于使学生认识新时代国内外形势，尤其是学习领会新时代"党和国家事业取得的历史性成就、发生的历史性变革、面临的历史性机遇和挑战"是所有课程中最为核心的课程。第三，它是"第一时间推动党的理论创新成果进教材进课堂进学生头脑，引导大学生准确理解党的基本理论、基本路线、基本方略"的重要渠道①。以上四个文件在时间上跨度30年，其对该课程性质功能的界定变化既反映了课程本身在教育教学实践中的丰富和完善，更反映了党和国家对该课程作用的认识和理论概括不断提升。

---

① 教育部关于加强新时代高校"形势与政策"课建设的若干意见［EB/OL］. 中华人民共和国教育部，2018-04-27.

二、"形势与政策"课的核心任务

每一门课存在的价值与意义都取决于该课程所承担的任务，而承担的任务又取决于其所面对的客观存在的问题。从新中国成立之初就普遍开展的时事学习教育到改革开放之初提出的形势与任务教育，再到系统化、课程化、规范化的形势与政策教育，各个历史阶段的"形势与政策"课无不是围绕着党和国家重大理论创新、重大实践任务、重大政策举措、重大形势判断而展开的。

历史方面，改革开放以来中央明确"形势与政策"课程教育教学任务的文件比较多，其中比较重要的有以下几份：一是《关于高等学校开设〈形势与政策〉课的实施意见》首次明确了该课程的任务，即"帮助学生了解国内外重大时事，学习党和国家的路线、方针、政策，全面掌握'一个中心，两个基本点'，认清形势和任务，激发爱国主义精神，增强民族自信心和社会责任感"①。二是《关于进一步加强高等学校〈形势与政策〉课程建设的意见》进一步明确了该课程教学的根本目标和任务，就是"帮助学生正确认识国内外形势，深刻理解党的基本路线、方针和政策，确立为建设有中国特色的社会主义而奋斗的政治方向……突出马克思主义形势观教育，引导学生学会运用马克思主义的立场、观点、方法观察形势，从总体上把握改革开放和社会主义现代化建设的大局"②。三是《关于普通高等学校"两课"课程设置的规定及其实施工作的意见》把"帮助学生全面正确地认识党和国家面临的形势和任务，拥护党的路线、方针和政策，增强实现改革开放和社会主义现代化建设宏伟目标的信心和社会责任感"③ 作为根本任务。四是《关于进一步加强高等学校形势与政策教育的通知》除明确了前述几份文件规定的一般性宏观任务外，还针对 21 世纪初期面临的新情况新任务提出了五项具体任务：①将"党的基本理论、基本路线、基本纲领和基本经验"作为课程教育的重点；②系统开展改革开放和社会主义现代化建设的形势、任务与发展成就教育；③新世纪新阶段党和国家重大方针政策、重大活动和重大改革措施的教育；④当前国际形势、国际关系状况、发展趋势以及我国的对外政策教育。正在发生的重大国际事件及我国的对应立场和

---

①　教育部思想政治工作司. 加强和改进大学生思想政治教育重要文献选编（1978—2014）[M]. 北京：知识产权出版社，2015：90.

②　教育部思想政治工作司. 加强和改进大学生思想政治教育重要文献选编（1978—2014）[M]. 北京：知识产权出版社，2015：163.

③　教育部思想政治工作司. 加强和改进大学生思想政治教育重要文献选编（1978—2014）[M]. 北京：知识产权出版社，2015：181.

原则教育；⑤开展马克思主义形势观、政策观等相关理论教育。① 五是《新时代学校思想政治理论课改革创新实施方案》。该方案可以称之为继"05 方案"之后最为重大的一次系统性课改，虽然中央和学界并没有将其称之为"20 方案"，但其在包括"形势与政策"课在内的思政课改革创新进程中的重要地位和历史价值是不可动摇的。该文件对新时代"形势与政策"课任务做出诸多创新性表述，具体来讲包括"三项内容和四个目标"。"三项内容"为"党的理论创新最新成果，新时代坚持和发展中国特色社会主义的生动实践，马克思主义形势观政策观、党的路线方针政策、基本国情、国内外形势及其热点难点问题"②；"四个目标"为引导大学生"正确认识世界和中国发展大势，正确认识中国特色和国际比较，正确认识时代责任和历史使命，正确认识远大抱负和脚踏实地"③。

从以上文献我们可以看出，关于"形势与政策"课任务的具体表述存在着较大差异，这主要是由该课程在不同历史阶段需要解决的问题差异性决定的。在此认识基础上，我们可以将"形势与政策"课的核心任务概括为四个方面。

第一，开展马克思主义形势观和政策观教育的任务。这项教育任务包括两个方面：一是马克思主义形势观和政策观基本原则与理论的教育；二是运用马克思主义立场、观点、方法，观察、分析客观存在的国内外形势以及我国的应对政策教育。前者是理论层面的教育，后者是具体运用层面的教育；前者是基础，后者是实践。需要解决的重点问题是什么是马克思主义形势观和政策观，以及怎样用马克思主义形势观和政策观观察、分析国内外形势发展与政策指向。

第二，开展中国共产党治国理政的路线、方针、政策教育的任务。党的路线、方针、政策是观察、分析国内外形势与政策的根本依据，不立足于此，必然会在纷繁复杂的形势中迷失方向，甚至走向错误。早在 1948 年，毛泽东在晋绥干部会议上就曾指出："我党规定了中国革命的总路线和总政策，又规定了各项具体的工作路线和各项具体的政策。但是，许多同志往往记住了我党的具体的各别的工作路线和政策，忘记了我党的总路线和总政策。而如果真正忘记了我党的总路线和总政策，我们就将是一个盲目的不完全的不清醒的革命者，在

① 教育部思想政治工作司. 加强和改进大学生思想政治教育重要文献选编（1978—2014）[M]. 北京：知识产权出版社，2015：273.

② 新时代学校思想政治理论课改革创新实施方案［EB/OL］. 中华人民共和国中央人民政府，2020-12-28.

③ 新时代学校思想政治理论课改革创新实施方案［EB/OL］. 中华人民共和国中央人民政府，2020-12-28.

我们执行具体工作路线和具体政策的时候，就会迷失方向，就会左右摇摆，就会贻误我们的工作。"① 1962 年，他在扩大的中央工作会议上再次提出："有了总路线还不够，还必须在总路线指导之下，在工、农、商、学、兵、政、党各个方面，有一整套适合情况的具体的方针、政策和办法，才有可能说服群众和干部，并且把这些当作教材去教育他们，使他们有一个统一的认识和统一的行动，然后才有可能取得革命事业和建设事业的胜利，否则是不可能的。"② 这两段论述充分说明，党的路线、方针、政策教育不仅是开展形势与政策教育的基础，也是干好一切工作的前提条件。对高校"形势与政策"课而言，其一，应开展党的路线、方针、政策史教育，即路线、方针、政策在不同历史阶段的演进与变化；其二，应重点开展新时代党的路线、方针、政策教育，即新时代我们党以中国式现代化推进中华民族伟大复兴的政治路线、基本方针和总体方略。

第三，开展具象化国内外形势与政策教育的任务。思政课"05 方案"实施以来尤其是党的十八大以来，教育部根据国内外形势发展变化，每年均按学期制定至少两次《高校"形势与政策"课教学要点》。内容涉及党的重大理论创新、政治建设、经济建设、文化建设、社会建设、民族关系、国际关系等，并列有参考文献或相关备课资料目录。与此同时，还有中共中央宣传部、教育部等牵头制作相应的"形势与政策"课辅助教材、教参、影音资料等。党和国家之所以如此重视"形势与政策"课程建设，目的就是保证各地各高校在开展具象化形势与政策教育时，能够始终与党中央的战略判断和决策部署保持高度一致。

第四，开展形势与政策的实践教育。习近平总书记指出："'大思政课'我们要善用之。思政课不仅应该在课堂上讲，也应该在社会生活中来讲。"③ 这里的"社会生活"实质就是社会实践教育。从当前形势与政策实践教育情况来看，主要包括两个方面，一方面是"形势与政策"课教学学时所规定的实践教学内容；另一方面是"形势与政策"课与其他思政课课程、课程思政、大学生"第二课堂""三下乡"社会实践、科技文化艺术活动等相协同的实践教学内容。开展形势与政策的实践教育不是线性的单一的教育，而是将课程实践与实践课程、实践活动结合起来的"大实践"教育。

---

① 毛泽东. 毛泽东选集：第 4 卷 [M]. 北京：人民出版社，1991：1316.
② 毛泽东. 毛泽东文集：第 8 卷 [M]. 北京：人民出版社，1999：304.
③ 张智，刘水静，李东坡，等. 讲好"大思政课"的道、学、术 [N]. 光明日报，2021-05-28（11）.

第三章

"形势与政策"课建设的历史图景与政策指向

自 1921 年中国共产党成立以来，我们党在革命、建设、改革开放各个历史时期都十分重视对党员干部和广大群众的思想政治教育和形势政策教育，积累了丰富的思想政治教育和形势政策教育经验，为"形势与政策"课程建设发展奠定了坚实的基础。党的十八大以来，以习近平同志为核心的党中央不断深化对共产党执政规律、社会主义建设规律、人类社会发展规律的认识和把握，开辟了中国特色社会主义理论和实践发展的新境界，使"科学社会主义在二十一世纪的中国焕发出强大生机活力"，同时"给世界上那些既希望加快发展又希望保持自身独立性的国家和民族提供了全新选择，为解决人类问题贡献了中国智慧和中国方案"①。中国特色社会主义事业不断向前发展，一方面为新时代"形势与政策"课程建设提供了丰富滋养，另一方面也提出了新的更高的建设要求。因此，从大历史视角，系统梳理思政课尤其是"形势与政策"课的历史演进过程，科学总结新中国成立 70 多年来我们党推进"形势与政策"课建设的基本经验，对于加强和改进"形势与政策"课程建设，培养担当民族复兴大任的时代新人具有重要的理论意义和现实意义。

第一节　新中国成立以来"形势与政策"课建设的历史演进

从归属上讲，"形势与政策"课是高校思政课程体系的基本组成部分，其发展历史必然遵循思政课建设的历史逻辑。因此，如果不把考察"形势与政策"课的发展历史与思政课整体发展历史联系起来，不仅无法科学阐明"形势与政策"课由弱到强、由分散到系统的历史必然性，而且将会割裂两者的逻辑关系，

---

① 习近平．在中国共产党第十九次全国代表大会上的报告［M］．北京：人民出版社，2017：10．

进而造成"一叶障目，不见泰山"的错误认识。本节我们将从思政课建设的大历史逻辑与"形势与政策"课发展的小历史逻辑两个维度，对"形势与政策"课的历史演进及其历史价值进行解析。

一、思政课建设发展的历史逻辑

新中国成立以来的 70 余年间，思政课经过"初创试办"、"1956 年课程改革"①、改革开放初期的恢复与调整、"85 方案"、"98 方案"、"05 方案"等几个阶段，进而逐步走向科学化、规范化。其中蕴含的基本历史逻辑是我们党根据不同历史阶段的中心工作和历史任务，赋予思政课越来越高的政治地位和价值引领作用，实现了思政课由一般意义上的"课程"向中国共产党治国理政的"政治哲学"的功能转向。

（一）思政课的奠基及其历史作用

新中国成立初期，党和国家面临着复杂严峻的国内国际形势：国际上，以美国为首的资本主义阵营和以苏联为首的社会主义阵营两大对抗性国家集团基本形成，资本主义阵营对我国进行政治、经济和军事封锁。经济上，工业、农业、资本主义工商业方面"三大改造"和"一五计划"的实施巩固了新生政权；政治上，以人民民主专政为核心的社会主义制度初步建立并亟待巩固；思想上，肃清封建的、买办的、法西斯主义的旧思想，建立民族的、科学的、大众的新文化教育制度，发展为人民服务的新思想成为主要任务。总之，巩固新生的社会主义国家政权、改变旧中国一穷二白落后面貌成为这一时期党和国家的中心工作。思政课正是在这样一个历史背景下产生并发展起来的。其间，虽然由于建设经验不足而经历了多次更迭，但思政课在进行马克思列宁主义教育、党和国家路线方针政策教育、爱国主义和共产主义道德教育的同时，帮助青年学生树立和巩固革命的人生观，从而积极自觉地参加国家建设等方面发挥了极为重要的作用。

1. 思政课的课程性质与任务

新中国成立之初，我们党就把思政课作为体现社会主义本质特征、区别旧社会高等教育的重要标志，从而确立了思政课不同于其他专业课程的独特性质和任务。1949 年 9 月 29 日颁布的《中国人民政治协商会议共同纲领》明确提

---

① 注：专指 1956 年 9 月 9 日中华人民共和国高等教育部颁布的《关于高等学校政治理论课程的规定（试行方案）》，1957 年 12 月 10 日高等教育部、教育部颁布的《关于在全国高等学校开设社会主义教育课程的指示》等一系列文件的统称。

出："人民政府应有计划有步骤地改革旧的教育制度、教育内容和教学法……给青年知识分子以革命的政治教育。""人民政府的文化教育工作，应以提高人民文化水平，培养国家建设人才，肃清封建的、买办的、法西斯主义的思想，发展为人民服务的思想为主要任务。"① 为了实现完成这个任务，高等学校应"废除（国民党党义、六法全书等），添设马列主义的课程，逐步地改造其他课程"②。在《共同纲领》关于高等教育方针的指引下，1949 年 12 月、1950 年 6 月，中央分两次召开了全国教育工作会议和全国高等教育会议，对思政课的性质和任务进行了进一步明确。全国高等教育会议通过的《关于实施高等学校课程改革的决定》共 11 条，具体规定了中国高等教育的办学宗旨、课程改革的目标与方向、课程改革的方法与途径、高等教育的修业年限与时间、师资培养与提高的渠道与方法、高等学校教材编写的原则与方法等内容。明确规定要"废除政治上的反动课程，开设新民主主义的革命的政治课程，藉以肃清封建的、买办的、法西斯主义的思想，发展为人民服务的思想"③。同时出台的《高等学校暂行规程》对这一指导思想进行了再次重申。

从 1949 年到 1966 年，新中国经历了抗美援朝、"三大改造"、社会主义道路的探索与建设等几个重要阶段，逐步建立并巩固了社会主义基本制度。在不同阶段，党和国家面临着不同任务，这就决定了思政课也必须随着党和国家任务的转变而转变。1950 年教育部在《关于全国高等学校暑期政治课教学研讨会情况及下学期政治课应注意事项的通报》中，明确了全国推动政治思想教育的"三个重点"和"三项规定"，即把开展反帝教育、培养并发扬与国际主义相结合的新爱国主义精神；贯彻土改教育、说明废除封建的土地所有制是中国革命的基本问题；开展"五爱"（爱祖国、爱人民、爱劳动、爱科学、爱护公物）教育，提升国民公德意识三个重点任务。同时还明确着重用系统的理论知识联系思想实际、教职员工自愿参加政治课、教会学校不要刺激宗教感情三项政治思想教育原则。抗美援朝期间，为避免分散领导机关和群众的注意力，中央决定理论教育暂时不宜过分强调，但一般性的政治理论教育还要分级进行：第一级学习政治常识，即关于中华人民共和国的常识和中国共产党的常识；第二级学习理论常识，即关于社会发展史常识（包括历史唯物论和政治经济学），中国

① 教育部社会科学司. 普通高校思想政治理论课文献选编（1949—2008）[M]. 北京：中国人民大学出版社，2008：1.
② 教育部社会科学司. 普通高校思想政治理论课文献选编（1949—2006）[M]. 北京：中国人民大学出版社，2007：1.
③ 中国教育年鉴（1949—1981）[M]. 北京：中国大百科全书出版社，1984：810.

73

共产党历史和毛泽东生平事迹，关于马克思、恩格斯、列宁、斯大林的生平常识；第三级学习马克思、恩格斯、列宁、斯大林的理论著作和毛泽东的理论著作，"努力领会马克思列宁主义—毛泽东思想的精神实质，以便用以正确地解决中国人民事业中的各项实际问题"①。1956 年前后，随着"三大改造"的基本完成，我国进入了社会主义建设新时期，大规模的社会改造运动，一方面有力提升了高校学生政治意识和思想水平，另一方面学习观点不正确和轻视劳动、只讲专业轻视政治、纪律松弛甚至道德败坏的现象还比较严重。为了扭转这一不良倾向，中央提出了"必须改进和加强对学生的政治思想教育工作，贯彻全面发展的教育方针"的要求，进一步明确"向学生进行政治思想工作的目的，就是不断提高学生的社会主义觉悟，培养学生的马克思列宁主义世界观和共产主义道德品质……也就是说，要把学生培养成为懂得马克思列宁主义理论基础，掌握现代最新的科学技术知识，身体健康，并全心全意为社会主义建设事业服务的各种高级专门建设人才"②。1958 年，中共中央、国务院在《关于教育工作的指示》中更加鲜明地指出了社会主义教育的性质和方针："教育是旧社会和建设新社会的强有力的工具之一。""党的教育方针，是教育为无产阶级的政治服务，教育与生产劳动结合。为了实现这个方针，教育工作必须由党来领导。"③教育的任务和目标就是培养共产主义社会的全面发展的新人，即"既有政治觉悟又有文化的、既能从事脑力劳动又能从事体力劳动的人"，而不是旧社会"只专不红、脱离生产劳动的资产阶级知识分子"④。为了保障教育任务的完成，《指示》强调必须从四个方面加强马克思列宁主义的政治教育和思想教育，即工人阶级的阶级观点教育、群众观点和集体观点教育、劳动观点教育、辩证唯物主义观点教育。1960 年前后，国内外局势发生了重大变化。一方面美苏两大阵营间的冷战程度不断加剧，并处在相互制衡阶段，世界整体进入相对的和平发展期。另一方面中苏关系破裂，社会主义阵营出现分化迹象。在此背景下，中央重新明确了思政课的根本任务："高等学校、中等学校政治理论课的根本任务，是用马克思列宁主义、毛泽东思想武装青年，向他们进行无产阶级的阶级

① 李德芳，李辽宁，杨素稳. 中国共产党思想政治教育史料选编［M］. 武汉：武汉大学出版社，2009：192—193.
② 教育部社会科学司. 普通高校思想政治理论课文献选编（1949—2008）［M］. 北京：中国人民大学出版社，2008：20.
③ 教育部社会科学司. 普通高校思想政治理论课文献选编（1949—2008）［M］. 北京：中国人民大学出版社，2008：38.
④ 教育部社会科学司. 普通高校思想政治理论课文献选编（1949—2008）［M］. 北京：中国人民大学出版社，2008：38.

教育，培养坚强的革命接班人；是配合学校中各项思想政治工作，反对修正主义，同资产阶级争夺青年一代。"[1]

综合而言，虽然在新中国成立之初思政课处在奠基和探索阶段，出现了思政课性质和任务在具体表述上的差异，但核心精神并没有动摇，那就是思政课必须以马克思列宁主义、毛泽东思想为指导，为新中国建设发展服务，为无产阶级政治服务，这就为思政课建设划定了"为"与"不为"的界限。

2. 思政课的课程设置与变化

由于新中国刚刚成立，我们党对高等教育发展规律、高校思想政治工作规律、思政课建设规律等都处在摸索阶段，因而对思政课的科学化、规范化设置把握得不够精准，导致了从1949年到1966年的十余年间，思政课建设经历了数次变更。其间积累了大量有益建设经验，但毋庸置疑也存在诸多问题。

（1）试办阶段

在新中国成立之初，已经解放的华北地区部分高校就试办了思政课，为新中国高校普遍设置思政课开辟了道路。1949年10月8日，华北人民政府高等教育委员会率先制订了《华北专科以上学校一九四九年度公共必修课过渡时期实施暂行办法》，规定辩证唯物论与历史唯物论（包括社会发展史）、新民主主义论（包括近代中国革命运动史）为各年级必修课，政治经济学为文、法、教育（或师范）类学院毕业班必修课。根据第一次全国教育工作会议和高等教育会议精神，1951—1953年，教育部先后就"辩证唯物论与历史唯物论"课程、"马克思列宁主义、毛泽东思想"课程、改"新民主主义论"为"中国革命史"等发出指示，初步形成了建国初期的思政课课程体系。第一，将"辩证唯物论与历史唯物论""新民主主义论""政治经济学"设为基本课。着重于讲授系统的马克思列宁主义、毛泽东思想，并应尽可能地联系中国的革命实际、建设实际和学生的思想实际，防止教条主义的偏向。第二，根据不同类型高校和专业特点进行差异化课程开设。例如，1952年教育部在《关于全国高等学校马克思列宁主义、毛泽东思想课程的指示》中，对不同类型高校开设思政课分类提出了差异化要求：综合性大学及财经艺术等学院应依照第一、二、三年级次序分别开设"新民主主义论""政治经济学"及"辩证唯物论与历史唯物论"，工、农、医等专门学院依照第一、二年级次序分别开设"新民主主义论"及"政治经济学"；高等师范学校各系科的政治课程另行规定；三年制专科学校开设课程及先

---

① 教育部社会科学司. 普通高校思想政治理论课文献选编（1949—2008）［M］. 北京：中国人民大学出版社，2008：50.

后次序与工、农、医等专门学院相同。二年制专科学校不修"政治经济学"，二年的专修科第一年级及一年的专修科均修"新民主主义论"。二年以上财经性质的专科学校或专修科第一年级可同时开设"政治经济学"；各类型高等学校及专修科（一年的专修科除外）准备自1953年度起开设"马列主义基础"，学习时数与"政治经济学"相同。① 第三，初步提出了课程协同的构想。课程协同是这一时期我们党对思政课教育重大理论创新，虽然没有今天"协同育人"这个科学概念，但已经包含了"协同育人"的基本理念。这时的协同包括两个层面。一是课程组织机构的协同。如1950年教育部就要求高校应根据实际情况成立"政治课教学委员会（或教学研究指导组）"，各地区根据可能性和必要性也可组成"地域性的总教学委员会"，以统一指导本校或本地区的思政课教学工作。二是思政课程与业务课程的协同。如1951年教育部就对一些学校存在的将思想政治教育课程与一般业务课程对立起来片面进行、不相联系的现象进行批评，明确要求必须"纠正政治课与业务课对立的错误认识和只有政治课才是进行思想政治教育的课目的不正确看法"，同时各院系制订教学计划时"应把思想政治课目作为本系业务课的重要部分，并与其他业务课统一计划"②。

（2）有针对性的调整阶段

1954年以后尤其是"三大改造"完成后，随着国内外形势的变化以及党和国家工作重点的转移，思政课进入了有针对性的调整阶段。主要表现在三个方面。第一，针对形势变化调整课程。1954年高等教育部针对"一五计划"提出了经济建设任务，要求工、农、医科的专修科从1954到1955年度起停开"马列主义基础"，改设"社会主义经济建设"，并以《联共（布）党史简明教程》第9—14章为中心内容。目的是使学生了解苏联社会主义建设规律和我国在过渡时期的总路线、总任务。1957年2月，最高国务会议第十一次（扩大）会议召开，毛泽东在会上作了"关于正确处理人民内部矛盾的问题"的重要讲话。为学习讲话精神，"以便改造知识分子的旧思想"，1957年10月21日中共中央宣传部就关于设立社会主义教育课程向中央作报告，并得到了中央同意和支持。根据中央精神，同年12月10日，高等教育部、教育部下发了《关于在全国高等学校开设社会主义教育课程的指示》，要求各类高校、全体学生和研究生必须无例外地参加"社会主义教育"课程学习，且每周须学8小时（课内不少于4

---

① 教育部社会科学司. 普通高校思想政治理论课文献选编（1949—2008）[M]. 北京：中国人民大学出版社，2008：13.

② 教育部社会科学司. 普通高校思想政治理论课文献选编（1949—2008）[M]. 北京：中国人民大学出版社，2008：9.

小时）。同时规定，除作为专业课的政治理论课外，其他专业"在学习社会主义教育课程期间，原应开的四门政治课一律停开"①。第二，针对思政课适当与专业课相结合的要求调整课程。1956 年，高等教育部制定了《关于高等学校政治理论课程的规定》并作为试行方案，对思政课进行了系统性的规范化调整。此次调整的出发点就是"培养学生的独立思考能力，并使政治理论课能与专业相结合"②。方案将"马列主义基础""中国革命史""政治经济学""辩证唯物主义与历史唯物主义"四门课作为除有特殊要求以外的各专业的必修课，并详细规定了开课顺序、讲授与课堂讨论的学时比例、考试与考查的要求等。1958 年，为反对苏联的"修正主义"，教育部又对思政课进行了调整，规定除二年制专修科外，任何类型高校一律开设"马列主义基础""政治经济学"和"辩证唯物主义与历史唯物主义"，取消"苏共党史"和"中国革命史"。1961—1964 年间，为了解决当时普遍存在的课程和教学内容的不稳定，思政课教师数量和质量不能满足需要，学生的马列主义基础理论知识比较匮乏等现实问题，中央又多次对思政课进行了调整。1961 年，教育部在《改进高等学校共同政治理论课程教学的意见》中将原来的高校思政课进行了大幅度地调整，最显著的特征就是划分了共同政治课和选择性政治课。共同政治课包括两门：马克思主义列宁主义基础理论、形势与任务。除共同政治课外，文科专业增开三门，分别为"中共党史""政治经济学"和"哲学"；理工农医各专业和艺术、体育院校增开一门"中共党史"。1964 年，根据当时的斗争形势需要，中共中央宣传部、高等教育部党组、教育部临时党组联合下发了《关于改进高等学校、中等学校政治理论课的意见》，按照课程和教材"少而精"的原则，对思政课进行了再调整。《意见》亮点有三个：一是将"中共党史""哲学""政治经济学"增列为共同政治理论课，并明确了各门课的具体讲授内容。二是各年级开设"时事政策教育"，占政治课总学时的四分之一。三是在各门政治理论课中适当增加了反面教材，形成了正面教育与反面教育的有机结合。

3. 奠基时期思政课的历史作用

奠基时期的思政课建设虽然经历了多次变化，教学内容、课程体系、师资队伍等都极不稳定，科学的教育教学方法还没有形成，但毕竟还是取得一定的成绩，其在整个思政课建设历史中的奠基作用是不容抹杀的。

---

① 教育部社会科学司. 普通高校思想政治理论课文献选编（1949—2008）[M]. 北京：中国人民大学出版社，2008：32.

② 教育部社会科学司. 普通高校思想政治理论课文献选编（1949—2008）[M]. 北京：中国人民大学出版社，2008：27.

第一，对新中国成立之初国民思想政治教育起到了重要支撑作用。我们党在建国初期对国民思想政治教育是从两个方面进行的。一方面是批判封建的、资本主义的、帝国主义的思想体系尤其是以国民党党义为核心的反动的思想体系。另一方面是用马克思列宁主义、毛泽东思想和党在过渡时期、社会主义建设时期的路线方针政策来教育国民。正反两方面的教育具有全方位、全员性质，包括党风教育、知识分子的思想政治教育、共青团的思想政治教育、工人阶级的思想政治教育、农民的思想政治教育、军队的思想政治教育等等。高校思想政治教育的根本抓手正是思政课。通过思政课的开设，使广大师生初步掌握了马克思列宁主义基本理论，理解并认同了党的理论和政策，收到了较好的教育效果，"基本清除了知识分子中的帝国主义、封建主义和资本主义的影响，划清了敌我界限，从而端正了为人民服务的思想"①。从这一时期思政课整体建设成效来看，它有力地支撑了建国初期的国民思想政治教育，成为国民思想政治教育不可或缺的重要组成部分。

第二，为此后的思政课建设进行了有益的探索并积累了大量的有效经验。具体包括以下三个方面。一是思政课必须纳入党的领导。建国初期，我们党就已经认识到思政课建设是党在高校思想政治教育中的一项重要工作，必须纳入党的统一领导之下。1952年中共中央在《关于培养高等、中等学校马克思列宁主义理论师资的指示》中就明确要求："各中央局、分局及有关地方党委应加强对该地区培养政治理论师资和学校政治教育的领导，指定各级党委的宣传部部长或副部长经常亲自领导这一方面的工作。"② 1955年，教育部在高等工业学校、综合大学校院长座谈会上进一步指出："学校行政领导和学校的党、团组织对学生的共产主义道德和学生的全面发展都负有重大的责任。"③ 1958年中共中央、国务院在《关于教育工作的指示》中明确指出："一切教育行政机关和一切学校，应该受党委的领导……中央人民政府各部门所属的学校，在政治上应该受当地党委的领导。在一切高等学校中，应当实行党委领导下的校务委员会负责制。"④ 二是提高师资水平是增强思政课教育效能的关键。据统计，截至1958

---

① 许启贤. 中国共产党思想政治教育史：第2版 [M]. 北京：中国人民大学出版社，2004：224.

② 教育部社会科学司. 普通高校思想政治理论课文献选编（1949—2008）[M]. 北京：中国人民大学出版社，2008：11.

③ 教育部社会科学司. 普通高校思想政治理论课文献选编（1949—2008）[M]. 北京：中国人民大学出版社，2008：26.

④ 教育部社会科学司. 普通高校思想政治理论课文献选编（1949—2008）[M]. 北京：中国人民大学出版社，2008：38-39.

年全国 227 所高校思政课教师仅有 4600 人左右，其中约有 1300 多人因不能胜任而必须加以调整。思政课教师不仅数量上严重不足，而且还存在专业水平较低、理论基础不扎实、后继乏力等问题。这一时期，中央通过建立专门培养和提高高校思政课教师的学校，委托专业类高校开展思政课教师短期速成班和教学骨干研修班，高校党员校院长、党委书记、党委委员承担思政课课程教授任务，吸收校外党员骨干参与思政课等形式，以弥补思政课师资队伍不足的情况。这些做法对此后的思政课师资队伍建设提供了很好的借鉴。三是动态调整思政课的教育教学内容。思政课是高校思想政治教育一类课程的总称，它依托并服从于党的思想政治教育要求和变化。从前面的历史梳理来看，这一时期的思政课在教学内容和教学形式上的多次变更充分说明了党对过渡时期和社会主义建设时期"如何开展社会主义革命和社会主义建设"的理论和实践探索。"因时而变、因事而化、因势而新"，正是思政课动态调整的总体要求和具体体现。

第三，为巩固马克思主义在高校的指导地位和培养社会主义新人做出了贡献。建国初期，开设思政课的出发点和落脚点是不断提高学生的社会主义觉悟，培养学生马克思列宁主义世界观和共产主义道德。围绕这一目的，思政课在批判旧思想的基础上，结合"抗美援朝""三大改造""三反五反""四清运动"等，大力开展马克思列宁主义教育、党的总路线和政策决策教育、社会主义思想教育、国际形势教育等①，极大地提升了马克思列宁主义在高校的影响力和党在高校的凝聚力，为巩固新生的无产阶级政权和推进社会主义革命与建设奠定了良好的思想基础和人才保障。

（二）思政课"85 方案"的实施及其发展

"85 方案"是我们党第一次从整体上规划思政课建设。这一方案的制定和实施在思政课建设历史上具有极为重要的意义，它开启了科学化、规范化建设思政课的新路途。

1. "85 方案"出台的背景

十一届三中全会召开以后，党的工作重心全面转向经济建设和实现"四个现代化"上来。十一届三中全会公报指出："实现四个现代化，要求大幅度地提高生产力，也就必然要求多方面地改变同生产力发展不适应的生产关系和上层建筑，改变一切不适应的管理方式、活动方式和思想方式，因而是一场广泛、

---

① 中共中央党史研究室，中国共产党历史：第 2 卷（上册）［M］. 北京：中共党史出版社，2011：276.

深刻的革命。"① 为了顺利完成这场"广泛、深刻的革命"任务，党中央高度重视以思政课建设为主要抓手的高校思想政治工作，一方面继承和发扬党的思想政治工作传统，着手恢复高校马克思主义理论教育，不断肃清"文化大革命"和各种不良社会思潮对高校教育教学的影响，坚持和巩固马克思主义、毛泽东思想在高校教育教学中的指导地位；另一方面针对高校思政课面临的困难和问题，大力推进思政课课程改革，提升思政课建设规范化、科学化水平。

从十一届三中全会到"85 方案"制定这一期间，高校思政课面临着十分严峻的形势。王展飞教授作为亲历者对当时的情况作了六个方面的概括：第一，马克思主义理论课得不到应有的重视，社会和高校师生中轻视甚至否定政治理论教育情况十分严重；第二，课程设置没有理顺，未能按照学生的接受特点和思想政治教育规律开设课程且随意性较大；第三，教材缺乏且不统一，教学大纲严重滞后于党的路线方针政策和国家建设需要；第四，师资队伍严重缺乏且水平较低。截至 1979 年 5 月，全国 13458 名思政课教师中因水平低不能胜任思政课教学的约占 30%；第五，经费等条件保障和教学管理工作亟待加强；第六，十一届三中全会后，随着改革开放的实施和国门的打开，各种不良社会思潮对高校思政课形成了巨大冲击。② 由此可以看出，加强和改进思政课建设已经成为高校思想政治工作和党的领导工作的一项迫在眉睫的任务。其实对于这个任务，我们党早在十一届三中全会召开前就已经提出了。1978 年 4 月，全国教育工作会议召开，邓小平在会上做了重要讲话，明确指出："'四人帮'不仅造成教育质量惊人下降，而且严重损害了学校的思想政治教育。学校要大力加强革命秩序和革命纪律，造就具有社会主义觉悟的一代新人，促进整个社会风气的革命化。"③ 为会议准备的《关于加强高等学校马列主义理论教育的意见（征求意见稿）》，对马克思主义理论课在高等教育中的地位，课程的目的和任务作出了明确的界定，对课程教材、教法、师资队伍、领导体制等提出了新要求。《意见》指出：马列主义理论课是各级各类高校必修课，开设这一课程是新中国大学区别于旧中国大学，社会主义高等学校区别于资本主义高等学校的重要标志。同

---

① 中央文献出版社. 三中全会以来重要文献选编（上）[M]. 北京：中央文献出版社，2011：4.

② 王展飞. 亲历与思考：高校思想政治理论课建设与改革研究 [M]. 北京：中国人民大学出版社，2017：73-74.

③ 中共中央文献研究室. 邓小平思想年谱（1975—1997）[M]. 北京：中央文献出版社，1998：62.

时，明确提出"教师必须教好，学生必须学好，各级领导必须管好"①的"三好"教学管理要求。1978 年 12 月 13 日，邓小平在中央工作会议闭幕会上作了《解放思想，实事求是，团结一致向前看》的讲话，强调解放思想不仅是世界观和方法论问题，而且是一个重大的政治问题。为了总结建国以来思想理论战线的经验教训，1979 年党中央又召开了理论工作务虚会。会上，邓小平针对一些人企图否定毛泽东思想以及社会上出现的错误思潮，发表《坚持四项基本原则》的讲话，明确指出："要在中国实现四个现代化，必须在思想政治上坚持四项基本原则。这是实现四个现代化的根本前提……马克思主义的思想理论工作是不能离开现实政治的。对四项基本原则，要根据新的丰富的事实作出新的有说服力的论证，这既是重大的政治任务，又是重大的理论任务。"②邓小平在以上两次重要会议的讲话、十一届三中全会作出的将全党工作重点和全国人民的注意力转移到社会主义现代化建设上来的重大战略决策、十一届六中全会作出的《关于建国以来党的若干历史问题的决议》以及党的十二大提出要建设具有中国特色的社会主义战略目标，为改革开放时期思政课建设尤其是"85 方案"出台奠定了坚实的理论基础。

除了理论上的准备之外，"85 方案"的出台还有三个重要的时代背景。其一，十一届三中全会以后，党通过"调整、改革、整顿、提高"八字方针，迅速完成了政治上、思想上、组织上的全面拨乱反正，为经济改革、政治改革、社会建设、党的建设等营造了良好的环境。与此同时，在大力推进改革开放和中国特色社会主义建设进程中，社会的生机与活力得到充分释放，党的面貌、人民的面貌、国家的面貌焕发出新的姿态。其二，随着改革开放的深入，各种自由化思潮以多种渠道开始向思想理论界尤其是高校渗透，严重影响了人们的思想认识和社会稳定。一手抓改革开放，一手抓思想政治工作，反对精神污染已经在党内形成基本共识。1983 年，邓小平在《党在组织战线和思想战线上的迫切任务》中对思想理论面临的复杂形势进行了分析，批评了一些资产阶级自由化倾向和领导上发现的软弱涣散现象，强调："思想战线上的战士，都应当是人类灵魂工程师。在当前这个转变时期，在社会主义精神文明建设和整个社会

---

① 教育部社会科学司. 普通高校思想政治理论课文献选编［M］. 北京：中国人民大学出版社，2008：70.

② 中共中央文献研究室. 邓小平思想年谱（1975—1997）［M］. 北京：中央文献出版社，1998：116-117.

主义建设事业中，他们在思想教育方面的责任尤其重大。"① 其三，在"85 方案"出台前，中央已经着手对高校思政课进行改革探索。如出台的《改进和加强高等学校马列主义理论的试行办法》（1980 年）《关于开设自然辩证法方面课程的意见》（1981 年）《关于在高等学校逐步开设共产主义思想品德课程的通知》（1982 年）《关于加强和改进高等院校马列主义理论教育的若干规定》（1984 年）《关于高等学校开设共产主义思想品德课的若干规定》（1984 年）等都对思政课建设进行了部署，这些文件制度以及十一届三中全会以来思政课自身建设实践积累的经验，为"85 方案"的出台奠定了基础。

2. "85 方案"的内容架构

"85 方案"是改革开放后，党中央发布的第一个全面部署学校思政课建设的文件。"85 方案"与"98 方案""05 方案"的显著不同点是，该方案并不是一次成型的。而是于 1985 年 8 月由《中共中央关于改革学校思想品德和政治理论课程教学的通知》提出整体框架设想，经过 1985～1987 年的一系列探索，于 1987 年 3 月和 10 月分别出台《关于进一步改革高等学校马克思主义理论课（公共课）教学的意见》《关于高等学校思想教育课程建设的意见》就高校思政课课程设置作出部署且基本定型。因此，通常所讲的"85 方案"并不是一个方案文件，而是以 1985 年《中共中央关于改革学校思想品德和政治理论课程教学的通知》为根本依据的一系列课程建设方案的集合。所以，要准确把握"85 方案"的内容架构和建设要求必须将其间一系列文件安排综合起来研究。

（1）"85 方案"出台的目的和意义

1985 年 8 月 1 日，中共中央印发《关于改革学校思想品德和政治理论课程教学的通知》。《通知》的第一条就点明了方案出台的目的与意义，概括起来就是"四个适应"，即适应我国社会主义现代化建设的需要，适应现代科学技术和现代经济政治的巨大发展变化，适应新时期青少年心理发展的具体状况，适应各方面改革的需要。为了做到"四个适应"，思政课（从小学的思想品德课、中学的思想政治课到高等学校的马克思主义理论课）必须在课程设置、教学内容和教学方法上进行改革，以培养一代有理想、有道德、有文化、有纪律的建设人才。为贯彻落实中央《通知》精神，1986 年、1987 年国家教育委员会先后印发了多项实施意见，进一步阐明了"85 方案"的出台目的，明确指出：旗帜鲜明地坚持四项基本原则，深入、持久地反对资产阶级自由化，帮助青年学生逐

---

① 中共中央文献研究室. 十二大以来重要文献选编：上 ［M］. 北京：中央文献出版社，2011：354.

步树立正确的世界观和人生观，沿着正确方向健康成长，是马克思主义理论教育的任务。加快教学改革的步伐，根本改变马克思主义理论课"三脱离"①的状况，使马克思主义理论课真正具有说服力、吸引力、战斗力，成为受学生欢迎的课程。同时，提出针对学生普遍关心的形势、政策、人生、理想、道德、民主、法制、纪律等方面的问题，有计划地开设一些思想政治教育课程，并在时间上、制度上加以保证。因此，高等学校的马克思主义理论教育必须加强，决不能削弱。

（2）"85方案"的内容架构

在"85方案"中，高校思政课是由两部分构成的，即思想品德课和政治理论课。因此，课程设置也是沿着这两条逻辑主线展开的。从宏观上看，课程设置是按照"主辅结合"的原则进行的。"主"即是四个主导方向："以中国革命史为中心的历史教育""以马克思列宁主义、毛泽东思想为中心的基本理论教育""有分析有比较地介绍当代各种社会思潮""中国社会主义建设和改革的理论、政策和实际知识的教育"。"辅"即两项辅助教育："适时地穿插各种契合学生需要的时事教育、文学艺术教育和课外活动""介绍当代世界政治经济的基本状况、国际关系的基础知识"。由此可见，"主辅结合"从历史、理论、现实、实践四个维度对大学生思想政治教育提出了课程教育的改革思路。依照"两条逻辑主线"和"主辅结合原则"，"85方案"对具体课程设置进行了统筹规划。具体来看有两次改革。第一次是1986年出台的《关于在高等学校进一步贯彻〈中共中央关于改革学校思想品德和政治理论课程教学的通知〉的意见》《关于在高等学校开设"法律基础课"的通知》和《关于对高等学校学生深入进行形势政策教育的通知》三个文件对思政课的设置。具体课程包括："中国革命史""中国社会主义建设""马克思主义原理""世界政治经济和国际关系""法律基础课"。"形势政策教育"不单列为一门课，而是以汇报会、研讨会、报告会等形式开展，且不列入学时学分。第二次是1987年出台的《关于进一步改革高等学校马克思主义理论课（公共课）教学的意见》《关于高等学校思想教育课程建设的意见》《关于高等学校研究生马克思主义理论课（公共课）教学的若干规定》三个文件对思政课的设置调整。与1986年不同，1987年思政课已经按思想教育课和理论课进行细化，共包括本专科生的9门课、过渡时期的2门课，以及研究生的5门课，见表3-1，表3-2所示。

---

① 注：教学脱离国情、理论脱离实践、师生脱离群众。

表 3-1 本专科生课程设置表

	课程设置	开设内容或要求
马克思主义理论公共课	"中国革命史""中国社会主义建设""马克思主义原理"，试开"世界政治经济和国际关系"	
原两门马克思主义理论公共课三种过渡方案	"政治经济学""哲学"	试开"中国社会主义建设"和"马克思主义原理"课
		开设"中国社会主义建设"课，把"马克思主义原理"课分解为几个部分，如"马克思主义哲学""当代资本主义""科学社会主义的产生和发展"
		继续开设"哲学""政治经济学"课，文科各专业逐步开设"世界政治经济与国际关系"课
思想教育课	"形势与政策"	必修（每学期均开设，时数根据需要由各校自行安排）
	"法律基础"	必修（30学时）
	"大学生思想修养"	选修（一年级实施）
	"人生哲理"	选修（二年级实施）
	"职业道德"	选修（三年级实施）
理工农医专业以三门课学习三年、每周按两学时计算，仍需210学时，占教学计划总学时的9%左右。一般文科专业（包括外语专业）以四门课学三年、每周按三学时计算，仍需315学时，占教学计划总学时的13%左右。马克思主义理论专业的公共理论课学时另行规定		
二年制、三年制大专学生马克思主义理论课（公共课）的学时，分别为70学时和140学时		

表 3-2 研究生课程设置表

课程设置	学时	专业
"科学社会主义的理论与实践"	36学时	所有专业研究生
"马克思主义经典著作选读"	70学时	文科专业
"自然辩证法"	54学时	理工农医科专业
"马克思主义与当代社会思潮"	/	文科专业博士
"现代科学技术革命与马克思主义"	/	理工农医专业博士

3. "85方案"后期的调整与发展

从"85方案"到"98方案"思政课经历了十多年的发展历程，其间根据形势发展需要又进行了多次调整和完善。其中，有两项标志性工作值得深入研究。

为更好地适应我国社会主义现代化建设需要，培养和造就大批德才兼备的建设者和接班人，1991年8月，国家教育委员会根据党中央"关于把德育放在学校工作首位"的指示精神，出台了《关于加强和改进高等学校马克思主义理论教育的若干意见》，不仅明确了"坚定不移地坚持社会主义办学方向，坚持用马克思主义育人，把加强高校的马克思主义理论教育作为反对'和平演变'和培养社会主义事业可靠接班人的一项战略任务"①，而且对思政课教学内容、教学方法、师资队伍、党的领导等方面作出了具体要求。该文件的亮点有四个方面。第一，增加思政课课时。文件指出为保证马克思主义理论教育任务的完成和教学内容改革的深入进行，课时应适当增加，并要求"任何学校和个人不得以任何理由为借口任意减少或挪用马克思主义理论课的课时"②。具体为四年制本科课时文科类为350学时、理工农医类为280学时；专科二年制文理科均为140学时，三年制均为210学时。第二，优化教学方法。提出了小课堂教学和利用电化教学的要求。同时提出要严格考试制度，优化考试方法，"在招收新生（包括研究生）和授予学位时，任何单位或个人都不能任意降低标准"③。第三，把加强思政课师资培养和师生配比作为一个带有根本性质的任务提了出来。明确要求，教师与在校学生总数的比例文科院校（专业）为1：80，理工农医院校（专业）为1：100。规模小的院校每门课至少要配备3名教师。同时，规定承担研究生教学任务的教师与学生的比例为1：50。第四，加强党对思政课的领导。在认识上要把马克思主义理论教育作为高校党委的重要职责，作为学校的重点学科和一项基本建设；在方法上要求每学期至少专门研究一次马克思主义理论教育工作；在组织领导上要求指定一名具有马克思主义理论修养和懂得教育规律的党委书记或校长主管理论教育工作；协同上要求动员全校各部门共同努力，一起创造良好的育人环境，等等。虽然这个文件在课程设置上没有变化，但一些具体保障性举措十分有用且影响至今。

---

① 教育部社会科学司. 普通高校思想政治理论课文献选编（1949—2008）[M]. 北京：中国人民大学出版社，2008：138.

② 教育部社会科学司. 普通高校思想政治理论课文献选编（1949—2008）[M]. 北京：中国人民大学出版社，2008：140.

③ 教育部社会科学司. 普通高校思想政治理论课文献选编（1949—2008）[M]. 北京：中国人民大学出版社，2008：141.

1995 年 10 月，国家教育委员会颁布了《关于高校马克思主义理论课和思想品德课教学改革的若干意见》。该文件的颁布正值中共中央《关于进一步加强和改进学校德育工作的若干意见》发布之际和"85 方案"实施十周年。该文件是对"85 方案"的又一次发展和完善。具体体现在四个方面：第一，《意见》首次以"两课"称谓思政课。顾海良教授认为，"两课"不只是一种简称，更是对这两类课程（马克思主义理论课和思想品德课）的统一的简洁表述，它的内涵和现在称作"思政课"的内涵是完全一致的。① 第二，教学核心内容和指导思想的变化。《意见》要求，"两课"教学"要以邓小平同志建设有中国特色社会主义理论为中心内容……学习马克思列宁主义、毛泽东思想，中心内容是学习建设有中国特色社会主义理论"②。这实质上是提出了高校思政课教学要以马克思主义中国化最新理论成果作为中心内容的根本要求。第三，对课程设置进行调整，要求逐步形成"结构合理、功能互补"的课程体系。《意见》将马克思主义理论课统一调整为 3 门，即"马克思主义基本原理""有中国特色社会主义建设""中国革命历史"；思想品德课仍设 3 门："思想道德修养""法律基础""形势与政策"。同时，规定文科类专业开设"世界政治经济与国际关系"，有条件的理工农医院校和专业可列为选修课。各高校应根据专业特点有针对性地进行职业道德教育。第四，对学时进行了调整。《意见》要求为了与实行每周五天工作制的教学计划相适应，适当调整"两课"的教学时数。具体为四年制本科马克思主义理论课的教学时数，文科类不少于 250 学时，理工农医类不少于 200 学时；三年制大专文理科均不少于 150 学时，二年制不少于 100 学时。四年制本科思想品德课的教学时数为教学计划内不少于 85 学时；专科不少于 68 学时。"形势与政策"课程可以不占教学计划内学时，利用政治学习时间，采取专题或讲座的形式，集中或分散安排教学，平均每周不少于一学时，并要作为必修课列入教学计划。

除上述两个重要文件外，这一时期还有两项重要工作对推进思政课建设起到了十分关键的作用。第一，成立全国"两课"教学指导委员会，统筹全国高校思政课建设。长期以来，高校思政课建设缺乏全国性的专业化统筹和指导机构。"85 方案"实施前，虽然也有一些区域性和各高校的思政课指导委员会或领导小组，但比较分散无法形成有效合力。针对这一问题，1997 年国家教育委员会成立了普通高校马克思主义理论课和思想品德课教学指导委员会，对全国

---

① 顾海良．高校思想政治理论课程建设研究［M］．北京：中国人民大学出版社，2016：123.
② 教育部社会科学司．普通高校思想政治理论课文献选编（1949—2008）［M］．北京：中国人民大学出版社，2008：158.

高校思政课教学改革和建设进行研究、咨询、评价和宏观指导。全国"两课"教学指导委员会是新中国成立以来第一次成立的国家层面的教学研究和管理机构，这对于推进高校思政课快速健康发展提供了坚实的组织保障。第二，设立"马克思主义理论与思想政治教育"二级学科。1996年教育部在修订研究生专业目录时，将马克思主义基本理论、思想政治两个专业方向进行归并、提升，形成了"马克思主义理论与思想政治教育"二级学科，本科专业中仍保留"思想政治教育专业"。"马克思主义理论与思想政治教育"二级学科的设立解决了高校思政课长期没有独立学科支撑的尴尬局面，不仅有力地推进了思政课教学以及科研和师资水平提升，而且为马克思主义一级学科的形成奠定了重要的学科基础。

总体来看，"85方案"从制定到实施共有十年时间。十年间，国内外形势发生了巨大的变化，从国际上看，因东欧剧变、苏联解体导致世界社会主义运动进入低潮期。世界由两大阵营对抗发展到以美国为首的"一超多强"，各种西方社会思潮随着世界形势的变化而风起云涌并向我国加速渗透，严重威胁着我国的文化安全和意识形态安全。从国内看，党的十四大确立了邓小平建设有中国特色社会主义理论在党和国家中的指导地位，实现了中国经济发展模式整体由计划经济向社会主义市场经济的转变，我国经济社会发展驶入了历史的快车道。可以说"85方案"是这段纷繁复杂而又波澜壮阔历史的见证者和参与者，因而具有十分重要的历史意义。

（三）思政课从"98方案"到"05方案"的发展

从"98方案"的提出到"05方案"的实施是高校思政课建设的一个重要阶段，无论是课程体系设置、教学方法改革、师资队伍建设，还是学科平台支撑都取得了重大的发展。也正是从这时起，高校思政课的科学化、规范化建设才真正意义上进入正轨。

1. "98方案"出台的历史背景与架构比较

以邓小平南方谈话和党的十四大召开为标志，我国改革开放和社会主义现代化建设事业进入了一个新的发展阶段。社会历史条件和国内外形势的发展变化，对高校思想政治工作尤其是思政课建设提出了新的更高的要求。1994年中央制定了《爱国主义教育实施纲要》和《关于进一步加强和改进学校德育工作的若干意见》两份重要的指导性文件，对包括高校在内的各级各类学校的思想政治工作提出了要求、做出了安排。为贯彻中央要求，1995年国家教育委员会出台了《关于高校马克思主义理论课和思想品德课教学改革的若干意见》《中国普通高等学校德育大纲》两份落实性文件。从这时起，新的思政课改革方案就已经提到了议事日程上来了。1996年3月，"全国高校'两课'管理工作座谈会议"在广州召开。会议及会议通过的"关于落实'两课'教学改革《若干意见》几项重要工作的实施计划"为"98方案"作了原则性设计：第一，在时间上提出争取1997年确定新的教学方案；第二，课程设置方案的制订要紧紧围绕邓小平同志建设有中国特色社会主义理论这个中心；第三，课程设置总量坚持"学马列要精，要管用"的原则；第四，吸收"85方案"以来的教学改革经验特别是改革试点的重要成果，以保持工作的连续性。1997年党的十五大召开，正式把邓小平理论与毛泽东思想一起确立为党的指导思想，实现了党的指导思想的与时俱进。为贯彻中央关于"把邓小平理论编成教材，进入课堂，武装学生头脑"的要求，国家教育委员会和教育部决定对"两课"课程设置进行调整，单独开设"邓小平理论概论"。明确提出以"中国社会主义建设"课为基础，把"马克思主义原理"中"科学社会主义论"和"中国革命史"中1956年以后的课程内容融到"邓小平理论概论"中统一进行讲授。[①] 1998年，由中共中央宣传部、教育部牵头制定的《关于普通高等学校"两课"课程设置的规定及其实施工作的意见》在报请中央同意后实施，即为"98方案"，"98方案"课程设置如表3-3所示。

表3-3 "98方案"课程设置表

层级		课程设置及学时
专科	二年制	马克思主义理论课2门："马克思主义哲学原理"（36学时）、"邓小平理论概论"（64学时） 思想品德课2门："思想道德修养"（40学时）、"法律基础"（28学时）
	三年制	马克思主义理论课3门："马克思主义哲学原理"（50学时）、"毛泽东思想概论"（40学时）、"邓小平理论概论"（60学时） 思想品德课2门："思想道德修养"（40学时）、"法律基础"（28学时）
本科		马克思主义理论课4+1门："马克思主义哲学原理"（54学时）、"马克思主义政治经济学原理"、（理工类40学时；文科类36学时）、"毛泽东思想概论"（理工类36学时；文科类54学时）"邓小平理论概论"（70学时）、"当代世界经济与政治"（文科类开设36学时） 思想品德课2门："思想道德修养"（51学时）、"法律基础"（34学时）

---

① 教育部思想政治工作司．加强和改进大学生思想政治教育重要文献选编（1978—2014）[M]．北京：知识产权出版社，2015：176．

续表

层级	课程设置及学时
硕士生	马克思主义理论课 1+1 门:"科学社会主义理论与实践"(36 学时)、"自然辩证法概论"(理工类开设,54 学时)、"马克思主义经典著作选读"(文科类开设,72 学时)
博士生	马克思主义理论课 2 门:"现代科学技术革命与马克思主义"(理工类开设,54 学时)、"马克思主义与当代社会思潮"(文科类开设,54 学时)
"职业道德"课,除师范、医学等一些特殊专业作为专业基础课外,其他专业作为选修课或作为"思想道德修养"课的一部分进入讲授 "形势与政策"课各层次各科类都开设,平均每周 1 学时	

"98 方案"较之于"85 方案"在本、专科层面有了较大调整,具体而言有以下几个方面。第一,将"中国革命史""中国社会主义建设"两门课进行撤并,其核心内容分别融入"邓小平理论概论"和"毛泽东思想概论"。第二,将"马克思主义原理"课进行了拆分,分设为"马克思主义哲学原理"和"马克思主义政治经济学原理"。第三,突出了邓小平理论在思政课内容体系中的核心地位,单独设立"邓小平理论概论"课且学时最多。第四,对各门课的学时配比作了精确规定,确保了思政课的学时在高校教学体系中不被占用和削减。

虽然对比来看,"98 方案"优化了"85 方案"的课程体系,体现了"精而有用"的原则,但也存在一些问题。第一,将"马克思主义原理"拆分为"马克思主义哲学原理"和"马克思主义政治经济学原理",缺少了独立的"科学社会主义"内容,不仅造成了人为割裂马克思主义原理三个组成部分的印象,而且使学生难以从整体上学习和把握马克思主义原理。第二,撤销"中国革命史"而又没有新设相关课程,使整个思政课课程体系缺少了史学支撑,使学生难以从史论结合中深刻理解马克思主义基本理论。第三,本、专科层面思政课总学时过重,一定程度上影响到了专业课学习,容易在高校尤其是专门类高校中遭到抵制或变相削减。第四,课程设置中没有关注到实践教学,没有对思政课实践教学作出制度化安排。

2. "05 方案"的制定与课程优化

进入 21 世纪以后尤其是党的十六大召开后,以胡锦涛同志为总书记的党中央高度重视思政课建设,把贯彻落实"三个代表"重要思想,推进马克思主义中国化的理论创新和实践创新,加强和改进大学生思想政治工作作为一项战略任务来推进。"05 方案"作为落实中央关于高校思想政治工作战略任务的重要举措，其制订和实施有着深刻的理论与实践背景。

第一，党中央强力推进高校思想政治工作。2004年，胡锦涛总书记对加强和改进大学生思想政治教育工作作出重要批示，强调要从师资队伍、教材建设、教学方法、党的领导等方面深入研究思政课的教学问题，力争在几年内使思政课教学情况得到明显改善。① 为应对国内外形势的深刻变化，提高大学生的思想政治素质，促进大学生全面发展，2004年8月，中共中央、国务院出台《关于进一步加强和改进大学生思想政治教育的意见》，不仅提出了"高等学校思想政治理论课是大学生思想政治教育的主渠道""形势政策教育是思想政治教育的重要内容和途径""高等学校哲学社会科学课程负有思想政治教育的重要职责""高等学校各门课程都具有育人功能"等一系列新思想新理念新观点②，而且对新形势下思政课建设和改革作出了重大决策。2005年1月，党中央召开全国加强和改进大学生思想政治教育工作会议，对思政课建设工作提出更加明确的要求，使思政课建设与党的理论建设、思想政治教育有机融为一体，从而为"05方案"的确立指明了方向。

第二，党的理论不断创新，客观上要求思政课在知识架构上必须与时俱进。这一时期对思政课建设产生重要影响的理论主要有两个：其一，"三个代表"重要思想。党的十六大召开后不久，中央就下发了《关于在全党兴起学习贯彻"三个代表"重要思想新高潮的通知》并在全党开展了主题教育活动。根据中央要求，教育部也多次下发文件推进"三个代表"在高校的进教材、进课堂、进头脑工作。教育部在《关于印发〈"两课"贯彻十六大精神教学指导〉的通知》《关于进一步深化"三个代表"重要思想"三进"工作的通知》中对高校思政课所作的调整对"05方案"的形成产生了重大影响。《通知》将"邓小平理论概论"调整为"邓小平理论和'三个代表'重要思想概论"，鼓励有条件的高校单独开设"'三个代表'重要思想概论"课。其他各门思政课也要全面融入"三个代表"重要思想。同时制定了《〈邓小平理论和"三个代表"重要思想概论〉教学基本要求》和《普通高等学校"两课"教学基本要求》，对思政课课程开设、教学内容等进行了规范。其二，科学发展观与和谐社会理论。这是党对"实现什么样的发展，如何发展""建设什么样的社会，如何建设社会"从理论上作出的深刻回答，两个理论是指导当时我国经济、政治、文化和社会发

---

① 顾海良. 高校思想政治理论课程建设研究［M］. 北京：中国人民大学出版社，2016：125.

② 教育部社会科学司. 普通高校思想政治理论课文献选编（1949—2008）［M］. 北京：中国人民大学出版社，2008：204-205.

展的科学世界观和方法论的集中体现。两个理论的提出不仅体现了党对社会主义现代化建设目标的新思考，而且极大地拓展了高校思想政治教育尤其是思政课的知识视野和认识视野。①

第三，哲学社会科学大发展大繁荣为思政课提供了更加广阔的平台。2004年1月5日，中央下发了《关于进一步繁荣发展哲学社会科学的意见》。该《意见》之所以重要，关键在于以下三点：一是指明了哲学社会科学的性质和地位。《意见》指出，繁荣发展哲学社会科学事关党和国家事业发展的全局。在改革开放和社会主义现代化建设进程中，哲学社会科学与自然科学同样重要，培养高水平的哲学社会科学家与培养高水平的自然科学家同样重要，提高全民族的哲学社会科学素质与提高全民族的自然科学素质同样重要，培养好哲学社会科学人才并充分发挥他们的作用与培养好自然科学人才并充分发挥他们的作用同样重要。因此，一定要从党和国家事业发展的全局高度，增强责任感和使命感，把繁荣发展哲学社会科学作为一项重大而紧迫的战略任务，切实抓紧抓好。② 二是确立了繁荣发展哲学社会科学的总体目标和具体任务。提出了"力争用10年左右时间，形成全面反映马克思主义列宁主义、毛泽东思想、邓小平理论和'三个代表'重要思想的教材体系，形成具有时代特点、结构合理、门类齐全的学科体系，形成人尽其才、人才辈出的人才培养选拔和管理机制"③。三是实施马克思主义理论研究和建设工程，以加强马克思主义基本理论研究、党的最新理论成果研究，承担编写哲学社会科学类尤其是思政课教材，培养马克思主义理论人才和师资等任务。《意见》的颁布极大促进了哲学社会科学的发展，短短几年内产生一大批优秀的理论成果和高质量高水平著作，极大地充实了思政课教学内容。

在此背景下，高校思政课整体化、科学化、规范化改革已经势在必行。2005年2月7日，中共中央宣传部、教育部联合发布《关于进一步加强和改进高等学校思想政治理论课的意见》，强调要"通过充实教学内容，完善课程设置，形成结构合理、功能互补、相对稳定的课程体系"④。同年3月9日，《〈关

---

① 顾海良.高校思想政治理论课程建设研究［M］.北京：中国人民大学出版社，2016：125.

② 教育部思想政治工作司.加强和改进大学生思想政治教育重要文献选编（1978—2014）［M］.北京：知识产权出版社，2015：257.

③ 教育部思想政治工作司.加强和改进大学生思想政治教育重要文献选编（1978—2014）［M］.北京：知识产权出版社，2015：258.

④ 教育部社会科学司.普通高校思想政治理论课文献选编（1949—2008）［M］.北京：中国人民大学出版社，2008：215.

于进一步加强和改进高等学校思想政治理论课的意见〉实施方案》颁布。12月23日，国务院学位委员会、教育部颁布《关于调整增设马克思主义理论一级学科及所属二级学科的通知》，马克思主义理论由二级学科上升为一级学科。至此"05方案"正式运行，"05方案"课程设置如表3-4所示。

表3-4 "05方案"课程设置表

层级	课程设置及学时
专科	2门必修课："毛泽东思想、邓小平理论和'三个代表'重要思想概论"（4学分）、"思想道德修养与法律基础"（3学分）
本科	4门必修课："马克思主义基本原理"（3学分）、"毛泽东思想、邓小平理论和'三个代表'重要思想概论"（6学分）、"中国近现代史纲要"（2学分）、"思想道德修养与法律基础"（3学分）。同时，"当代世界经济与政治"等为选修课
"形势与政策"课本科、专科都要开设，本科2学分，专科1学分	

"05方案"较之于"98方案"有以下七个方面的变化：

第一，恢复了"马克思主义基本原理"课，将"马克思主义哲学原理""马克思主义政治经济学原理"并入其中。同时在"马克思主义基本原理"课的第三部分增加了"科学社会主义"的内容，从而使"马克思主义基本原理"成为包含马克思主义三个组成部分的一门系统性理论课，还原了马克思主义理论的完整性。

第二，将"毛泽东思想概论""邓小平理论概论"等分散课程归并为"毛泽东思想、邓小平理论和'三个代表'重要思想概论"。这一方面体现了党的十六大精神的"三进"要求，另一方面体现了马克思主义中国化两次理论飞跃的历史传承性和逻辑一致性，有利于学生从整体上把握马克思主义中国化一系列理论精髓。

第三，新设了"中国近现代史纲要"课，弥补了"98方案"没有历史类课程的缺陷。

第四，将"思想道德修养"和"法律基础"进行了合并，形成了"思想道德修养与法律基础"一门课。将思想道德建设和学法、懂法、用法以及法治精神培养有机融合在了一起。

第五，不再将马克思主义理论课与思想品德课进行区分，统一称为"思想政治理论课"。从理论上讲，对学生进行社会主义和共产主义道德品格教育本身就需要马克思主义理论作支撑，同时又体现着马克思主义的理论指向和实践要求。从实践上看，新中国成立以来的大学生思想品德教育从来就没有与马克思主义理论教育分开过，而且在内容上存在"你中有我、我中有你"的相互交融、不可分割的情况。因此，将马克思主义理论课与思想品德课进行归并，既符合思政课建设的需要，又消除了学生理解上的误区。

第六，加强思政课学科基础建设、注重思政课内涵式发展是"05方案"最为显著的特点。作为配套措施，国务院学位委员会和教育部决定增设马克思主义理论一级学科，归属法学学科门类之下，并增设"马克思主义基本原理""马克思主义中国化研究""马克思主义发展史""国外马克思主义研究""思想政治教育""中国近现代史基本问题研究"等6个二级学科，为思政课高质量发展、内涵式发展奠定了坚实的学科基础。

第七，对实践教学提出了明确要求，弥补了"98方案"的不足。强调高校思政课所有课程都要有实践教学环节，要建立和完善实践教学保障机制，围绕教学目标，制订实践教学大纲，规定学时学分。要求把实践教学与社会调查、志愿服务、公益活动、专业课实习等结合起来，以多样化的实践形式加深学生对理论的认知和理解。

（四）党的十八大以来思政课的改革创新

党的十八大以来，以习近平同志为核心的党中央在统筹国内国际两个大局、深刻洞察高校思想政治教育的新特点新变化的基础上，从培育担当民族复兴大任的时代新人的战略高度对高校思政课进行了统筹安排，不仅在理论上提出了一系列新思想新观点，而且建构起了一整套科学完善制度保障体系。概括来讲，这一阶段党中央在加强和改进思政课建设方面有五个重要贡献。

1. 对思政课的地位提到了前所未有的高度

党的十八大以来，以习近平同志为核心的党中央对思政课的地位和功能地位从三个方面做出清晰界定：其一，是巩固马克思主义在高校意识形态领域指导地位、坚持社会主义办学方向的"重要阵地"；其二，是全面贯彻党的教育方针、落实立德树人根本任务的"主干渠道"和"核心课程"；其三，是加强和改进高校思想政治工作、实现高等教育内涵式发展的"灵魂课程"。这就从政治地位、功能定位、作用发挥三个维度将思政课提升到了新的高度。

2. 对思政课的发展基础作出了科学分析，对思政课承担的新任务进行了明确

在2019年学校思政课教师座谈会上，习近平总书记对思政课的发展基础作

出了五个层面的概括。① 面对新时代背景下的新情况新形势新问题，党中央对高校思政课承担的任务进行了明确。一是用新时代中国特色社会主义思想铸魂育人，引导学生增强中国特色社会主义道路自信、理论自信、制度自信、文化自信，厚植爱国主义情怀，把爱国情、强国志、报国行自觉融入坚持和发展中国特色社会主义事业、建设社会主义现代化强国、实现中华民族伟大复兴的奋斗之中。二是教育引导学生正确认识世界和中国发展大势，从我们党探索中国特色社会主义历史发展和伟大实践中，认识和把握人类社会发展的历史必然性，认识和把握中国特色社会主义的历史必然性，不断树立为共产主义远大理想和中国特色社会主义共同理想而奋斗的信念和信心。三是教育引导学生正确认识中国特色和国际比较，全面客观认识当代中国、看待外部世界。四是教育引导学生正确认识时代责任和历史使命，激励学生自觉把个人的理想追求融入国家和民族的事业中，勇做走在时代前列的奋进者、开拓者。五是教育引导学生正确认识远大抱负和脚踏实地，把远大抱负落实到实际行动中。②

3. 强力推进思政课内涵式发展

从党的十八大以来思政课建设实践来看，以内生动力提升思政课建设质量和水平的时代特点越来越明显，具体表现在三个方面。一是学科增长速度迅猛。2017 年，中共中央、国务院印发《关于加强和改进新形势下高校思想政治工作的意见》提出，支持有条件的高校在马克思主义理论一级学科下设置党的建设二级学科。同年，教育部党组决定，支持高校在教育学、马克思主义理论等一级学科中设立习近平教育思想研究方向，招收相关方向研究生。自此，马克思主义理论所属二级学科由 2005 年的 5 个扩展为 8 个，形成了相互支撑、方向互补的学科体系。在此基础上，马克思主义学科得到了迅猛的发展。截至 2019 年底，全国高校马克思主义理论一级学科博士点达到 85 个，一级学科硕士点近300 个。虽然与"研究对象明确、功能定位科学"的建设目标还有差距，但其为思政课培养大批人才、提供有力支撑的重要贡献是不能抹杀的。二是高质量科学成果急剧增长。党的十八大以来，中央和各省市、自治区、直辖市依托高校建立了相当数量的智库与各类研究基地，广大教师聚焦理论前沿、时代热点、实践难点开展卓有成效的理论研究和重大应用技术研究。目前高校承担了国家科技计划中 60%以上的基础研究任务，建设了 60%的国家重点实验室，获得了

---

① 用新时代中国特色社会主义思想铸魂育人 贯彻党的教育方针落实立德树人根本任务［N］. 人民日报，2019-03-19（1）.

② 把思想政治工作贯穿教育教学全过程 开创我国高等教育事业发展新局面［N］. 人民日报，2016-12-09（1）.

60%以上的国家科技三大奖励①，这些成就一方面极大地丰富了思政课教育教学资源，另一方面也推进了马克思主义理论学科发展和相关理论研究的深化。三是高校思政课教师队伍整体素质显著提升。党的十八大以后，中央高度重视思政课师资队伍建设，出台了《建立健全高校师德建设长效机制的意见》《关于加强和改进高校宣传思想工作队伍建设的意见》《关于推进实施高校思想政治理论课特聘教授制度的通知》《普通高等学校思想政治理论课教师队伍培养规划（2019—2023 年）》《新时代高等学校思想政治理论课教师队伍建设规定》等一系列文件制度，不仅注重思政课师资队伍数量上的提升，而且更加注重质量上的提高。例如，2014 年起中央宣传部依托中国社会科学院、中共中央党校等单位实施"马克思主义理论骨干人才计划"，每年招生 200 名左右的马克思主义理论相关专业博士研究生。2018 年教育部实施"高校思政课教师队伍后备人才培养专项支持计划"，每年又安排专门招收 500 名马克思主义理论专业博士研究生和 1000 名硕士研究生。同时，各高校马克思主义学院积极开展专题培养、在职培养、进修学习等，使师资队伍整体素质有了大幅度的提升。

4. 加强马克思主义学院建设

党的十八大以后，中央密集制订了《关于进一步加强和改进新形势下高校宣传思想工作的意见》《普通高校思想政治理论课建设体系创新计划》《高等学校思想政治理论课建设标准》《关于进一步加强和改进高等学校思想政治理论课的意见》《高等学校马克思主义学院建设标准》等一系列重要文件，强调了高校马克思主义教育与研究的重要性，不仅从政策上要求独立设置马克思主义学院，而且提出了要重点建设一批马克思主义学院的计划。截至 2019 年 7 月，中央层面已经分 3 批遴选建立了 37 所全国重点马克思主义学院。与此同时，各省、自治区和直辖市也都建成了相当数量的省级重点马克思主义学院。全国和省级重点马克思主义学院的建立，为逐步构建重点突出、载体丰富、协同创新的思政课建设体系，提升思政课建设质量和育人水平提供了坚实的平台支撑。

5. 全面推进"思政课程"与"课程思政"协同育人

虽然建国以后，我们党在不同时期都提出过协同育人的思政课建设理念，但由于种种原因一直未能很好执行到位。党的十八大以来，党中央高度重视协同育人在高校思想政治工作中不可替代的作用，制订一系列制度措施全面推进协同育人工作，实现从理念到制度再到实践的整体构建。其一，提出全员、全

---

① 柯进，万玉凤，董鲁皖龙. 一部教育改革开放的壮丽史诗［N］. 中国教育报，2018-11-23（1）.

过程、全方位的"三全育人"理念。在全国高校思想政治工作会议上，习近平总书记指出："要坚持把立德树人作为中心环节，把思想政治工作贯穿教育教学全过程，实现全程育人、全方位育人，努力开创我国高等教育事业发展新局面。"① 全国高校思想政治工作会议召开以后，中央迅速出台了《关于加强和改进新形势下高校思想政治工作的意见》等文件制度，大力推进"三全育人"综合改革试点。2018 年、2019 年国家先后遴选两批"三全育人"综合改革试点单位，产生了 8 个试点区、25 所试点高校和 92 所试点院（系），为推动协同育人理论创新和实践创新积累了有益经验。其二，构建"十大"育人体系，突显协同育人的整体性和系统性。党的十九大作出了建设教育强国的战略安排，并把全面贯彻党的教育方针、落实立德树人根本任务、培养德智体美劳全面发展的社会主义建设者和接班人作为建设教育强国的基本支撑。为贯彻党的十九大精神，充分发挥课程、科研、实践、文化、网络、心理、管理、服务、资助、组织十个方面工作的育人功能，2018 年，中央制定了《高校思想政治工作质量提升工程实施纲要》，着力构建"十大"育人体系。在此基础上，2020 年，教育部等九部委联合印发《关于加快构建高校思想政治工作体系的意见》，在 2018 年构建"十大"育人体系的基础上直面当前思想政治教育协同育人存在的突出问题，进一步提出了理论武装体系、学科教学体系、日常教育体系、管理服务体系、安全稳定体系、队伍建设体系、评估督导体系等七个层面的体系架构。"十大育人体系"的构建与实施既在逻辑上承继了"三全育人"的基本理念和目标任务，更是在实践上对高校办校治学各领域、教育教学各环节、人才培养各方面以及育人力量、育人资源的科学化整合。其三，统筹"思政课程"与"课程思政"协同育人。恩格斯认为："一门科学提出的每一种新见解都包含这门科学的术语的革命。"② "思政课程"与"课程思政"协同育人是马克思主义"术语革命"的生动体现，它不仅精炼地概括了两类课程的名称，而且鲜明地指出了两类课程的核心价值支点。2020 年教育部出台《高等学校课程思政建设指导纲要》，从"公共基础课程""专业教育课程""实践类课程"三个大类，"文学、历史学、哲学类专业课""经济学、管理学、法学类专业课""理学、工学类专业课"等七个小类，对全面推进课程思政建设进行了安排，目标是统筹各类课程的思政资源、挖掘蕴含其中的育人元素，逐步构建"全面覆盖、类型丰

---

① 把思想政治工作贯穿教育教学全过程 开创我国高等教育事业发展新局面 [N]. 人民日报，2016-12-09（1）.

② 中共中央马克思恩格斯列宁斯大林著作编译局. 马克思恩格斯文集：第 5 卷 [M]. 北京：人民出版社，2009：32.

富、层次递进、相互支撑"的课程思政体系。这就从制度、理论、实践三个维度完成了协同育人课程体系的基本框架。

二、"形势与政策"课建设发展的历史演进

开展形势教育和政策教育是我们党的优良传统与政治优势，也是在各个历史时期统一党员和民众思想的重要举措。其受众主体不仅包括青年学生，还包括工人、农民、知识分子和社会各阶层民众，是泛义上的大众知识教育。就针对高校学生而言的"形势与政策"课，属于狭义上思想政治教育的一部分。回顾新中国成立以来的历史不难发现，"形势与政策"并不是一开始就以规范化的"课程"形式出现的，而是经历了一个逐渐演化的过程。

（一）探索中确立：作为社会主义教育和"共同政治理论课"的"形势与任务"

新中国成立初期，教育尤其是高等教育领域面临的一项十分迫切的任务就是在清除"买办的、封建的、法西斯主义思想"的基础上，对国民进行社会主义教育。1949 年 9 月，《中国人民政治协商会议共同纲领》明确规定，"中华人民共和国的文化教育……肃清封建的、买办的、法西斯主义的思想，发展为人民服务的思想为主要任务"，并在发展大众教育的同时，"给青年知识分子和旧知识分子以革命的政治教育"[①]。在随后召开的新中国第一次全国教育工作会议和全国高等教育会议上，中央又重申了《共同纲要》关于教育的方针和政策。为了尽快落实中央要求，教育部于 1950 年暑期专门组织研讨会，制定了高等学校政治课教学方针、组织与方法的六项原则。从 1950 年秋季学期开始，各高校在普遍开设"辩证唯物论与历史唯物论""新民主主义论""政治经济学"必修政治课程外，纷纷成立时事学习委员会并试办时事学习班或开展时事学习研讨等。1951 年 2 月，中央在《关于加强理论教育的决定（草案）》中，针对包括高校在内的党内理论教育不足问题，一方面提出了"三级"[②] 渐进式理论学习方法，另一方面明确规定了学习内容和学习时间，其中"关于时事政策的学习

---

① 教育部社会科学司. 普通高校思想政治理论课文献选编（1949—2008）［M］. 北京：中国人民大学出版社，2008：1.

② 注：第一级为学习政治常识，即关于中华人民共和国的常识和中国共产党的常识；第二级为学习理论常识，即社会发展史常识、中国共产党历史、毛泽东生平事迹，马克思、恩格斯、列宁、斯大林的生平常识；第三级为学习马恩列斯的理论著作和毛泽东的理论著作。

时间不得超过这个时间（每周不少于八小时）的八分之一"①。1951 年以后，由于抗美援朝、社会主义改造运动、"三反五反"运动等重大历史事件的影响，高校时事学习教育出现了诸多变化乃至中断等问题。1955 年 4 月 25 日，高等工业学校、综合大学校院长座谈会召开，时任高等教育部副部长的刘子载在发言中指出，虽然各高校均一般性地开展了时事学习，特别是对党在过渡时期总路线的学习教育，但总体效果并不理想，因此各高校应在开好必修思想政治课的同时，"建立经常的时事教育制度。结合当前国际、国内的重大事件、党和国家重大方针政策以及重要纪念日和节日定期举行各种专题演讲或报告"②。

随着 1956 年社会主义改造任务的完成，我国进入了社会主义探索和建设阶段，形势与政策教育的任务也随之发生了重大转变。1957 年 9 月 23 日，《人民日报》发表《开设社会主义教育课程》的社论。同年 10 月 21 日，中共中央宣传部向中央提交《关于设立社会主义教育课程向中央的报告》，并于 11 月 1 日得到中央肯定性批复。11 月 5 日，《学习》杂志编辑部编辑了《社会主义教育课程的阅读文件汇编（一、二、三编）》并出版发行。第一编是最低限度的阅读文件，包括 1956—1957 年中央的指示、领导人讲话、马列经典著作节选、人民日报社论、民主人士文章；第二编是最高限度阅读文件，除第一编没有收录的相关内容外，增加了马列经典著作、1953—1955 年中央文件决议、1949 年以来的新华社社论等；第三编是第一编的补充，包括 1957 年 11 月后中央发表的文件和领导人的文章。各高校也据此编写自己的学习材料。当年 12 月 10 日，高等教育部、教育部为落实中央批示精神，对各高校发出指示，要求用一学年的学习时间开设社会主义教育课程，每周时间为 8 小时，课内时间不少于 4 小时。主要学习内容是"关于处理人民内部矛盾的问题"、马克思主义经典著作、党的文件，尤其是中共中央宣传部编写的"社会主义教育课程阅读文件"。虽然该指示要求原计划开设的四门政治课在"社会主义教育"期间停开，但规定了"对党的重要方针、政策、任务，毛主席的著作和国内外重大时事，应当占用政治课的正常时间及时进行教学"③。由此可见，这个问题一方面反映了我们党对高校思政课建设的经验不足，另一方面也说明了"形势与政策"教育在高校政治

---

① 李德芳，杨素稳，李辽宁．中国共产党思想政治教育史料料选辑［M］．武汉：武汉大学出版社，2019：193.

② 教育部社会科学司．普通高校思想政治理论课文献选编（1949—2008）［M］．北京：中国人民大学出版社，2008：23.

③ 教育部社会科学司．普通高校思想政治理论课文献选编（1949—2008）［M］．北京：中国人民大学出版社，2008：34.

理论教育中的特殊地位。随着"社会主义教育"在高校的结束，国家又配合"大跃进"、整风运动、工农兵学哲学运动、"教育大革命"等，对高校形势与政策教育进行了多次调整。例如，1961 年 7 月 24 日，教育部在《1961—1962 学年度上学期高等学校共同政治理论课安排的几点意见》及其附件《改进高等学校共同政治理论课程教学的意见》中，针对教师、教材、学生学习等出现的问题，提出了新的课程设置和学习时间安排。这个文件的重大亮点就是首次将"共同政治理论课程"划分为两个大类，即马克思列宁主义基础理论、形势和任务。对"形势与任务"课不仅规定了教学内容，而且还规定了教学方法和考试方法。这标志着原来具有极大不确定性的时事学习被以课程形式出现的"形势与任务"所取代。不过，"形势与任务"这个名称并不是固定的说法，在与之临近颁布的相关文件中还出现了"思想政治教育报告""政治报告""形势报告"等提法。

（二）恢复中发展：从"形势与任务"到"形势与政策"

1976 年后，高校的形势与政策教育在批判"旧世界"中建设"新世界"，逐步结束了"文化大革命"期间的混乱局面。1978 年 4 月，全国教育工作会议召开，邓小平在大会上发表讲话，就如何提高教育质量，提高科学文化的教育水平，培养造就具有社会主义觉悟的建设者和接班人问题进行了系统阐述。根据全国教育工作会议精神，教育部制定了《关于加强高等学校马列主义理论教育的意见》，明确不仅要恢复开设"辩证唯物主义与历史唯物主义""政治经济学""中国共产党党史""国际共产主义运动史"四门必修政治课，还要逐步开展"政治教育""形势教育""劳动教育"等课程教育活动，并指出"形势教育"等课程与四门必修政治课不是从属关系，而是并行关系，"各有侧重，不宜相互代替"①。十一届三中全会后，教育部多次召开专题会议对高校政治理论课的基本情况和存在问题进行分析研判，并密集出台了《关于加强高等学校学生思想政治工作的意见》（1980 年）、《改进和加强高等学校马列主义课的试行办法》（1980 年）、《关于开设自然辩证法方面课程的意见》（1981 年）、《关于在高等学校逐步开设共产主义思想品德课程的通知》（1982 年）、《关于在十二所院校设置思想政治教育专业的意见》（1984 年）、《关于在六所高等院校开办思想政治教育专业第二学士学位班的意见》（1984 年）、《教育部关于在高等学校举办思想政治教育本科班的意见》（1984 年）、《关于加强和改进高等院校马列

---

① 中华人民共和国学校思想政治理论课重要文献选编：上册［M］. 北京：人民出版社，2022：473.

主义理论教育的若干规定》（1984年）、《关于高等学校开设共产主义思想品德课的若干规定》（1984年）。可以说1980—1984年是高校包括形势与政策教育在内的思政课程的恢复期。期间有两个问题值得注意：一是课程名称的规范化。前已论及，新中国成立以来"形势与政策"课多次易名，甚至存在同一份文件中使用的名称都不一样的情况。直到1984年9月《关于高等学校开设共产主义思想品德课的若干规定》文件的出台，"形势与政策"课的规范化名称才固定下来，"思想品德课和形势与政策教育，平均每周共两学时，由各校根据情况统筹安排"①。虽然这里所指的"形势与政策教育"与当前的专门课程还有较大区别，但已经具备了课程性要素，这就为"85方案"后，"形势与政策"课程走向正规化奠定了基础。

（三）发展中完善：从"85方案"到"05方案"的"形势与政策"课

从1985年到2005年，包括"形势与政策"课在内的思政课共经历了三次重大改革，学界一般简称为"85方案""98方案"和"05方案"。对于这三次重大改革中的"形势与政策"课建设，我们可以将之概括为在"发展中完善"。1985年8月1日，中共中央发布《关于改革学校思想品德和政治理论课程教学的通知》（中发18号文件），这是改革开放以后第一次以中共中央的名义颁布的关于思政课改革的文件，其意义之重大不言而喻。继该文件之后，原国家教委等先后出台了《关于在高等学校进一步贯彻〈中共中央关于改革学校思想品德和政治理论课程教学的通知〉的意见》《关于对高等学校学生深入进行形势政策教育的通知》《关于在高等学校开设"法律基础课"的通知》《关于在高等学校马克思主义理论课（公共课）教学中旗帜鲜明地坚持四项基本原则反对资产阶级自由化的通知》《关于进一步改革高等学校马克思主义理论课（公共课）教学的意见》《关于改进和加强高等学校思想政治工作的决定》《关于高等学校研究生马克思主义理论课（公共课）教学的若干规定》《关于高等学校思想教育课程建设的意见》等配套性文件，对思想政治理论建设进行系统安排。关于"形势与政策"课建设，"85方案"有两大亮点：一是明确了各学阶"形势与政策"教育的重要性及其具体任务，"要适时地穿插各种契合学生需要的时事教育、文学艺术教育和课外活动……还应向学生介绍当代世界政治经济的基本状况、国际关系的基础知识，帮助学生开阔视野"②。二是出台专门文件就国内外

① 中华人民共和国学校思想政治理论课重要文献选编：上册［M］.北京：人民出版社，2022：593.
② 中华人民共和国学校思想政治理论课重要文献选编：上册［M］.北京：人民出版社，2022：613-614.

重大时事热点问题和形势发展的教育工作进行安排。目标是"因势利导，教育引导学生正确地认识当前的形势和各项方针政策"①；教育的重点内容是中日关系、中苏关系以及对当时改革开放的路线方针政策；教育的方法是"暑期社会实践报告会""同乡见闻座谈会""领导同志报告会""形势与政策报告会"等。1986 年，党的十二届六中全会通过了《中共中央关于社会主义精神文明建设指导方针的决议》。为了贯彻落实《决议》，由国家教委、教育部主导，北京师范大学等三所高校牵头编制了《德育大纲》，并在全国范围内开展《德育大纲》实施工作。围绕社会主义精神文明建设、《德育大纲》，各高校以精神文明建设典范、德育典型案例等为抓手，普遍开展了相关的形势与政策教育。1987 年，原国家教委颁布并实施《关于高等学校思想教育课程建设的意见》，不仅再次申明了"建设思想教育课程是改进和加强高等学校学生思想政治教育的需要"②的重大意义，而且对思政课程设置进行了重大调整，其中将"形势与政策"纳入必修课，且贯穿大学教育始终，每学期均要开设。这样就使"形势与政策"课回归到了思政课程体系的"大本营"了。1988 年 5 月 24 日，原国家教委又专门针对"形势与政策"课建设颁布了《关于高等学校开设〈形势与政策〉课的实施意见》。首次明确"《形势与政策》是一门思想教育课程……根据形势发展的需要决定教学内容，是这门课程的重要特点。"③ 同时，还就这门课的基本任务、教学内容、教学安排、教学原则、师资、教材、经费等进行了规定。这个文件的出台，既是新中国成立以来关于"形势与政策"课建设阐明得最深入、最系统的文件，而且也标志着"形势与政策"课作为独立、完整的课程形态自此登上了教育舞台。

较之于"85 方案"时期的"形势与政策"课建设，"98 方案""05 方案"虽有变化但总体变化不大。"98 方案"出台前，为了解决"形势与政策"课长期以来存在的发展不平衡、管理不规范、变动性大的问题，1996 年 10 月 7 日，原国家教委颁布了《关于进一步加强高等学校〈形势与政策〉课程建设的意见》。在重申其为思政课的同时，在性质界定上增加了三条，即"是对学生进行形势与政策教育的主要渠道和主要阵地"；"是每个学生（包括大专生、本科生、

① 中华人民共和国学校思想政治理论课重要文献选编：上册［M］. 北京：人民出版社，2022：646.

② 中华人民共和国学校思想政治理论课重要文献选编：上册［M］. 北京：人民出版社，2022：709.

③ 教育部社会科学司. 普通高校思想政治理论课文献选编（1949—2008）［M］. 北京：中国人民大学出版社，2008：136.

研究生）的必修课程"；"是学校德育的一项重要内容"。① "98 方案"即《关于普通高等学校"两课"课程设置的规定及其实施工作意见》颁布后，国家在"形势与政策"课建设方面明确提出三项要求：一是"形势与政策"课程教育要与中学政治教育相衔接；二是全学段不断线开课问题，即各层次各科类学生均开"形势与政策"；三是教学原则尤其是教材编写问题，提出"《形势与政策》课教学资料的编写是一项政治性、政策性、时效性很强的工作……教学资料建设实行中央和地方两级管理的办法"。②

为了贯彻党的十六大精神，2004 年 8 月 26 日，中共中央、国务院印发《关于进一步加强和改进大学生思想政治教育的意见》（简称中央 16 号文件），明确提出"形势政策教育是思想政治教育的重要内容和途径"，"要建立大学生形势政策报告会制度，定期编写形势政策教育宣讲提纲，建立形势政策教育资源库"③ 等要求。根据中央 16 号文件精神，教育部启动了思政课重大改革并形成了"05 方案"（《关于进一步加强和改进高等学校思想政治理论课的意见》及其配套文件）。对于"形势与政策"课建设提出了"要以规范化制度化建设为重点，加强形势与政策课教学管理"④，并详细规定了学时、学分和各项具体教学计划。截至党的十八大召开前，中央又先后印发了《关于进一步加强高等学校思想政治理论课教材编写管理、规范教材使用的通知》《关于进一步加强高等学校思想政治理论课教师队伍建设的意见》等文件，从教材、师资等方面对包括"形势与政策"课在内的思政课建设进行规范性推进，从而大幅提升了"形势与政策"课的课程地位和教学质量。

第二节　规范化制度化：新时代"形势与政策"课建设的政策指向

近年来，学界关于"形势与政策"课规范化制度的研究逐渐增多并取得了一定的研究成果。总体来看主要聚焦于四个问题：第一，基于"形势与政策"

---

① 教育部社会科学司. 普通高校思想政治理论课文献选编（1949—2008）[M]. 北京：中国人民大学出版社，2008：175.
② 教育部社会科学司. 普通高校思想政治理论课文献选编（1949—2008）[M]. 北京：中国人民大学出版社，2008：177.
③ 教育部社会科学司. 普通高校思想政治理论课文献选编（1949—2008）[M]. 北京：中国人民大学出版社，2008：204.
④ 教育部社会科学司. 普通高校思想政治理论课文献选编（1949—2008）[M]. 北京：中国人民大学出版社，2008：211.

课程建设存在的问题,解析为什么要推进该课程的规范化、制度化;第二,基于课程自身的历史比较和不同思政课之间的绩效比较,研究"形势与政策"课程规范化制度化建设的历史逻辑和发展必然性;第三,基于党和国家对思政课尤其是"形势与政策"课建设的重要文件制度,阐述在哪些方面推进该课程建设的规范化制度化;第四,通过样本分析或数据对比,量化识别"形势与政策"课规范化制度化建设的盲点和症候,进而提出解决该课程非规范化制度化的途径与方法。① 应当说这些研究视角具有十分重要的学术价值,表明了"形势与政策"课程规范化、制度化是新时代研究思政课改革创新无法回避的一个重大问题。本节我们将从以下几个方面梳理、分析新时代党和国家关于"形势与政策"课规范化、制度化的政策指向"是什么、为什么、怎么办",进而厘清新时代"形势与政策"课程建设的必然趋势和最终出路"在哪里"等问题。

一、从《高等学校思想政治理论课建设标准》看"形势与政策"课建设的标准化问题

2008 年正值中央 16 号文件颁布实施五周年,中共中央宣传部、教育部一方面为了贯彻落实党的十七大精神的"三进"工作,另一方面为了检验中央 16 号文件精神的实施效果,进一步加强和改进高校思政课建设,于当年 7 月 8 日至 9 日召开了"加强和改进高校思想政治理论课工作会议"。会上,李长春、刘延东、刘云山等党和国家领导人出席并讲话,强调要按照"高举旗帜、遵循规律、改革创新、强化基础"② 的总体思路,全面推进思政课建设。这次会议及随后出台的《关于进一步加强高等学校思想政治理论课教师队伍建设的意见》,为推进包括"形势与政策"在内的思政课往标准化方向前进奠定了基础。为了贯彻落实这次会议精神和要求,教育部从 2008 年 10 月份开始组织专家编制思政课建设标准,并于 2011 年 1 月 19 日以教社科 1 号文件的形式向社会公布。《高等

---

① 注:代表性研究成果如龚小平,徐俊,黄洪雷:《新时代高校"形势与政策"课规范化建设调查研究——以安徽省属高校为例》,《安徽农业大学学报(社会科学版)》2023年第 3 期;涂平荣,赖晓群:《新时代高校"形势与政策"课实践教学规范化建设研究》,《思想政治课研究》2023 年第 1 期;刘瑜:《信息技术环境下高校"形势与政策"课的规范化建设研究》,《学校党建与思想教育》2020 年第 24 期;巩茹敏,姜昱子:《新时代加强高校"形势与政策"课规范化建设的再审视》,《思想教育研究》2020年第 6 期;黄琦:《牢牢抓住三个重要环节 积极推进"形势与政策"课规范化建设》,《思想教育研究》2019 年第 2 期;高德毅:《高校"形势与政策"课质量提升:规范化建设与综合改革》,《思想理论教育导刊》2017 年第 9 期。
② 加强和改进高校思想政治理论课工作会议在京举行 [EB/OL]. 教育部网, 2008-07-09.

学校思想政治理论课建设标准（暂行）》（简称《建设标准》）是新中国成立以来，关于思政课建设标准化的第一份文件。此后，教育部于2015年、2021年又两次对该标准进行了修订和完善。十年时间，教育部颁布三份《建设标准》，一方面充分说明国家对高校思政课建设的高度重视，另一方面表明高校思政课自身标准化建设达到了新的历史高度。

三份《建设标准》的制定目的是"规范高校思想政治理论课的组织管理、教学管理、队伍管理和学科建设"①，是对高校各学阶思政课建设提出的整体性标准，其适用性自然也包括"形势与政策"课在内。《建设标准》对"形势与政策"课的建设标准可以从直接标准和间接标准两个维度来考察。直接标准主要有两个方面。第一，课程教学标准。即按照教育部每学期下发的"教学要点"组织教学；在教材上要求使用中共中央宣传部、教育部编写的《时事报告》和配套影音制品；在学生课堂规模上提出了中班教学和中班上课、小班研讨的教学模式；在实践教学上明确规定了独立的学时、学分。第二，师资队伍建设标准。一方面从整体上明确了1∶350思政课师生比配备标准，另一方面对兼职教师、新任专职教师的选配条件进行了规定。间接标准则体现在领导体制、工作机制、机构建设、经费保障、学科支撑等方面。例如，明确要求马克思主义理论学科的"首要任务是为思想政治理论课教育教学服务"②，学科点除下属本科专业外，不得办其他本科专业。这个标准要求，解决了长期制约"形势与政策"课建设发展的四个方面的问题。第一，解决了该课程教材散乱的问题。以中共中央宣传部、教育部统一编写的教材取替各高校自编教材，保证了教学内容的权威性和严肃性；第二，解决了超大课堂规模问题。"形势与政策"课超大课堂问题由来已久，在没有印发《建设标准》前，200人以上甚至超过500人的课堂规模在高校十分常见。明确规定上课班级规模及人数上限，一方面能够最大限度地提升教学效果，另一方面有力地扭转了"形势与政策"课长期被边缘化的尴尬境况。第三，解决了师资不足的问题。存在超大课堂规模问题的原因有两种，即师资不足和教学场地不足，其中师资不足是根本原因。《建设标准》印发之前，不少高校（高职高专类高校居多）竟然没有设置"形势与政策"课教研室，个别高校甚至"形势与政策"课没有专职教师。任课教师专业庞杂、来源复杂，严重影响了该课程的教学任务实施。《建设标准》不仅提出了思政课教师

① 中华人民共和国学校思想政治理论课重要文献选编：下册［M］．北京：人民出版社，2002：1318.
② 中华人民共和国学校思想政治理论课重要文献选编：下册［M］．北京：人民出版社，2002：1322.

的师生配比要求,而且就高水平师资力量充实"形势与政策"课做出了明确规定。例如,《建设标准》明确指出"每一位导师至少承担思想政治理论课一门课的教学任务"①。同时,《建设标准(2021年本科)》中还就高校领导班子讲思政课、做"形势与政策"报告提出2—4学时的要求。第四,解决了实践教学开展不力的问题。《建设标准》明确提出要将实践教学纳入教学计划,并做出了"本科2学分、专业1学分"②的约束性规定。同时,要求各高校建立相对稳定的实践教学基地,并与"三下乡"活动、科技文化艺术活动、重大节庆日教育活动等结合起来,从而扭转了"形势与政策"课实践教学"散、少、杂"的状况。

二、从《关于加强新时代高校"形势与政策"课建设的若干意见》看"形势与政策"课建设的规范化问题

如果说三份《建设标准》解决的是包括"形势与政策"课在内的思想政治理论整体建设标准化问题的话,那么2018年4月12日教育部同时颁布的《关于加强新时代高校"形势与政策"课建设的若干意见》(简称《意见》)、《新时代高校思想政治理论课教学工作基本要求》(简称《基本要求》)则解决的是"形势与政策"课的规范化问题。关于规范化,《现代汉语词典》给出的定义是在社会实践或科学研究中,"对重复性事物和概念,通过制定、发布和实施标准(规范、规程和制度等)达到统一,以获得最佳秩序和社会效益"。就"形势与政策"课而言,则是由国家通过制定统一性规则,对教学管理、课程设置、教学内容等进行约束与规制,使该课程在整体上达到教育教学的最优效果。

《意见》从"谁开课、怎么开、教什么、用什么教、谁来教、怎么教、怎么评、怎么管"八个方面对新时代高校"形势与政策"课建设提出明确要求③,是新时代"形势与政策"课建设的纲领性文件。该文件在"形势与政策"课建设规范化上有五大亮点。第一,对"形势与政策"课的性质功能作了规范性表述。这一规范性表述是从三个维度上来界定的。首先它在归属上是一门思政课,一方面具有政治性、理论性、动态性等思政课的一般属性,另一方面又具有

---

① 中华人民共和国学校思想政治理论课重要文献选编:下册 [M]. 北京:人民出版社,2002:1322.

② 中华人民共和国学校思想政治理论课重要文献选编:下册 [M]. 北京:人民出版社,2002:1320.

③ 邓晖. 高校学生每学期"形势与政策"课不低于8学时 [N]. 光明日报,2018-04-28(3).

"理论武装时效性""释疑解惑针对性""教育引导综合性"等特殊属性；其次它在高校课程体系中居于核心位置，即"核心课程"。《意见》指出，"形势与政策"课是"帮助大学生正确认识新时代国内外形势，深刻领会党的十八大以来党和国家事业取得的历史性成就、发生的历史性变革、面临的历史性机遇和挑战的核心课程"①。再次它在高校思想政治教育体系中发挥着"重要渠道"的作用，"是第一时间推动党的理论创新成果进教材进课堂进学生头脑，引导大学生准确理解党的基本理论、基本路线、基本方略的重要渠道"②。较之于《关于高等学校开设〈形势与政策〉课的实施意见》（1988年）、《关于进一步加强高等学校〈形势与政策〉课程建设的意见》（1996年）、《关于进一步加强高等学校学生形势与政策教育的通知》（2004年）、《关于进一步加强形势与政策教育教学工作的通知》（2008年）等文件，《意见》对"形势与政策"课的性质功能界定无疑是科学的、准确的、全面的。第二，规范课程开设。关于"形势与政策"课程学时学分的规定虽然在此前的文件中有过规定，但在实际执行过程中却往往出现学时不够、课时挪用等情况。《意见》针对这一问题，从四个方面作了约束性要求。一是以人才培养方案的形式纳入学校教学计划和课程体系，以制度化保证课时、学时不减少；二是规定本、专科在学期间形势与政策教育不断线。值得注意的是，《意见》并没有对研究生阶段的形势与政策教育作出规定，估计是考虑到研究生已经具有足够自学的主动性和能力，也能够在科学研究过程中能动分析并自觉运用各类政策。三是提出了各高校要开设形势与政策教育类的选修课，并与其他课程协同起来，形成"思政课程"与"课程思政"的有机融通教育机制；四是规定了本、专科"形势与政策"课的学时学分。本科最低8学时/学期、2学分，专科最低8学时/学期、1学分，较之于此前的规定提高了2个学时的教学任务量。第三，规范教学内容。一般而言，"形势与政策"课的教学内容主要参照教育部每学期印发的"教学要点"，但也有不少高校制定自己的教学规划和教学内容。在讲授的过程中也不同程度地出现了内容脱纲甚至中央明确要求要讲授的内容而不讲、少讲、乱讲的问题。《意见》针对教学内容非规范化问题，从宏观上提出了需要重点讲授的纲目，即"两个重点讲授""四个开设好"："两个重点讲授"是重点讲授党的理论创新最新成果尤其是习近平新时代中国特色社会主义思想，重点讲授新时代坚持和发展中国特色

---

① 中华人民共和国学校思想政治理论课重要文献选编：下册 [M]. 北京：人民出版社，2022：1489.

② 中华人民共和国学校思想政治理论课重要文献选编：下册 [M]. 北京：人民出版社，2022：1489.

社会主义的生动实践；"四个开设好"是"开设好全面从严治党形势与政策专题""开设好我国经济社会发展形势与政策专题""开设好港澳台工作形势与政策专题""开设好国际形势与政策专题"。最终目标是使学生达到"四个正确认识"，即"正确认识世界和中国发展大势""正确认识中国特色和国际比较""正确认识时代责任和历史使命""正确认识远大抱负和脚踏实地"。① 这些讲授内容和目标要求充分映照了"形势与政策"课的特点特征，使该课程讲授有了自己的标准和范畴。第四，规范师资队伍。师资队伍建设问题早在 2008 年出台的《关于进一步加强高等学校思想政治理论课教师队伍建设的意见》就有明确规定，但该文件只是从宏观上对整个思政课队伍作出了要求，未能照顾到每一门思政课的具体情况。《意见》则很好地解答了这个问题，亮点在于除对"形势与政策"课教师做出一般性规定外，还新增加了两点要求，即"实行'形势与政策'课特聘教授制度，分层建立特聘教授专家库"，以及"完善'形势与政策'课教学评议制度，探索实行教师退出机制"②。第五，规范学习效果考核。"形势与政策"课的考试问题一直是教学过程中的难点，主要是因为学生多、内容分散且变动性大，很难以考试的形式对学生学习效果进行考察。《意见》对该课程的考核内容和形式进行了细化规定。在考核内容上涵盖四大类专题，突出考核学生对马克思主义中国化最新成果的掌握水平和对新时代中国特色社会主义实践的了解程度；在考核形式上，"以提交专题论文、调研报告为主"；在成绩给定上"各学期考核的平均成绩为该课程的最终成绩"。③ 以上五个方面的约束性规定，解决了长期困扰"形势与政策"课教育教学的诸多问题和难题，大大推进了该课程的规范化、制度化。

三、从《关于深化新时代学校思想政治理论课改革创新的若干意见》看"形势与政策"课建设的创新性问题

党的十八大以来，党和国家高度重视思政课的创新工作，将创新视为推进思政课高质量发展的根本动力。2019 年 3 月 18 日，习近平总书记主持召开学校思政课教师座谈会，明确提出要"推动思想政治理论课改革创新，要不断增强

---

① 中华人民共和国学校思想政治理论课重要文献选编：下册［M］. 北京：人民出版社，2022：1490.

② 中华人民共和国学校思想政治理论课重要文献选编：下册［M］. 北京：人民出版社，2022：1490.

③ 中华人民共和国学校思想政治理论课重要文献选编：下册［M］. 北京：人民出版社，2022：1490-1491.

思政课的思想性、理论性和亲和力、针对性"①。为了贯彻会议精神和习近平总书记关于思政课建设的重要讲话和指示批示精神，中央和教育部先后制定了《关于深化新时代学校思想政治理论课改革创新的若干意见》（简称《意见》）《"新时代高校思想政治理论课创优行动"工作方案》《新时代学校思想政治理论课改革创新实施方案》（简称《方案》）等文件，对高校思政课改革创新进行了统筹安排和具体部署。透过这些文件，不难发现其对"形势与政策"课的改革创新有着一系列新的要求。具体体现在以下几个方面。

第一，正确认识当前"形势与政策"课教学面临的突出问题和需要坚持的基本建设原则。《意见》在深刻阐明包括"形势与政策"课在内的思政课功能地位以及取得的成绩的同时，还全面分析了存在的十一个方面的问题。这些问题的核心指向是思政课教育教学创新性不够，"课堂教学效果还需提升，教材内容不够鲜活，教师选配和培养工作存在短板，体制机制有待完善，评价和支持体系有待健全"② 等。针对这些问题，《意见》《方案》均在原则上提出了创新的要求。例如《意见》列出了六条基本建设原则，可以说除第一条"坚持党对思政课建设的全面领导"外，其余五条均指向课程创新，尤其是第三条"坚持守正与创新相统一"，即"落实新时代思政课改革创新要求，不断增强思政课的思想性、理论性和亲和力、针对性"③。第二，创新完善课程体系，将"形势与政策"课放在了更加突出位置。虽然此次课改整体上还是延续"05方案"的基本框架，但在具体设置上还是有了重大变化。例如，整体规划大中小学思政课一体化的教育教学目标，并将各学阶培育内容进行了细化；对各学阶的课程开设及个别课程的名称进行了调整，使之更加符合新时代思想政治教育的实际需要，等等。就"形势与政策"课而言，虽然中小学没有提出开设"形势与政策"课，但提出小学要开设文化常识课程，普通中学和职业中学要开展当代国际政治与经济、时事政策教育等选修课或选择性必修课。大学阶段的"形势与政策"课应与中小学课程既要衔接，又要区别，按本科2学分、专科1学分来设计教学内容，重点讲授"党的理论创新最新成果，新时代坚持和发展中国特

---

① 习近平谈治国理政：第3卷［M］.北京：外文出版社，2020：330.

② 中华人民共和国学校思想政治理论课重要文献选编：下册［M］.北京：人民出版社，2022：1529.

③ 中华人民共和国学校思想政治理论课重要文献选编：下册［M］.北京：人民出版社，2022：1530.

色社会主义的生动实践",① 以及马克思主义形势观政策观、党的路线方针政策、基本国情、国内外形势及其热点难点问题。第三,按照"24字标准"② 创新思政课教师选配培养模式。《意见》就此做出了五个方面的创新部署,涉及教师队伍整体建设、综合素质提升、教师评价机制改革、加大激励力度、后备人才培养等。其中有两个方面的举措值得重视。一是统筹解决思政课教师缺口问题。即为了保证1:350思政课师生配比底线要求,在正常招聘高水平专职教师外,还提出了五项转岗、转任措施③,使思政课教师选任更加灵活、高效。二是统筹解决思政课教师切身利益和后顾之忧。对此,《意见》提出了三项具体措施,即思政课教师职称评审单独列出、单独评审;落实思政课教师岗位津贴;把思政课教师作为学校干部队伍重要来源。这些举措,使思政课教师工作更加积极性、主动性,同时也大大提升了思政课教师的底气和获得感。第四,按照增强"思想性、理论性和亲和力、针对性"要求创新课程教学内容。《意见》《方案》对教学内容的改革创新是两份文件的核心内容。具体来看,《意见》提出了五条措施,其核心是增加资源供给和学科支撑,而这两个方面又是不可分割的统一体。《意见》提出要将马克思主义理论学科作为重点学科建好建强,以研究中国特色社会主义重大理论和实践问题作为主攻方向,用高质量研究成果支撑思政课教学。这就从根本上改变了过去仅仅依靠教材或教参开展思政课教学的不利局面,使学科与教学紧紧联系在了一起。

四、从《关于加快构建高校思想政治工作体系的意见》看"形势与政策"课建设的整体性和协同性问题

党的十九大召开前夕,教育部对党的十八大以来包括思政课在内的高校思想政治工作情况进行了梳理分析,并于2016年12月7日分别以《立德树人有道,春风化雨无声:党的十八大以来高校思想政治工作综述》《风起扬帆正当时:党的十八大以来加强高校思想政治工作纪实》为题在《人民日报》刊发文章。文章既肯定了党的十八大以来高校思想政治工作取得的成绩,又指出了存

---

① 中华人民共和国学校思想政治理论重要文献选编:下册 [M]. 北京:人民出版社,2022:1490.

② 注:即习近平总书记在学校思想政治理论课教师座谈会上提出的"政治要强、情怀要深、思维要新、视野要广、自律要严、人格要正"标准和要求。

③ 注:五项措施为可以与思政课教学内容相关的学科选择优秀教师培训后充实思政课教师队伍;胜任思政课教学的党政管理干部转岗;政治素质过硬的相关学科专家转任;以兼职的办法遴选相关单位的骨干支援。符合条件的辅导员参与思政课教学。

在的问题和发展方向。与此同时，全国高校思想政治工作会议召开，习近平总书记出席会议并发表重要讲话，提出了"思想政治理论课要坚持在改进中加强……其他各门课都要守好一段渠、种好责任田，使各类课程与思想政治理论课同向同行，形成协同效应"①。为贯彻落实中央会议精神和习近平总书记的重要讲话精神，2017 年党中央先后制定实施了《关于加强和改进新形势下高校思想政治工作的意见》《关于加快构建高校思想政治工作体系的意见》等文件制度，提出了"三全育人"②"十大育人体系"③"七大工作体系"④ 等高校思想政治工作战略，从根本扭转了以往以思政课为主渠道的高校思政工作单打独斗的局面。

　　"形势与政策"课作为一门有着特殊要求的思政课，因其授课形式的灵活性、教学内容的易动性、资源供给的多样性和师资来源的多元性，故更需要从整体上把握其协同性。"形势与政策"课的协同性建设共包括三个维度的问题。第一，"形势与政策"课与其他思政课程的协同问题。关于本硕博各学阶各门思政课的具体讲授内容或授课范围在《新时代学校思想政治理论课改革创新实施方案》等文件中已有明确规定，说明"形势与政策"课与其他思政课既有联系又有区别，这是该课"针对性"要求的题中之义。这就要求"形势与政策"课必须明确自己的讲授范畴，既要与其他思政课达到教学目标的一致，又要体现自己的风格特色。第二，"形势与政策"课与思政课之外的专业课程和通识类课程的协同性问题。专业课程和通识类课程均包含有思政育人元素和育人功能。2020 年 5 月，教育部颁布的《高等学校课程思政建设指导纲要》指出："必须抓好课程思政建设，解决好专业教育和思政教育'两张皮'问题"，"紧紧抓住教师队伍'主力军'、课程建设'主战场'、课堂教学'主渠道'，让所有高校、所有教师、所有课程都承担好育人责任，守好一段渠、种好责任田，使各类课程与思政课程同向同行，将显性教育和隐性教育相统一，形成协同效应，构建全员全程全方位育人大格局"⑤。在现实教学中，"形势与政策"课不可能不涉

---

① 中华人民共和国学校思想政治理论课重要文献选编：下册［M］. 北京：人民出版社，2022：1444.

② 注："三全育人"指全员、全过程、全方位育人。

③ 注："十大育人体系"指课程育人，科研育人，实践育人，管理育人，服务育人，文化育人，组织育人，网络育人，心理育人，资助育人。

④ 注："七大工作体系"指理论武装体系、学科教学体系、日常教育体系、管理服务体系、安全稳定体系、队伍建设体系、评估督导体系。

⑤ 教育部关于印发《高等学校课程思政建设指导纲要》的通知［EB/OL］. 中华人民共和国中央人民政府网，2020-05-28.

及经济、军事、外交、科技等专业知识，仅靠专职思政课教师是无法有效完成相应教学任务的。《关于加快构建高校思想政治工作体系的意见》《高等学校课程思政建设指导纲要》等文件提出的课程协同就是要解决这个问题的，这在教育部高等教育司负责人就《高等学校课程思政建设指导纲要》回答记者提问时，给予了确证性回答："当前，高校中还不同程度存在专业教育与思想政治教育'两张皮'现象，未能很好形成育人合力、发挥出课程育人的功能。全面推进课程思政建设就是要解决这一问题。"① 就如何协同的问题，相关文件制度也给出了具体措施，主要包括：教学目标的协同一致、教学内容的协同衔接、教学过程的协同运行、教师队伍的协同使用、教学评价的协同运用等。第三，"形势与政策"课与社会教育尤其是媒体教育功能的协同问题。早在新中国成立初期开展的时事学习中，我们党就认识到协同教育的重要性。当前，自媒体、融媒体不断发展并日益深入学生的日常教育，如何将其转化为"形势与政策"教育的有益资源是课程创新的重要问题。对此，《关于加快构建高校思想政治工作体系的意见》提出了要构建"日常教育体系"，重点在社会实践和网络媒体。在社会实践上，要求"把思想政治教育融入社会实践、志愿服务、实习实训等活动中，创办形式多样的'行走课堂'"等；在网络媒体方面提出，要"重点建设一批高校思政类公众号""引导和扶持师生积极创作导向正确、内容生动、形式多样的网络文化产品""建设高校网络文化研究评价中心"②，以及有效利用各类网络资源为"形势与政策"课提供支撑等。近些年，中央大力推进网络资源建设，"学习强国"学习平台、求是网、"学习思政课"等平台汇聚了大量优质教学资源，极大地拓展了"形势与政策"课的教学阵地。

第三节 "形势与政策"课建设的主要经验

新中国成立以来，我们党在各个历史时期都高度重视"形势与政策"课的建设，并不断推动实践创新基础上的理论创新，为"形势与政策"课向前发展注入了强大的动力。70多年来，"形势与政策"课遵循高等教育发展逻辑不断丰富和完善自身建设逻辑，形成了一系列重要成就并积累了丰富建设经验。认

---

① 张烁. 教育部印发纲要：所有高校全面推进课程思政建设 [N]. 人民日报，2020-06-06.

② 教育部等八部门关于加快构建高校思想政治工作体系的意见 [EB/OL]. 中华人民共和国中央人民政府网，2020-05-15.

真总结这些经验，对研究和推进新时代高校"形势与政策"课建设十分重要。近年来，学界关于"形势与政策"课建设经验已经有了大量的研究成果。概括起来，主要有两个维度。一是从思政课建设发展的整体经验维度来考察。例如，顾海良教授在《高校思想政治理论课程建设研究》一书中，将改革开放以来思政课建设经验总结了十条；骆郁廷教授在《新中国70年高校思想政治理论课建设的基本经验》一文中将新中国成立以来思政课建设经验总结为六条；石云霞教授在《新中国70年高校思想政治理论课建设基本经验与未来展望》一文中归纳为五条；冯刚教授在《新中国成立70年来高校思想政治教育的成就、经验与展望》一文中概括为四条。二是从"形势与政策"课自身建设经验维度来考察。例如，左鹏教授等将新中国成立以来的"形势与政策"课建设经验概括为"根本保障""基本要求""重要基础""关键举措"四个方面①。王培则从改革开放以来大学生形势与政策教育的角度概括了四个方面的经验②。此外，还有冯刚、文军、李斌雄等专家学者也从不同角度进行了经验概括。应当说这些经验总结有其合理性，但如果将"形势与政策"课放在国际视域和历史视域下进行比较的话，那么其建设经验将会更加丰富。因此，舍其枝末、观其大要，从根本保证、核心内容、根本任务、发展基础、前进动力等方面把握"形势与政策"课建设经验是恰当的。

在回顾"形势与政策"课建设发展历史的基础上，可以将"形势与政策"课的建设经验概括为五个方面。

一、将党对"形势与政策"课建设的领导作为根本保证

在全国教育大会上，习近平总书记指出："加强党对教育工作的全面领导，是办好教育的根本保证。"③ 思想政治工作是学校各项工作的生命线，必须牢牢掌握在党手里。这一论断鲜明地标示着党对以思政课和"形势与政策"课为核心的高校思想政治工作领导的强弱，直接关系到高校能否坚持社会主义方向、能否扎根于中国大地办好人民满意的高等教育、能否培养社会主义事业的建设者和接班人。

---

① 雷娜，左鹏. 新中国成立以来高校"形势与政策"课的历史沿革与建设经验 [J]. 思想教育研究，2017（2）：79-83.

② 王培. 改革开放以来大学生形势与政策教育的发展历程与建设经验 [J]. 思想政治课研究，2018（5）：81-85.

③ 习近平. 坚持中国特色社会主义教育发展道路 培养德智体美劳全面发展的社会主义建设者和接班人 [N]，人民日报，2018-09-11（1）.

新中国成立70多年来，我们党始终重视对"形势与政策"课建设的领导，具体体现为。第一，对包括"形势与政策"课在内的思政课价值功能的科学定位。思政课价值功能的定位一般来源于两个方面，一方面是思政课自身所承担的任务以及在思想政治工作中发挥的作用，这是内部的自我界定；另一方面是党从整个工作大局出发，对思政课应当具有价值和功能的明确规定，这是外部的赋权界定。党对思政课价值功能的定位主要指外部赋权，新中国成立以来，我们党对这种赋权的具体表述虽然在各个时期有所不同，但根本指导思想始终没有变。1949年在第一次全国教育工作会议上，党中央就明确提出新中国成立后学校的主要工作就是"有计划、有步骤地在教师和学生中进行政治与思想教育"①，目的是逐步地建立革命的人生观。社会主义革命结束之后，我国进入到了社会主义建设时期，党中央对思政课又提出了"用马克思列宁主义、毛泽东思想武装青年，向他们进行无产阶级的阶级教育，培育坚强的革命接班人"以及"是配合学校中各项思想政治工作，反对修正主义，同资产阶级争夺青年一代"的根本任务。② 十一届三中全会以后，党中央又将思政课界定为"是我们社会主义高等教育的重要标志，是培养又红又专人才的重要保障。它在整个高等教育中的重要地位和作用必须充分肯定"③。党的十八大以来，以习近平同志为核心的党中央对思政课作出了更加明确的功能界定，指出思政课是巩固马克思主义在高校意识形态领域指导地位、坚持社会主义办学方向的"重要阵地"，是全面贯彻党的教育方针、落实立德树人根本任务的"主干渠道"和"核心课程"，是加强和改进高校思想政治工作、实现高等教育内涵式发展的"灵魂课程"。从历史的逻辑来看，思政课之所以有这样高的政治地位，从根本上讲是根源于"思想政治工作是经济工作和其他一切工作的生命线"，④ 这是在对比思想政治工作与经济建设工作、社会建设工作、文化建设工作等基础上得出的历史结论。第二，对包括"形势与政策"课在内的思政课建设方针政策的制订。党对思政课领导的一个重要表征体现在不同历史时期对思政课建设方针政策的制定上。建国初期中央就针对思政课制定了《关于高等学校政治理论课程的规定

---

① 教育部社会科学司．普通高校思想政治理论课文献选编（1949—2008）[M]．北京：中国人民大学出版社，2008：4．

② 教育部社会科学司．普通高校思想政治理论课文献选编（1949—2008）[M]．北京：中国人民大学出版社，2008：50．

③ 教育部社会科学司．普通高校思想政治理论课文献选编（1949—2008）[M]．北京：中国人民大学出版社，2008：76．

④ 中共中央文献研究室．三中全会以来重要文献选编：下册[M]．北京：中央文献出版社，2011：161．

（试行方案）》《关于高等学校共同政治理论课教学安排的几点意见》《关于改进高等学校、中等学校政治理论课的意见》等文件，对思政课课程设置、教学任务与目标、教学方法与手段、教学条件与保障等自上而下作出安排。十一届三中全会以来的40余年间，党中央先后针对思政课先后出台了"85方案""98方案""05方案"。党的十八大以后又针对思政课专门召开中央会议并出台了一系列管长远、管根本的制度规定，极大地推进了思政课改革创新。第三，加强党的组织领导。新中国成立初期，党中央就明确指出思政课必须在党的领导之下，1958年中共中央、国务院《关于教育工作的指示》中就强调："党的教育方针，是教育为无产阶级的政治服务、教育与生产劳动结合。为了实现这个方针，教育工作必须由党来领导。没有党的领导，社会主义教育是不能设想的。"① 1980年，教育部印发《改进和加强高等学校马列主义课的试行办法》，提出"搞好高等学校马列主义课教学的关键是加强党的领导，建立和健全领导体制"。② 1984年，中共中央宣传部、教育部印发《关于加强和改进高等院校马列主义理论教育的若干规定》，明确"学校党委和校长要把抓好马列主义理论教学和师资队伍建设作为自己的重要职责，帮助他们搞好自身的思想建设和业务建设"。③ 从1990年开始，连续30多年召开高校党建与思想政治工作会议，研究党的建设、思政课建设等重大问题，极大地加强了党对高等学校及思政课建设的领导。2016年，习近平总书记在全国高校思想政治工作会议上指出，"高校党委对学校工作实行全面领导，承担管党治党、办学治校主体责任，把方向、管大局、作决策、保落实"④。2019年，习近平总书记主持召开学校思政课教师座谈会，强调"办好中国的事情，关键在党。各级党委要把思政课建设摆上重要议程，抓住制约思政课建设的突出问题，在工作格局、队伍建设、支持保障等方面采取有效措施"⑤。在不同历史时期方针政策的要求下，高校不断建立健全党委领导下的校长负责制，形成了党委统一领导、各部门分工合作、马克思主义学院具体负责的思政课建设管理格局。同时，在中央的明确要求下，中央、省市、学校均成立思政课建设指导委员会和分课程指导委员会等，统一指导思

---

① 教育部社会科学司.普通高校思想政治理论课文献选编（1949—2008）［M］.北京：中国人民大学出版社，2008：38.

② 中华人民共和国学校思想政治理论课重要文献选编：上册［M］.北京：人民出版社，2022：510.

③ 中华人民共和国学校思想政治理论课重要文献选编：上册［M］.北京：人民出版社，2022：583.

④ 习近平.论党的宣传思想工作［M］.北京：中央文献出版社，2020：279.

⑤ 习近平.论党的宣传思想工作［M］.北京：中央文献出版社，2020：387.

政课课程建设。各高校先后独立设置马克思主义学院、独立职称评审中心、列支独立思政课教学实践研究经费等,为思政课建设发挥作用提供了强大的力量保障。

二、将中国化时代化的马克思主义教育和形势政策教育作为核心内容

在 2015 年全国党校工作会议上,习近平总书记指出:"马克思主义是我们党的指导思想,共产主义是我们党的远大理想。没有马克思主义信仰、共产主义理想,就没有中国共产党,就没有中国特色社会主义。"[①] 2018 年,在北京大学师生座谈会上,他又强调:"马克思主义是我们立党立国的根本指导思想,也是我国大学最鲜亮的底色。"[②] 这就要求,包括"形势与政策"课在内的高校思政课教师必须坚持用马克思主义基本理论和马克思主义中国化最新理论成果武装头脑、教育学生,这是我国思政课区别于西方国家政治通识课的根本标志。

新中国成立初期,我们党就在学习苏联思想政治教育经验和总结新民主主义革命时期积累起来的思想政治工作经验的基础上,按照马克思主义三个组成部分,分别开设课程,对学生进行了马克思主义基本理论教育,籍以"肃清封建的、买办的、法西斯思想主义的思想"[③],树立科学的世界观、革命的人生观和全心全意为人民服务的思想。同时,根据社会主义革命、社会主义建设需要,及时融入中国革命史教育、社会主义经济建设理论教育、国内外时事教育和以马克思列宁主义经典著作尤其是毛泽东著作为核心内容的理论学习,逐步形成思政课课程体系。"党的理论创新每推进一步,理论武装就要跟进一步。"[④] 将党的理论创新及时完整准确地武装青年学生是党的十一届三中全会以来思政课教育的核心内容,也是最为鲜明的特点。十一届三中全会以来,党中央又先后三次对思政课进行了重大的改革创新,形成了"85 方案""98 方案""05 方案",这三大方案顺应时代发展需要和马克思主义中国化最新理论成果教育需要,将邓小平理论、"三个代表"重要思想、科学发展观等融入思政课课程体系和教材体系,大力推进中国特色社会主义理论体系的"三进"工作。同时,各门思政课以及相关支撑性课程在坚持马克思主义基本原理的前提下,根据各自课程和学科特点,更新、充实、调整教学内容和教学方法,及时改革不适应形

① 习近平.习近平谈治国理政:第 2 卷 [M].北京:外文出版社,2017:326.

② 习近平.在北京大学师生座谈会上的讲话 [N].人民日报,2018-05-03 (1).

③ 教育部社会科学司.普通高校思想政治理论课文献选编(1949—2008) [M].北京:中国人民大学出版社,2008:1.

④ 胡锦涛.胡锦涛文选:第 2 卷 [M].北京:人民出版社,2016:496.

势发展要求的教学内容，用理论和实践结合的教学方法，利用课程回答学生普遍关心的"热点""难点""焦点"问题，帮助学生自觉运用马克思主义立场、观点、方法分析和解决实际问题。极大地提升了中国特色社会主义理论体系教育的时效性和针对性。

党的十八大以来，我们党大力推进实践创新基础上的理论创新，凝练形成了习近平新时代中国特色社会主义思想这一科学理论。习近平新时代中国特色社会主义思想是新时代中国共产党的思想旗帜，是国家政治生活和社会生活的根本指针，是当代中国的马克思主义和21世纪的马克思主义。① 十九大召开后，中央第一时间下发通知，要求把习近平新时代中国特色社会主义思想作为全党尤其是高校理论学习和思想教育的首要政治任务。2018年，教育部在《关于加强新时代高校"形势与政策"课建设的若干意见》中指出，要"及时、准确、深入地推动习近平新时代中国特色社会主义思想进教材进课程进学生头脑，宣传党的大政方针，牢固树立'四个意识'，坚定'四个自信'，培养担当民族复兴大任的时代新人"②。随后中央在《新时代高校思想政治理论课教学工作基本要求》《高校思想政治工作质量提升工程实施纲要》《新时代高校思想政治理论课创优行动工作方案》《关于加快构建高校思想政治工作体系的意见》《高等学校课程思政建设指导纲要》等多个文件中对这一要求进行了明确和强调。2019年，习近平总书记亲自主持召开学校思政课教师座谈会，指出："我们党立志于中华民族千秋伟业，必须培养一代又一代拥护中国共产党领导和我国社会主义制度、立志为中国特色社会主义事业奋斗终身的有用人才。在这个根本问题上，必须旗帜鲜明、毫不含糊。"③ 为了保障根本问题的解决，"就是要理直气壮开好思政课，用新时代中国特色社会主义思想铸魂育人，引导学生增强中国特色社会主义道路自信、理论自信、制度自信、文化自信，厚植爱国主义情怀，把爱国情、强国志、报国行自觉融入坚持和发展中国特色社会主义事业、建设社会主义现代化强国、实现中华民族伟大复兴的奋斗之中。"④ 党的十八大以来，思政课之所以越办越好，越办越强，根本支点就在于始终坚持用发展着的马克

① 中共中央宣传部. 习近平新时代中国特色社会主义思想学习纲要 [M]. 北京：学习出版社，2019：1.

② 中华人民共和国学校思想政治理论课重要文献选编：下册 [M]. 北京：人民出版社，2022：1489.

③ 用新时代中国特色社会主义思想铸魂育人 贯彻党的教育方针落实立德树人根本任务 [N]. 人民日报，2019-03-19 (1).

④ 用新时代中国特色社会主义思想铸魂育人 贯彻党的教育方针落实立德树人根本任务 [N]. 人民日报，2019-03-19 (1).

思主义教育学生，用新时代中国特色社会主义思想铸魂育人。

三、将培养社会主义事业建设者和接班人作为根本任务

培养社会主义事业建设者和接班人是各级各类学校的根本任务，更是高校思政课的根本任务。习近平总书记指出："办好思政课，最根本的是要全面贯彻党的教育方针，解决好培养什么人、怎样培养人、为谁培养人这个根本问题。"① 新中国成立70多年来，我们党在各个历史时期着力加强思政课建设，推进思政课改革创新，不断提升思政课教育教学质量，其最终目的就是要回答和解决这个根本问题。

1949年在《中国人民政治协商会议共同纲领》中，我们党就明确提出了文化教育的主要任务，即"以提高人民文化水平，培养国家建设人才，肃清封建的、买办的、法西斯主义的思想，发展为人民服务的思想为主要任务"。1953年以后，高校思想政治教育工作以贯彻毛泽东提出的"三好"② 方针为目标，着力解决思政课教育教学中存在的突出问题，提出了"要把学生培养成为懂得马克思列宁主义理论基础，掌握现代最新的科学技术知识，身体健康，并全心全意为社会主义建设事业服务的各级高级专门建设人材"③。1958年，中共中央、国务院在《关于教育工作的指示》中将教育工作的育人目标表述为培养"共产主义社会的全面发展的新人"④。这里所指的"全面发展的新人"已经上升到"红"与"专"、"脑力劳动"与"体力劳动"结合上。1964年，由中共中央宣传部、高教部党组和教育部临时党组共同颁布的《关于改进高等学校、中等学校政治理论课的意见》明确提出了"接班人"概念，指出高等学校、中等学校思政课的根本任务为"用马克思列宁主义、毛泽东思想武装青年，向他们进行无产阶级的阶级教育，培养坚强的革命接班人"⑤。十一届三中全会以后，我们

---

① 用新时代中国特色社会主义思想铸魂育人 贯彻党的教育方针落实立德树人根本任务 [N]. 人民日报，2019-03-19（1）.
② 注：1953年6月至7月，中国新民主主义青年团第二次全国代表大会期间，毛泽东发表了《青年团的工作要照顾青年特点》的重要讲话。其中，提出把"三好"作为青年团工作的方向，要求青年们做到"身体好、学习好、工作好"。
③ 教育部社会科学司. 普通高校思想政治理论课文献选编（1949—2008）[M]. 北京：中国人民大学出版社，2008：20.
④ 中华人民共和国学校思想政治理论课重要文献选编：上册 [M]. 北京：人民出版社，2022：297.
⑤ 教育部社会科学司. 普通高校思想政治理论课文献选编（1949—2008）[M]. 北京：中国人民大学出版社，2008：50.

党根据国内外形势发展变化和改革开放的需要，明确提出了"培养又红又专的人才"目标，指出"高等学校的根本任务是为社会主义现代化建设培养德、智、体全面发展的又红又专的人才"①。这个提法与新中国成立之初毛泽东关于人才培养目标的提法是基本一致的。随后，党中央又提出了"有理想、有道德、有文化、有纪律"即"四有"人才培养目标。1991年，国家教委在《关于加强和改进高等学校马克思主义理论教育的若干意见》中，将"建设者"和"接班人"结合起来，提出了"培养有社会主义觉悟的有文化的建设者和接班人"②是社会主义教育的根本任务。随后党中央又把这一表述更加清晰的概括为"培养德智体等全面发展的社会主义事业的建设者和接班人"③。党的十八大首次提出"立德树人"是教育的根本任务，言简意赅地阐明了教育的根基所在，是对党的教育目标的新概括、新论断。党的十八大以来，以习近平同志为核心的党中央始终将"立德树人"作为教育的根本任务，将"培养社会主义事业的建设者和接班人""培养担当民族复兴大任的时代新人"④ 作为教育的目标，大力推进思政课教育教学工作，使思政课在育人效果、育人质量、育人水平等方面都达到了历史的新高度。

由以上分析可以看出，虽然在不同历史时期，我们党对教育目标的表述都不尽相同，但根本点都是围绕解决"培养什么人、怎样培养人、为谁培养人"这三个问题展开的。这是新中国成立70多年来，思政课建设始终坚持的逻辑主线。

四、将师资队伍建设作为发展关键

新中国成立70多年来，我们党始终把提高教师队伍整体素质作为思政课建设的关键。在1978年全国教育工作会议上，邓小平旗帜鲜明地指出："一个学校能不能为社会主义建设培养合格的人才，培养德智体全面发展、有社会主义觉悟的有文化的劳动者，关键在教师。"⑤ 党的十八大以来，习近平总书记多次

---

① 教育部社会科学司. 普通高校思想政治理论课文献选编（1949—2008）［M］. 北京：中国人民大学出版社，2008：103.
② 中华人民共和国学校思想政治理论课重要文献选编：上册［M］. 北京：人民出版社，2022：780.
③ 中华人民共和国学校思想政治理论课重要文献选编：上册［M］. 北京：人民出版社，2022：861.
④ 新华社. 扎实推动教育强国建设［N］. 人民日报，2023-09-16（1）.
⑤ 邓小平. 邓小平文选：第2卷［M］. 北京：人民出版社，1994：108.

强调教师的重要性，并提出了好教师的评判标准与新的时代条件下教师队伍建设的基本原则和指导方针。针对思政课教师，他在学校思政课教师座谈会上强调："办好思政课关键在教师，关键在发挥教师的积极性、主动性和创造性。"① 要求所有教师都要坚守"政治要强、情怀要深、思维要新、视野要广、自律要严、人格要正"② 的24字要求。为加强教师队伍建设，我们党在不同历史阶段开展了大量卓有成效的工作，概括起来有三个方面。

第一，建立健全相关法律制度。出台《中华人民共和国教师法》《中华人民共和国高等教育法》等法律法规，从法律上保障教师的地位和权利。根据不同阶段的教育任务，制定《关于加强教师队伍的意见》《关于进一步加强高等学校思想政治理论课教师队伍建设的意见》《关于全面深化新时代教师队伍建设改革的意见》等一系列指导性文件，以及高等学校教师职业道德规范等制度，从政治素质、业务能力、思想品德、师德师风等方面构建了全面提升教师队伍素质的整体框架。

第二，加强教育培训。教师培训是我们党长期坚持的一项优良传统。改革开放初期，党中央就针对高校教师队伍数量不足、素质不高等问题采取了脱产进修、在职学习等策略，委托中国人民大学等高校开展师资培养，举办暑期讲习会、理论讨论会、教学经验交流会以及巡回辅导等措施，极大地提升了高校教师的整体水平。进入新世纪尤其是党的十八大以来，党中央不断加大常态化师资培养培训力度，通过制订师资培养中长期计划和年度计划、举办骨干教师研修班、实施马克思主义理论骨干人才计划等提升教师的业务能力和学历学位层次。

第三，深化教师管理体制改革。深化教师管理体制改革根本目的是为教师营造良好的发展条件和育人环境。改革开放以来，我们党根据不同时期的教育条件和教师特点，有针对性地推进以人事制度改革为重点的管理体制改革。例如改革开放之初，党中央就将没有马克思主义立场，业务能力不能胜任高校工作的教师坚决清除出教师队伍；严把选聘入口关，实行思想政治素质和业务能力双重考察制度；营造尊师重教环境，提高教师的政治地位、社会地位和生活待遇等。

---

① 中华人民共和国学校思想政治理论课重要文献选编：下册［M］. 北京：人民出版社，2022：1505.

② 中华人民共和国学校思想政治理论课重要文献选编：下册［M］. 北京：人民出版社，2022：1505.

五、将课程改革创新作为发展的根本动力

包括"形势与政策"课在内的思政课与其他课程一样，都经历了一个长期发展壮大并不断完善的过程。在这个过程中，党的正确领导和强大的外部支持是促进前进动力的一个重要方面，但从根本上讲，思政课以内涵建设为抓手，激发内生动力是其成长的基石，其最为显著的表征体现在课程体系、学科体系、教材体系、教法体系等方面的改革创新上。

具体来讲有三个主要方面。第一，坚持理论与实践相结合。坚持理论与实践相结合，既是提升高校思政课建设质量和效果的根本要求，也是思政课建设改革创新的依据，更是一条基本建设经验。新中国成立70多年来，思政课在理论与实践结合上进行了深入的探索，积累了重要经验。其一，结合不同历史时期的社会实践开展理论教育。例如，在新中国成立初期，思政课结合"抗美援朝""三反五反""社会主义改造""一五计划"等历史事件，广泛开展爱祖国、爱人民、爱劳动、爱科学、爱护公共财物的"五项国民公德教育"；开展中国共产党在过渡时期的总路线、总政策教育，以及大量的爱国主义、国际主义教育，极大地提升了青年学生的思想素质和政治水平。再比如，改革开放以后，现代经济和高新技术迅猛发展，思政课将教育与国民经济发展需求结合起来，一方面将现代经济理论和高新技术引入思政课教学，充实思政课内容，另一方面深化马克思主义政治经济学、马克思主义自然观和科学观教育，帮助学生运用马克思主义立场、观点的方法观察、分析国内外发展变化。其二，大力加强第二课堂实践教育。加强和深化高校思政课实践教育环节，采取多种方式。通过组织学生参加生产劳动实践、社会考察、对口支援、智力扶贫、挂职锻炼、志愿服务、科学实验、毕业实习等等，引导学生深入开展社会实践活动，促使学生深入实践、深入社会、深入群众，更好地了解国情、体察生活、感悟现实，在实践中受教育、长才干、做贡献，在与社会实践、与人民群众相结合的过程中，更好更快地发展与成长。第二，坚持教学与科研相结合。教学是思政课的基本途径，科研是思政课的重要支撑。教学与科研密不可分，坚持教学与科研的相互促进，是新中国成立70多年来高校思政课建设的一条重要经验。新中国成立以来尤其是改革开放以来，随着马克思主义理论的学科化、规范化，马克思主义理论研究逐步走向深入并产生了大量的优秀理论成果，这些理论成果在推进学科建设的同时，有效"反哺"了思政课教学，使思政课由国家主导逐渐转向了内涵式发展。第三，坚持内容与形式的高度契合。思政课作为课程必然是内容与形式的统一体，坚持内容与形式的高度契合，是新中国成立70多年来思政

课建设发展的又一个重要经验。

　　无论是新中国成立之初的思政课课程设置与调整，还是"85 方案""98 方案""05 方案"以及党的十八大以来思政课课程体系的规范与调整，应当说都属于思政课的建设形式，而如何将形式有效转化为优质化的教学内容则是思政课改革创新的关键所在。70 多年来，在党中央的推动下，思政课积极将教材体系转化为教学体系、将教学体系转化为信仰体系，着力推进教材话语、教学话语、理论话语和教学方法创新，使马克思"说中国话"、使经典文本"讲现代话"，极大地提升了思政课的亲和力、吸引力、感染力和针对性。新中国成立 70 多年来思政课建设的实践表明，坚持教学内容与教学形式的高度契合，以内容创新推动形式创新，以形式创新服务内容创新，有力地促进了马克思主义大众化传播和学生个性化需求的满足。

第四章

"形势与政策"课的教学理念转换与靶向教学入场

"形势与政策"课靶向教学是相对于传统教学模式而言的一种现代教学模式，它立足于教育教学的现代化要求，面向形势与政策发展变化和大学生接受选择变化，致力于解决传统教学模式存在的问题和症候。靶向教学入场"形势与政策"课既有其政策依据和理论支撑，也有其适用环境和实施条件，因而建构"形势与政策"课靶向教学模式必须将其特殊性理清楚、讲明白。本章将遵循问题逻辑，重点解决"形势与政策"课传统教学模式及其症候，靶向教学入场"形势与政策"课的政策依据和理论基础，以及"形势与政策"课靶向教学设计原理与模式构建等关键问题。

第一节 "形势与政策"课的教学理念转换与教学模式变革

教学理念在现代大学教育过程中发挥着灵魂作用，决定着一所学校乃至整个教育事业的发展方向和运动趋势。从教师与教学这个微观层面上看，教学理念是教师对教学活动内在规律认识的集中体现，也是教师从事教学活动的基本信念，是教学活动中"融入了教师对教学行为的一定的价值倾向和价值选择，是确定教学目的、教学内容、教学方法和教学手段的基本指导思想"[①]。自"85方案"将"形势与政策"课独立设课以来，该课程整体上经历了传授性（灌输性）教学理念、合作性教学理念、研究性（启发性）教学理念、学科性教学理念、混合式教学理念等几个阶段，并在此过程中形成了与教学理念相对应的教学模式。

---

① 张雷声. 思想政治理论课教学的境界［M］. 北京：中国人民大学出版社，2018：149.

一、传授性教学理念及其教学模式

"形势与政策"课传授性教学理念是一种单向度的线性教学思维方式。其理论基点是"灌输"论，即否定学生在接受教育过程中的主体地位，使之立于被动接受的从属性地位上参与课程教学。传授性教学理念主导下的教学模式具有"填鸭式""满堂灌"的特征。该模式不提倡教师和学生的双主体性，教师对课程教学具有绝对的控制权，学生因丧失或局部丧失话语权和主导权，而被排斥在课程教学之外。一般来讲，传授性教学理念的形成有两个基本前提。其一，应传授的教学知识不会自发地在学生脑海中形成，必须先通过教师的知识获取、消化吸收并转化成教学内容后，才能为学生所理解。其理论上是假设学生对应传授的知识毫不知情或没有能动处理的能力；其二，课程知识不会自动被学生所接受并自觉运用。因此，课程知识要想被学生所理解和掌握，必须通过"灌输"，即必须通过外部教育引导，从而成为学生的思想理论武器。当然，这里所讲的"灌输"也分为"强制性灌输"（列宁将其称为"暴力灌输"① ）和"疏导性灌输"（也可称之为"软灌输"）。但无论是哪种类型的"灌输"都是一种理想化的教学模式，即教师所传授的知识具有内容的全面性和知识的绝对正确性，学生在接受过程中可以做到毫无遗漏的全部接受。

对于包括"形势与政策"课在内的思政课教学，我们党始终反对单一化、绝对化的传授性教学理念和教学模式。例如，1950 年 10 月教育部在《关于全国高等学校暑期政治课教学讨论会情况及下学期政治课应注意事项的通报》中就明确反对教学中存在的教条主义和"灌输式"教学方法，在教学方法方面"突出地表现了教条主义的偏向，对理论与实际一致的真实意义不清楚……甚至主张在落后学校讲政治课，必须抄黑板、背诵原句。有的不会走群众路线，不重视自学，而用旧的灌输式的教学方法"②。1955 年 4 月，教育部副部长刘子载在高等工业学校、综合大学校院长座谈会上批判了政治思想教学中存在的脱离实际的教学方法，指出必须建立"经常的时事教育制度"③，改变现有教学方法，把时事教育与专题报告、学生活动、社会劳动等结合起来。改革开放以来尤其

---

① 中共中央马克思恩格斯列宁斯大林著作编译局 . 列宁选集：第 3 卷 ［M］. 北京：人民出版社，2012：763.

② 教育部社会科学司 . 普通高校思想政治理论课文献选编（1949—2008）［M］. 北京：中国人民大学出版社，2008：5.

③ 教育部社会科学司 . 普通高校思想政治理论课文献选编（1949—2008）［M］. 北京：中国人民大学出版社，2008：23.

是党的十八大以来，思政课迎来了大发展的历史机遇期，教学方法的变更成为思政课教育教学改革的重中之重。2021年3月6日，习近平总书记看望参加全国政协十三届四次会议的医药卫生界、教育界委员并参加联组会，明确指出，思政课教师"拿着一个文件在那儿宣读，没有生命、干巴巴的，谁都不爱听，我也不爱听"①。这说明，随着教育形势的发展变化，作为传统模式的传授性教学将越来越不能适应教育教学的要求。

二、合作性教学理念及其教学模式

"形势与政策"课是一门政治性、理论性、应用性都很强的课程，"其研究对象是不断变化和发展的形势与政策，内容既包括相对稳定的有关形势与政策的基本理论和基础知识，党的路线、方针和政策等基本内容，同时又包括动态性较强的国内外重大事件，敏感问题，社会热点、难点、疑点等时事问题"②，这种体现在教学过程中的变化快、内容多、形式多样的课程特点，决定了课程教学必须通过合作才能有效完成。

这里所讲的合作性教学理念及其模式包含四个层面的内容。第一，"形势与政策"课教师的团队合作。由于"形势与政策"课涉及政治经济文化、内政国防外交、治国治党治军等方方面面的内容，加之单个教师的知识局限，因此仅靠一名教师完成各专题的教学任务几乎是不可能的。"形势与政策"课教师团队的合作包括专职教师与兼职教师的合作、教学专题的分工合作、理论教学与实践教学的实施协作、教学与科研的协同合作等。有学者指出："团队合作教学的理念不仅是把思政课教师组成团队，共同合作完成具体的教学及教学科研任务，使思政课教学成为教师团队共同创造、合作建构的过程，而且还在于使思政课教师在一个团队中，加强对教学内容和方法的共同探讨与研究……从而充分发挥团队的功能，实现教学资源的优化与共享。"③ 第二，"形势与政策"课的师生团队合作。师生团队合作的前提是把教师和学生作为教育教学的"双主体"，教师、学生在人格上具有平等性，学生不再被动性地居于教学从属地位，而是参与教育教学并能动地发挥主体作用。例如，在讲授"国际环境保护形势与我国的应对政策"专题时，环境工程、资源环境与安全、环境监测技术、生态保护技术、生态环境大数据技术、环境法学等专业的学生的专业化水平一般情况

---

① 这堂课，习近平说要"善用之"[EB/OL].光明网，2021-03-18.
② 俞海洛.大学生形势与政策教育方法论教程[M].郑州：河南人民出版社，2010：2.
③ 张雷声.思想政治理论课教学的境界[M].北京：中国人民大学出版社，2018：151.

下要高于"形势与政策"课教师,因而他们完全可以成为反向教学的主体参与到教学过程中来,弥补教师专业性不强的问题,实现教师和学生专业优势的互补。第三,"形势与政策"课教师与相关学生社团指导老师的团队合作。当前各高校均建有环保协会、电子科技协会、心理健康协会、体育协会等学生社团组织,并选配能力较强的专业指导教师开展相关活动。与此同时,学生在接受"形势与政策"课教学的同时,也参与社团活动,使课程与社团活动保持联系。将社团指导教师归入"形势与政策"课教学团队,不仅可以拉近师生的距离,而且能够在教师之间形成有效的专业互补。第四,"形势与政策"课教师与校外政府企业政策专家的团队合作。2018年4月,教育部制定的《关于加强新时代高校"形势与政策"课建设的若干意见》就明确指出,"形势与政策"课要择优遴选教师队伍,"分层次建立特聘教授专家库,选聘社科理论界专家、企事业单位负责人、各行业先进模范等参与'形势与政策'课教学。积极邀请党政领导干部上讲台讲'形势与政策'课"①。无论从中央的要求看,还是从课程的建设实际看,"形势与政策"课都应是开放性的。这种开放性既包括课程内容的开放性,也包括教师队伍的开放性,即一切有益于该课程教学的人才均应纳入教学团队中来。近些年,北京大学、清华大学、中国人民大学、浙江大学、复旦大学等高校在"形势与政策"课团队教学中先行先试,取得了很好的教学成效和经验积累。

三、研究性教学理念及其教学模式

"形势与政策"课的多变性特点决定了该课程教学必然是以探讨式、启发式和研究式等教学方法为主。"研究性教学理念强调的是以'研究性'为主要特征的教学,它是和人的发展紧密联系在一起的"②。张雷声教授认为,研究性教学理念对人的发展的关注主要有四个方面,即关注人的本位、关注人的全面发展、关注人的创新性发展以及关注人的主体性存在。③ 研究性教学理念是相对于传授性(灌输)教学理念而言,它以人本理念为理论出发点,突出强调主体(学生)接受知识的实际需求、接受程度和选择性接受的心理变化等,反对单向度、线性的知识传授理念和方式。研究性教学理念对应的是研究式、启发式教学模式。

---

① 中华人民共和国学校思想政治理论课重要文献选编:下册 [M]. 北京:人民出版社,2022:1490.

② 张雷声. 思想政治理论课教学的境界 [M]. 北京:中国人民大学出版社,2018:161.

③ 张雷声. 思想政治理论课教学的境界 [M]. 北京:中国人民大学出版社,2018:161-162.

　　"形势与政策"课的研究性教学模式主要包含以下几个方面的内容。第一，课程整体性研究与专题化内容研究的统一。课程整体性包括"形势与政策"课教学主体研究、教学内容研究、教学过程研究、教学环境研究、教学方法研究等，涵盖了该课程所有的内外部影响因素和过程环节，从整体上把握该课程的发展历史、建设现状和前进趋势。专题化内容研究属于具象化的研究，是整体性研究的深化、细化。国内外形势的发展变化、党和国家应对政策的不断优化，使得该课程不可能像"中国近现代史纲要""马克思主义基本原理"等思政课讲授既定性知识，需要对形势、政策进行分析研判，进而转化成教学内容并融入教学之中。例如，俄乌战争、巴以冲突、红海危机等区域矛盾几乎每天都有新变化，当事国家和国际社会的应对政策也在不断变化。因此，在动态形势中讲好这些专题必然要运用研究性教学方法。将专题化内容研究与课程整体性研究结合、统一起来，是推进该课程的必然要求和发展趋势。第二，问题链式研究教学模式。研究性教学理念及其教学模式最为突出的特性是直面问题，并将一个个具象问题连结成为可以满足教学效果的"问题链条"。"'问题链教学'以学生关注和困惑的问题为起点，紧扣教材中的重难点，在学生关注点和教材重难点的结合点上精心设计问题，以环环相扣、层层递进的'问题链'引导教学、激活学生、点燃课堂，从而让学生沿着明辨是非、格物致知的思考路径，在不断深入的连续追问中学会思考、确立信仰"[①]。问题是研究性教学的逻辑起点，这需要教师和学生双向研究课程讲授内容中的问题。例如，本轮巴以冲突为什么会产生，它与前几轮冲突有什么样的新变化、新特点，巴以冲突的历史根源在哪里，为什么美国及其盟友对巴以双方持不同态度，为什么在国际社会普遍谴责的情况下以色列依然保持较为强硬的态度，巴以冲突未来走势如何、国际社会如何应对，从观察巴以冲突事态演进过程中明确大学生应如何树立正确的战争观和国家观，等等。这样就从巴以冲突的"历史—现实—未来"到国际社会的"态度—应对—政策"，再到大学生的"战争观—国家观"逻辑线索，形成了完整的"问题链条"。这种以"问题链条"为导向的研究性、启发性教学方式在实际教学中极大地提升了教学效果。第三，"形势与政策"课研究性教学理念和模式还包括思政课程之外的课题研究以辅助和扩充教学知识体系。随着"形势与政策"课教学的专业化不断推进，大量非马克思主义理论专业的教师被纳入"形势与政策"课程教学中来。这些教师本身有自己的学科专业和相

[①]　冯秀军. 用"问题链"打造含金量高、获得感强的思政课［J］. 中国高等教育，2017（11）：22-24.

对固定的研究方向，他们在研究本专业的过程中无形中为"形势与政策"课提供了营养。

四、学科性教学理念及其教学模式

对于专业课教学来讲，树立并运用学科性教学理念是毋庸置疑的，这是因为专业教育必须建立在学科以及学科发展的基础之上。"思政课教学需要在学科中展开，离开了学科，就不可能有人才培养，也不可能有科学研究，更不可能有社会服务"①。但作为思政课的"形势与政策"课，如何界定其学科归属是一个长期存在的问题。第一种观点认为，思政课是思想政治教育的课程呈现，而思想政治教育是马克思主义理论学科的二级学科，因而"形势与政策"课应归属于马克思主义理论学科。第二种观点认为，"形势与政策"课以形势教育为起点，以政策教育为目标，总目标是教育引导"大学生正确认识新时代国内外形势，深刻领会党的十八大以来党和国家事业取得的历史性成就、发生的历史性变革、面临的历史性机遇和挑战……引导大学生正确理解党的基本理论、基本路线、基本方略"②。因而其学科归属应是马克思主义理论、政治学、政策学、国际关系学、社会学、经济学等多学科，而不仅仅局限于马克思主义理论。第三种观点认为，"形势与政策"课的意识形态属性和课程内容的多学科属性并不能全部涵盖该课程的学科归属，这种按政治属性和内容属性的划分本身就不科学。因而，该课程应整体上归属于教育学。我们无意纠缠于"形势与政策"课到底属于哪个具体学科，但应当指出的是要办好该课程没有学科思维和学科教学理念是不行的。

一方面，"形势与政策"课不同于专业课，但不意味着该课程不能借用、使用专业课程中的学科滋养。例如，"形势与政策"课中的国家安全专题，这里不可避免地要依据"国家安全学"一级学科作为教学和研究的支撑。"国家安全学"作为交叉学科起始于20世纪90年代，经过近30年的建设发展，于2020年12月被国务院学位委员会确定为一级学科，归于政治学门类。"国家安全学"本身包含的国家安全理论、国家安全环境、国家安全历史、国家安全内容、维护国家安全的政策等与"形势与政策"课的国家安全专题是相衔接、相对应的关系，是可以为"形势与政策"课的教学、研究提供支持的，但我们决不能因

---

① 张雷声.思想政治理论课教学的境界［M］.北京：中国人民大学出版社，2018：173.
② 中华人民共和国学校思想政治理论课重要文献选编：下册［M］.北京：人民出版社，2022：1490.

为教学专题涉及了"国家安全学"就将该课程归属于国家安全学科。另一方面，"形势与政策"课也不同于其他思政课。当前除"形势与政策"课之外的其他五门思政课（"毛泽东思想和中国特色社会主义理论体系""习近平新时代中国特色社会主义理论体系概论""马克思主义基本原理""中国近现代史纲要""思想道德修养与法治"）都有明确的学科归属，也有相对固定的教学内容。张雷声教授认为，虽然各门思政课程相对独立，但却是一个有机统一体，即"理论原理、理论发展和理论运用的统一，理论、历史与现实的统一，科学知识与科学精神的统一"①。虽然"形势与政策"课在功能价值上与其他思政课程具有统一性和共通性，但毕竟在知识体系和逻辑架构上与它们还是有较大区别，其最大的区别就是教学内容的不固定。我们认为，虽然教学内容不固定，但该课程贯穿其中的逻辑主线是马克思主义形势观和政策观，这是不固定中的最大固定性。也就是说，即便"形势与政策"课不能像其他思政课一样可以固定化地进行教学和研究，但只要立足于马克思主义理论学科，坚持用马克思主义形势观和政策观观察、分析、解答出现的新形势、新政策，同样可以做出高水平、高质量的教学成果和科研成果。

五、混合式教学理念及其教学模式

混合式教学理念及其教学模式是进入21世纪以后才逐步兴起的，是以网络新媒介、新技术为教学服务支撑，融合传统教学模式与现代教学模式的一种交叉形态，从根本上讲可能归属于现代教学理念和模式。进入21世纪以来，以互联网为主体的现代信息技术得到了迅猛发展，其与教育教学的结合，产生了慕课、翻转课堂、在线课程、云课堂等多样化的网络教学形式，极大地丰富了教学内容、提升了教学的实效性。

线上线下混合式教学理念和模式引入思政课尤其是"形势与政策"课，为"形势与政策"课带来了三个重大变化：第一，教学形式的多样化；第二，教学内容的立体化；第三，教学过程的全时化。尤其是教学过程的全时化在现代信息技术没有发展之前是无法想象的。所谓全时化是指学生在学习"形势与政策"课时，已经不再局限于课堂时间，而是可以通过网络搭建的学习平台进行全天候的延时学习。近年来，国家主导搭建的"中国大学MOOC""学习强国"学习平台、"周末理论大讲堂"学习平台，商业公司搭建的"爱课程""高校邦""学习通"等学习平台都载有大量的"形势与政策"教育内容，可以满足不同

---

① 张雷声.思想政治理论课教学的境界［M］.北京：中国人民大学出版社，2018：175.

学习主体的学习需求。与此同时，混合式教学也使得师生之间的交流互动更加便捷、即时。有学者提出，随着网络技术由虚拟呈现向人工智能、大数据等深度现代信息技术发展，高校"形势与政策"课必须适应现代技术发展并依靠现代化技术解决教学载体优化问题，"变网络这一最大'变量'为'形势与政策'课教学的最大优势。充分利用网络传播迅速便利、不受时空限制的优势，借助'新文科'建设东风，积极推进'形势与政策'课教学与人工智能、大数据等现代信息技术的深度融合"①。混合式教学理念以及建立其上的教学模式既是现代教育技术发展的方向，也是现代教育理念的具体呈现。2015 年，教育部出台《关于加强高等学校在线开放课程建设应用与管理的意见》，提出要以"高校主体、政府支持、社会参与"② 为方针，加强在线课程应用共建共享。2016 年，教育部又印发《关于中央部门所属高校深化教育教学改革的指导意见》，明确要求中央部门所属高校大力推进在线开放课程建设，并提供专项资金和政策保障；同年 9 月，教育部印发《关于推进高等教育学分认定和转换工作的意见》，提出要将学生有组织的学习在线开放课程纳入学分管理。2017 年，教育部启动首批国家精品在线开放课程认定工作。2018 年，490 门课程被认定为首批国家精品在线开放课程。其中，北京科技大学彭庆红的"形势与政策"课程入选，同时清华大学、武汉大学、首都师范大学、复旦大学、浙江大学等高校的其他思政课共入选 11 门次。近年来，受新冠疫情影响，"形势与政策"课线上课程建设和混合式教学模式呈井喷式发展，多校线上连课、直播课堂等大量涌现，有力地推进了该课程的深化发展。

第二节 "形势与政策"课靶向教学的入场

习近平总书记在学校思政课教师座谈会上指出："要推动思想政治理论课改革创新，不断增强思政课的思想性、理论性和亲和力、针对性。"③ 这里所讲的"针对性"就是针对思政课教育中存在的问题以及教学中的重点、难点、堵点、疑点进行有效破解的思维与方法。"形势与政策"课的教学理念转换与教学模式

① 王维国. 新时代加强高校"形势与政策"课改革创新的思考［J］. 思想理论教育导刊，2022（5）：89-95.

② 教育部. 关于加强高等学校在线开放课程建设应用与管理的意见［EB/OL］. 教育部网，2015-04-16.

③ 习近平. 习近平谈治国理政：第 3 卷［M］. 北京：外文出版社，2020：330.

变革，是遵循教育规律、思政课建设规律和学生成长规律作出的必然性调适，其整体出路应落脚到教育教学的标准化、精准化、科学化上来。靶向教学入场"形势与政策"课就是以教学行为的标准化、教学内容的精准化、教学过程的科学化为目标，融合现代教育理念和教学模式，构建符合现代化教育要求和特点的教学体系和教学模式。本节，我们将从靶向教学的内涵与入场逻辑，靶向教学的政策依据、实践依据和理论基础等方面进行阐述。

一、"形势与政策"课靶向教学的入场

"靶向"源于现代医疗原理，主要是针对病原体实施精准的药物治疗或手术。靶向教学引入"形势与政策"课就是要精准地解决该课程教材建设、教学内容、教学过程、教师队伍和教学环境中存在的突出问题。1988年5月，国家教育委员会《关于高等学校开设〈形势与政策〉课的实施意见》是改革开放以后国家首份针对"形势与政策"课程建设制定的文件。该文件首次提出，"《形势与政策》是一门思想教育课程……针对学生的思想实际进行形势与政策的教育。根据形势发展的需要决定教学内容，是这门课程的重要特点"，同时，文件在四条教学原则中明确要求，"注重针对性、现实性。并力求通过回答问题使学生掌握分析、认识形势与政策的正确立场、观点、方法"①。随后，在《国家教育委员会关于进一步加强高等学校〈形势与政策〉课程建设的意见》（1996年）、《中共中央宣传部、教育部关于进一步加强高等学校学生形势与政策教育的通知》（2004年）、《教育部社会科学司关于推荐使用〈时事〉DVD进一步加强形势与政策教育教学工作的通知》（2008年）、《教育部关于加强新时代高校"形势与政策"课建设的若干意见》（2018年）等文件中对该课程的教学内容、教学要求、教学原则等进行了重申。改革开放以来40余年间，"形势与政策"课的发展变迁和教学实践均有力证明了靶向教学引入该课程建设的重要性和必要性。

靶向教学入场"形势与政策"课的基本逻辑有以下几点。

第一，培养大学生健全的政治人格和公民意识是其价值"靶点"。培养担当民族复兴大任的时代新人是高校思政课的基本职能和政治使命。"形势与政策"课的价值实现应当紧紧围绕这一职能使命。从具体实践上讲，就是必须把培养大学生健全的政治人格和强烈的公民意识作为出发点和落脚点，这是其他专业

① 教育部社会科学司. 普通高校思想政治理论课文献选编（1949—2008）［M］. 北京：中国人民大学出版社，2008：137.

课程无法替代的。政治人格（political personality）具有心理学和政治文化学两个维度的解释。就政治文化学而言，可以将其概括为行为主体的政治性格特征的总和及其惯常行为模式。① 在现实生活中，政治人格可以分为集体政治人格和个体政治人格，但无论是哪种政治人格均展现为个体（集体也是由个体构成的）的政治特质，即政治选择、政治价值判断和政治行为趋向。塑造健全的政治人格必须依托良好的政治教育，习近平总书记在 2018 年全国教育大会上就明确指出："培养什么人，是教育的首要问题。我国是中国共产党领导的社会主义国家，这就决定了我们的教育必须把培养社会主义建设者和接班人作为根本任务，培养一代又一代拥护中国共产党领导和我国社会主义制度、立志为中国特色社会主义奋斗终身的有用人才。这是教育工作的根本任务，也是教育现代化的方向目标。"② 这说明，社会主义教育与人才培养必须服务、服从于党和国家的建设需要，也就是说教育的政治价值倾向必须将学生的政治人格塑造与党和国家的政治目标高度统一起来。健全的政治人格有赖于良好公民意识的培养。公民意识是公民权利意识和公民责任意识的总和，决定着公民的政治行为。良好的公民意识不会自然形成，必须建立在良好的公民教育基础之上才可以形成。英格尔斯在《走向现代化》一书中认为，现代国家在探索现代化之路时首先需要解决的问题，就是如何通过教育来培养本国公民的现代意识，使之成为推动现代化国家建设的"现代公民"。当前，我国正"以中国式现代化全面推进中华民族伟大复兴"，迫切需要教育尤其是高等教育培养大量具有现代意识的"现代公民"。因而，"形势与政策"课要以马克思主义形势观、政策观为价值指引，教育引导大学生正确分析国内外形势变化和党、国家的应对政策，并在此过程中确立起"为人民服务，为中国共产党治国理政服务，为巩固和发展中国特色社会主义制度服务，为改革开放和社会主义现代化建设服务"③ 的政治人格和公民意识。失去了这个"价值靶点"，"形势与政策"课就失去了存在基础和建设必要。

第二，突出教学主体的个性化、差异化是其理念"靶点"。较之于传授性教学、合作性教学等传统教育模式，靶向教学模式最大特点就是突出教学主体的个性化和差异性，即始终把教师、学生两个教学主体的接受差异作为开展教学

---

① 刘晓乾，张雷．政治人格与政治文化的特点及相关性［J］．理论界，2006（1）：46.

② 习近平出席全国教育大会并发表重要讲话［EB/OL］．中华人民共和国中央人民政府网，2018-09-10.

③ 中华人民共和国学校思想政治理论课重要文献选编：下册［M］．北京：人民出版社，2022：1503.

的主攻点。教师方面，由于"形势与政策"课要求大一到大四课程开设不断线，因而需要大量的教师承担课程任务，而现有马克思主义学院的专职教师数量不足，只能由学生辅导员、党政管理干部，以及其他相近学科教师兼任，这在客观上形成了教师个体能力的差异性。同时，专兼职教师具有不同学科背景、学习和工作经历，因而在"形势与政策"课教学过程中不可避免地带有差异性。学生方面，当前在校大学生均为"00后"，思维活跃、接受信息快且来源广泛、个性张扬且勇于批判。对国内外形势、党和国家的政策有着自己的理解和体悟，是这一代大学生的鲜明特点。习近平总书记指出："青少年阶段是人生的'拔节孕穗期'，这一时期心智逐渐健全，思维进入最活跃状态，最需要精心引导和栽培。"① "改革创新是时代精神，青少年是最活跃的群体，思政课建设要向改革创新要活力。"② 这些论述深刻阐明，包括"形势与政策"课在内的思政课必须立足于现阶段学生特点，把学生的总体世界观、人生观、价值观培养同学生个体的个性特点、心理可接受程度等结合起来，找到改革创新的"靶点"。

第三，差异化解答教学内容上存在的热点、难点、疑点问题是其方法"靶点"。当前，世界正处于百年未有之大变局，国际国内形势不断变化，不同思想文化交流交融、交锋，社会思潮多元、多样、多变。"改革开放和社会主义市场经济的深入推进，互联网等新的传播渠道的迅速发展，在有力促进社会发展进步的同时，也给社会思想文化带来复杂影响"③，这些新情况、新形势、新变化决定了"形势与政策"课不仅要在内容上常变常新，而且要在方法上改革创新。近年来，不少高校积极推进"形势与政策"课教学方法改革创新，探索了案例式教学、探究式教学、体验式教学、互动式教学、专题化教学、分众式教学、翻转式教学等教学方法，形成了多样化的教学模式。虽然总体上较之于传统教学方法和模式有了很大的进步，但教学效果依然不尽理想，"课堂教学效果还需要提升，教学研究力度需要加大、思路需要拓展"④。这要求，"形势与政策"课现代教学方法的引入不能仅就形式上进行方法创新，而应紧紧扭住教学内容上存在的热点、难点、疑点问题进行话语方法、解答方法、传授方法等创新。在这个问题上近年来一些高校先行先试、大胆探索，积累了一定的经验。例如，中央财经大学冯秀军团队的"问题链"式教学法，就是把教学过程中学生普遍

---

① 习近平．论党的宣传思想工作［M］．北京：中央文献出版社，2020：372－373.

② 习近平．论党的宣传思想工作［M］．北京：中央文献出版社，2020：383.

③ 中华人民共和国学校思想政治理论课重要文献选编：下册［M］．北京：人民出版社，2022：1419－1420.

④ 习近平．论党的宣传思想工作［M］．北京：中央文献出版社，2020：376.

感兴趣的热点、难点、疑点问题结成问题链条,通过整体解答和个案解答相结合,使热点、难点、疑点问题转化成学生可接受的价值共识。本研究团队近年来在"形势与政策"课授课过程中采用专题化教学,专题教学前利用"学习通""问卷星"等现代网络技术对学生的专题认知情况进行调研摸底,了解学生的知识难点、疑点和堵点,然后再进行有针对性的备课和教学,同样取得了良好的教学效果。实践证明,不把热点、难点、疑点、堵点问题作为方法改革创新的"靶点","形势与政策"课讲授就很难出色出彩。

二、"形势与政策"课靶向教学的理论依据

有一种观点认为,学习成果代表了一种能力结构,而这种能力结构是通过课程教学来体现的①。就"形势与政策"课而言,较之于其他课程更能体现学生"学"和教师"教"的双向能力结构。通过深入研究,我们认为,"形势与政策"课教学蕴含多螺旋能力构成的学习能力矩阵,并不是单一化地只体现学生的学习能力。这种能力矩阵包括合规律性的教材编写能力、合规范性的教学能力、合目标性的实践能力、合科学性的评价能力等,这些能力具有非线性和非平行特征,而是交织在一起共同作用、相互影响的螺旋式能力总和。由于教学过程中多螺旋能力的易变性与不易测定性,导致了对"形势与政策"课教学效果的评价成了一个长期未能有效解决的问题。这一问题的存在不仅使该课程教学长期处于形式化、同质化、低效化的不利境况,而且制约了思政课整体教学质量的提升。从教学理论的发展来看,自20世纪90年代以来,随着教育领域国际交流越来越深入,国际上诸如工程教育、素质教育等先进教育理念,以及成果产出评价、KRIF(关键绩效、日常绩效、例外绩效、未来绩效四维评价法)、顾客满意度评价、国际质量标准评价等评价方法逐步引入我国,成为推进中国高等教育高质量发展的重要推手。"形势与政策"课靶向教学融合了这些先进理念和方法,并以这些教育理论作为教学模式构建的基础。

(一)绩效管理理论

绩效管理理论原初为管理学的研究范畴。通常解释为,特定组织中的个人或群体在特定时间内的工作完成程度和达到的效果,是特定时间内或特定工作周期内,预期目标与实际目标完成程度的比率。绩效管理分为个体绩效与组织绩效两类,其比率界限为0~1,越趋向于1则目标达成度越高,标志着绩效越

---

① 张丰,管光海.变革学校:科技创新教育与项目化学习STEM教育的国际经验 [M].杭州:浙江教育出版社,2022:36.

高，反之则绩效越低。学界通常认为，绩效管理理论诞生于 20 世纪 70 年代，主要用于衡量企业管理的整体效能以及企业内部不同主体的业绩完成比率。关于绩效管理理论，其代表人物有西蒙斯（Slmons）、阿姆斯特朗（Armstrong）、波利特（Pollitt）、弗莱舍（Fleisher）、史密斯（Smith）、佩雷拉（Pereira）、里巴斯（Lebas）等人。史密斯认为绩效管理包括战略制定、绩效比率的数据测评、绩效有效性数据分析、组织行为反馈四项基本职能，发挥四项基本职能可以有效提升单位组织管理质量和水平。佩雷拉在通过对大量企业数据统计的基础上，认为单位绩效管理应包括组织运行环境、组织内生性文化、组织系统的合理性和信息技术的科学性、组织流程的规律性和参与人员的积极性五项核心要素，也就是说他将绩效评价从纯粹的数据衡量扩展到了综合要素的整体性衡量，这就使得西方长期固存的以盈利能力、投资回报率、利润率与资产负债比等为测评内核的数理计算方法转向了综合因素的绩效总比例的计算方法。

　　绩效管理理论引入教育领域的时间并不长，其他国家大致从 20 世纪 80 年代开始使用，在我国则到 20 世纪 90 年代末才开始试用。20 世纪 90 年代末，一方面随着教育尤其是高等教育由精英化向大众化转变，各高校教师、学生的数量急剧上升，高校办学成本的变高必然要进行科学化的办学成本核算，以达到办学效益最大化；另一方面，这一时期民办高校的大量出现引发了社会资本向高等领域的聚集，控制成本、提高投入产出比成为民办高校的内在发展要求。党的十五大报告就提出，要"优化教育结构，加快高等教育管理体制改革步伐，合理配置教育资源，提高教学质量和办学效益"①，这里的"合理配置教育资源""提高办学效益"本身就包含对教育绩效管理的要求。进入 21 世纪以来，高校绩效管理主要侧重于对教师个体的教学、管理、科研等具象工作的考核，以及后勤、服务（主要是专利技术服务）、校产等盈利性项目的考核。党的十八大以后，中央出台了《深化新时代教育评价改革总体方案》等文件，强调"教育评价事关教育发展方向，有什么样的评价指挥棒，就有什么样的办学导向"，并提出了"坚持科学有效，改进结果评价，强化过程评价，探索增值评价，健全综合评价，充分利用信息技术，提高教育评价的科学性、专业性、客观性"②的原则要求。由此可见，高等教育领域的绩效评价长期停留在"人"和"钱"的层面，而对教学这个最大主体的运行管理效益评价关注不够。进入新世纪以

---

① 江泽民. 江泽民文选：第 2 卷 [M]. 北京：人民出版社，2006：34.
② 中共中央、国务院印发《深化新时代教育评价改革总体方案》[J]. 国务院公报，2020
　年第 30 号.

来尤其是党的十八大以来，国家绩效管理评价逐渐发生了变化，即由"人"和"钱"向"教"与"学"的"事权增益"考核转变。突出强调以岗位绩效考核和实际贡献为依据，发挥激励和约束机制作用，多劳多得，优绩优酬。思政课作为教学中的课程体系，其绩效考核与评价一方面作为诸如"教学评估""本科教学水平评估"等一般性评估评价而存在，另一方面又以《高等学校思想政治理论课建设标准》等特定性评价面貌出现，是一般性与特殊性的结合。绩效考核评价引入思政课并不是照搬西方的绩效管理理论，而是具有鲜明的中国特色和时代特色，因而具有其科学性和合理性。

（二）结果导向教育理论

结果导向教育一般又称成果导向教育、能力导向教育、目标导向教育、需求导向教育等，英文表述为 Outcome based education（简称"OBE"）。该理论是一种强调以学习者为中心，以学习结果为导向，采用逆向思维方式进行课程体系建设的教育理念。该教育理论产生于 20 世纪 70 年代的美国，首先提出者是美国教育学派的斯派蒂（Spady），但理论基础却是认知心理学以及布鲁姆目标教育分类法。1956 年，布鲁姆发表了《教育目标的分类：认知领域》，提出"课程设计取决于明确的目标、取决于学生学习行为应该发生的变化"[①] 的观点，并将教育目标划分为认知、情感、动作技能三个基本领域。1964 年和 1972 年，克拉斯沃尔（David R. Krathuohl）、辛普森（E. J. STmpson）等人又根据布鲁姆的分类法将教学目标的情感领域和动作技能领域进行了更为详细地划分，并积极运用到教育实践过程之中，形成了传统的 OBE 理论框架。但由于在教育实践中，各界对 OBE 理念的认识存在差异，导致了对其概念描述的错误。1994 年，斯派蒂发表了《以结果为基础的教育：重要的争议和答案》，对 OBE 概念进行了解释与澄清。他认为，真正意义上的 OBE 就是围绕特定学习阶段的学习结束后，所有学习者能够获得的关键结果，清楚地聚焦和组织教学活动安排的一种教育模式[②]。较之于传统教学理念和模式，OBE 有四大特点：第一，模式运行上侧重于构建具有清晰定义的学习者的学习结果框架，而非单一性的课程；第二，学习者的时间管理上，将时间作为一种依据教师、学生需求的可选择性资源，而非传统教育中的讲授和学习时间的固定性；第三，学习者的目标设置上，在学习者开始学习之前就已经设定了清晰的可定义标准，对所有学习者都

---

① 陈英霞，丁凯 . OBE 理论视域下的高校成人学历教育教学质量研究 [J]. 成人教育，2024，40（9）：1-6.

② 张晓伟 . 全实践理念下学前教育专业活动设计类课程教学研究 [M]. 长春：吉林人民出版社，2021：111.

有不同的标准作为学习导向，而非采用一个或一种标准的竞争性导向；第四，学习者的目标达成上，聚焦于学习者在特定学习阶段结束时达到其自身能力许可的最高水平，而非通过考试、考核达到的某种数字化水平。

OBE 教育理念提出后，迅速在全球教育领域得到广泛传播和运用。例如，美国在工程教育领域全面接受了 OBE 理念并设计制定了"工程专业教育和认证标准"；马来西亚高等教育部按照 9 条学业标准和 7 条软实力标准，将 OBE 教育理念运用到高校以评价学生的学习结果；香港中文大学等港澳台高校也在 2000 年以后将 OBE 理念作为衡量高等教育质量的重要方法。近年来，我国教育主管部门和高校也开展了大量的 OBE 教育理念的理论研究和实践探讨，并按照其基本理念构建国家三级专业建设质量标准。总体来讲，OBE 教育理念的发展和应用极大地推进了专业教育的变革，使课程建设、教育管理、学习模式、评价方式等都发生了重大转变。思政课是政治属性极强的课程体系，集中体现着我国的社会主义属性和党的教育方针，其较之于专业课程的最大区别在于价值主导性和意识形态性，因此在我国高校课程体系中居于"核心课程"和"灵魂课程"的地位。长期以来，思政课均是作为传统课程存在，在教学模式、学习模式、评价模式、时间管理、教学质量评定等方面都按照统一的标准来设计，从而造成了教育教学效果不尽如人意。OBE 教育理念引入思政课，虽然并不能完全按照工程专业认证那样提供一个标准化考核指标来衡量其结果，但毕竟对新的时代条件下提升思政课教育教学质量、改进思政课教育教学方法有着重要的启示意义。

（三）教育质量保障理论

教育质量是衡量高校办学水平和育人贡献的核心标准。但教育质量是什么的问题却一直有很多争议。格林（Green）、哈维（Harvey）在《决定性质量》（*Defining quality*）一文中将高等教育质量界定为五个方面，即学习效果卓越、标准的符合度、预期目标的达成度、用户满意度、符合经济效益标准[①]。德里克·博克（Derek Bok）反对格林、哈维的观点，认为他们所说的"卓越或杰出"是一个模糊的概念，无法进行测定和衡量，而应当用更为标准化的测量工具和方法进行评价。瑞典学者托斯坦·胡森（Torsten Husen）在《论教育质量》一文中批判了高度工业化国家对高等教学质量用线性标准评价的观点，指出高等教育质量"是指教育的产品而不是指生产出这些产品的资源和过程"以及

---

① HARVEY L, GREEN D. Defining quality [J]. *As-sessment & evaluation in higher education*, 1993, 18 (1): 9-34.

"学校里进行某些教育活动的目标达到什么程度"①。同时，他还就测量教育质量提出了三类核心指标，即"输入"（指学校可资利用的财政或其他资源）、"教学过程"（指根据在校学习年限、家庭作业和课程规定的总时数来界定）、"产品"（根据标准测验的结果来评估的学生成绩）②。当然除了以下比较宏观的阐述外，国内外学界还从课程、学科、科研、服务、管理、师资、专业、学生、社会声誉等诸多微观角度对教育质量进行了分析。例如，根据高等教育功能，从人才培养、科学研究、教育教学、社会服务、文化传承角度衡量教育质量③；根据高等教育主体，从教师、学生、管理人员等衡量教育质量④；根据主体满意度，从社会质量、工作质量、内部质量等方面来衡量⑤。

教育质量保障理论在我国由来已久，并在教育教学实践中得到了广泛应用。但总体而言与西方教育质量保障理论有很大的差异，例如我国侧重于教育结果而非教育过程；侧重于教育主体的群体性评价而非个体差异；侧重于竞争性标准而非通用性标准，等等。进入 21 世纪以后，随着我国高等教育国际化程度不断加深，对于教育质量保障我们也逐渐吸引和融合了大量的西方优秀教育理论和方法。比如，2018 年 1 月，教育部发布了我国首个教学质量国家标准——《普通高等学校本科专业类教学质量国家标准》。该标准涵盖普通高校本科专业目录中全部 92 个本科专业类、587 个专业，涉及全国高校 5.6 万多个专业点⑥。教育部负责人在回答记者提问时，就《标准》制定的依据和原则进行了说明，认为"突出学生中心""突出产出导向""突出持续改进"是三个核心原则。不难发现，这三个核心原则与 OBE 教育理念、教育质量保障理论等都有着密切联系。此外，还有诸如"中国高等教育顾客满意度指数（CHI-CSI）""学习产出驱动教育理论（Outcomes Focused Education，OFE）"等都是比较常见的教育质量保障理论或方法。总体来看，各国先进教育理念的传入及其不断融入的教育

---

① 托斯坦·胡森，施良方．论教育质量［J］．华东师范大学学报（教育科学版），1987，5（3）：5.

② 托斯坦·胡森，施良方．论教育质量［J］．华东师范大学学报（教育科学版），1987，5（3）：6.

③ 王盛水．大众化阶段的高等教育质量与人才培养［J］．中国高等教育．2010，（24）：21-23.

④ 程凤春．教育质量特性的表现形式和内容［J］．教育研究．2005（2）：45-50.

⑤ AstinA. Assessment for Excellence：the Philosophy and Practice of Assessment and Evaluation in Higher Education［M］. New York：Macmillan Publishing Company，1990. 4-8.

⑥ 万玉凤，董鲁皖龙．首个高等教育教学质量国家标准发布［N］.中国教育报，2018-01-31（01）.

过程，极大地推进了高等教育的改革和创新。作为课程存在的思政课同样也需要教育质量保障理论来支撑。党的十八大以来，中央先后出台了《普通高校思想政治理论课建设体系创新计划》《高校思想政治工作质量提升工程实施纲要》《关于新时代学校思想政治理论课改革创新的若干意见》《深化新时代教育评价改革总体方案》等政策，对思政课的质量保障等问题均提出了具体要求。例如，《关于深化新时代学校思想政治理论课改革创新的若干意见》就明确提出了"完善思政课课程教材体系""建设思政课教师队伍""增强思政课的思想性、理论性和亲和力、针对性"以及"加强党对思政课建设的领导"等四大方面、20条具体措施的思政课质量保障要求。在随后中共中央宣传部、教育部制定的配套性文件《新时代学校思想政治理论课改革创新实施方案》中，对思政课教学质量保障进行了更为详细的规定。这说明，我国高等教育领域的改革创新已经将教育质量保障问题提到了历史上前所未有的高度。

三、"形势与政策"课靶向教学的政策依据

"形势与政策"课靶向教学包括理论教学和实践教学两个维度的政策依据，虽然两者融合在教学过程之中，但还是有着显著的政策区别。

（一）靶向理论教学的政策依据

"形势与政策"课理论教学是该课程教学的核心，在各个历史阶段国家制定的教学整体政策以及每学期教育部制定的教学要点中均不尽相同，这就要求该课程必须依据国家政策找到、找准理论教学的"靶点"。从宏观政策看，1988年5月，国家教育委员会制定的《关于高等学校开设〈形势与政策〉课的实施意见》，列出了理论教学四个方面的内容：①观察形势和理解政策的正确立场、观点和方法；②当前我国社会主义建设和改革开放的任务、发展状况和趋势；党和国家实现现阶段任务的基本方针和政策；党和国家的重大活动和决策；③当前国际关系的状况、发展趋势、我国的对外政策；世界重大事件及我国政府的立场；④大学生在形势政策方面普遍关心的重要问题的情况及政策。① 1996年10月，国家教育委员会出台的《关于进一步加强高等学校〈形势与政策〉课程建设的意见》列出了三项理论教学的任务：①正确认识国内外形势，理解党的基本路线、方针和政策，确立为建设有中国特色社会主义而奋斗的政治方向；②密切联系省情、国情和国内外大事，充分运用社会主义现代化建设和改革开

---

① 教育部社会科学司. 普通高校思想政治理论课文献选编（1949—2008）［M］. 北京：中国人民大学出版社，2008：136.

放丰富生动的实践，回答学生普遍关心的问题；③开展马克思主义形势观教育，引导学生学会运用马克思主义的立场、观点、方法观察形势，从总体上把握改革开放和社会主义现代化建设的大局。① 2004 年 11 月，中共中央宣传部、教育部联合印发的《关于进一步加强高等学校学生形势与政策教育的通知》则进一步提出了该课程理论教学的五项内容：①注重进行党的基本理论、基本路线、基本纲领和基本经验教育；②进行我国改革开放和社会主义现代化建设的形势、任务和发展成就教育；③进行党和国家重大方针政策、重大活动和重大改革措施教育；④进行当前国际形势与国际关系的状况、发展趋势和我国的对外政策，世界重大事件及我国政府的原则立场教育；⑤进行马克思主义形势观、政策观教育。② 2018 年 4 月，教育部制定的《关于加强新时代高校"形势与政策"课建设的若干意见》，根据新时代形势、政策教育要求，对该课程理论教学内容进行了更为科学的界定：①紧密围绕学习贯彻习近平新时代中国特色社会主义思想，把坚定"四个自信"贯穿教学全过程，重点讲授党的理论创新最新成果，重点讲授新时代坚持和发展中国特色社会主义的生动实践；②开设好全面从严治党形势与政策的专题，重点讲授党的政治建设、思想建设、组织建设、作风建设、纪律建设以及贯穿其中的制度建设的新举措新成效；③开设好我国经济社会发展形势与政策的专题，重点讲授党中央关于经济建设、政治建设、文化建设、社会建设、生态文明建设的新决策新部署；④开设好港澳台工作形势与政策的专题，重点讲授坚持"一国两制"、推进祖国统一的新进展新局面；⑤开设好国际形势与政策专题，重点讲授中国坚持和平发展道路、推动构建人类命运共同体的新理念新贡献；⑥依据教育部每学期印发的《高校"形势与政策"课教学要点》安排教学；⑦根据形势发展要求和学生特点有针对性地设置教学内容，及时回应学生关注的热点问题。③ 从以上文件对该课程理论教学内容的规定进行不断修改和完善可以看出，国家对高校形势教育、政策教育的"靶向"性越来越强，逐步由宏观规定向微观部署转换。

（二）靶向实践教学的政策依据

关于思政课实践教学早在新中国成立初期就已经纳入课程建设体系之中，

---

① 教育部社会科学司. 普通高校思想政治理论课文献选编（1949—2008）［M］. 北京：中国人民大学出版社，2008：176.

② 教育部社会科学司. 普通高校思想政治理论课文献选编（1949—2008）［M］. 北京：中国人民大学出版社，2008：210.

③ 中华人民共和国学校思想政治理论课重要文献选编：下册［M］. 北京：人民出版社，2022：1489-1490.

但如何进行标准化绩效评价却始终是个困扰思政课建设发展的政策性问题。党的十八大以来，国家教育主管部门致力于推进包括"形势与政策"课实践教学在内的思政课建设整体质量提升，出台了一系列相关政策措施，虽然为"形势与政策"课实践教学提供了政策依据，但总的来说还很不到位。这里有两个方面的问题需要在政策上给予解决。

1. 实践教学绩效评价标准设定问题

目前，国家层面尚未设计出有统一标准的"形势与政策"课实践教学绩效评价指标体系。诸如《高等学校思想政治理论课建设标准》（2011 版、2015 版、2021 版）均将实践教学设定为"B"类指标，且建设标准极为简单。仅就是否纳入教学计划，是否落实学时学分、实践内容、师资配备要求，是否建有实践基地等三项概括性内容进行考核，并没有列出具体性考核条目。应当说一方面把实践教学设定为"B"类考核项本身就存在对这一重要教学环节的轻视和弱化，另一方面未能列出具体性考核条目也必然造成因"指挥失灵"而引发各高校对实践教学绩效评价的忽视。除了课程专题建设标准未能明确实践教学绩效评价内容外，在普遍性教学质量监控和评估工作中，实践教学也未能很好地得以体现。例如，当前正在全国高校开展的"普通高等学校本科教育教学工作水平评估"，其指标体系共包括 7 个一级指标、20 个二级指标、39 个观测点。虽然也把实践教学作为二级指标并单独列出了观测点，但依然比较粗糙不够精细。4 个具体观测点中，诸如"指导到位""考核科学""效果较好""结构合理"等泛化性评测用语较为普遍，而约束性标准仅有两项：一是"实验开出率达到教学大纲要求的 90%"；二是以实验、实习、工程实践和社会调查等实践性工作为基础的毕业论文（设计）比例≥50%"[①]。应当看到，这两项只是针对理工科学生而言，并不能适用于包括"形势与政策"课在内的思政课实践教学。国家标准是开展实践教学尤其是绩效评价的"指挥棒"，具有极为重要的政策指向意义，所以当前应加强"形势与政策"课实践教学绩效评价的科学化、系统化制定，确保实践教学评价能够反映思政课建设要求和规律。

2. 实践教学绩效评价的组织实施问题

组织实施问题说到底是明确主体的问题，即究竟包括"形势与政策"课在内的思政课实践教学的主体是谁，或者说谁在该评价中最具有话语权的问题。对于这个问题，至少有三种倾向性认识：第一种观点认为应当是政府教育主管

---

① 教育部关于印发《普通高等学校本科教育教学审核评估实施方案（2021—2025 年）》的通知［EB/OL］. 中华人民共和国教育部，2021-02-17.

部门，这种认识是基于我国高等教育长期以来的管理模式得出的结论。长期以来，无论是普遍性的高校本科教育质量评估，高校本科教学工作合格评估，还是具体性教学质量监督与检查，从指标体系制定到组织实施，其组织者大多是政府管理部门。这就使得政府主管部门成为组织主体和实施主体，其对教育绩效的评价权占据绝对优势。第二种观点认为应当是专业课程委员会，这种认识是基于同行评价理念。持该观点者认为，政府管理部门因占有行政指挥权而不宜作为评价主体，高校本身应是教学工作具体组织实践者，其对自身的评价难免失之客观，因而更不适宜作为评价主体。而专业课程委员会既对教学过程熟悉，又置身于教学过程之外，因而评价相对比较公正客观。近年来，各专业课程委员会纷纷成立并在教学指导与评价工作中发挥了重要作用。思政课专业课程委员会更是如此，2010 年教育部成立"高等学校思想政治理论课教学指导委员会"；2020 年又组织成立"教育部大中小学思政课一体化建设指导委员会"。与此同时，各省市、高校也根据教育教学实际成立了相应的思政课教学指导委员会，从而形成了从中央到地方再到高校的课程建设指导体系。从国家层面来看，对思政课教学指导委员会的界定是"高等学校思想政治理论课教学指导委员会是在教育部领导下，对高等学校思想政治理论课教学工作进行研究、咨询、评价、指导、服务的专家组织。"其具体组织功能有七项：一是"组织和开展高校思想政治理论课教学的理论与实践研究"；二是"进行加强和改进高校思想政治理论课重要决策前期研究，向教育部提供咨询意见和建议"；三是"研究制订高等学校思想政治理论课教学质量标准，研究和参与高校思想政治理论课教材建设"；四是"组织开展教学方法研究、教学经验总结、优秀教学成果审议鉴定和推广等工作"；五是"研究制订思想政治理论课教师队伍建设规划，参与骨干教师培养培训等工作"；六是"与相关专家组织协作，推动马克思主义理论学科建设"；七是"开展高校思想政治理论课教学情况督导、巡视、检查"。① 从其功能界定来看，评价权、督导权、检查权等是思政课教学指导委员会的特许性权利。这些权利赋予使专业课程委员会参与课程尤其是实践教学绩效评价有了充分的政策依据。第三种观点认为应当是高校参与"形势与政策"课教学和实践的师生，这种认识是基于平权教育理论，即教育实施过程中"教"与"学"的参与主体在绩效评价中权利是同等的，教师有权评定学生的学习效果并给出对应的业绩考核结果（通常用分数来衡量），而学生也有权评定教师的教学效果

---

① 引自：教育部关于成立 2010—2014 年高等学校思想政治理论课教学指导委员会的通知（教社科函〔2010〕12 号）

并给予对应的业绩评价（通常以学生评价来衡量）。这种评价模式在实施过程中确实取得了较好的成效，例如郑州轻工业大学已经开展了十余年的学生评教，包括教学态度、教学内容、教学方法、职业素养四个评价指标，以及16个评价内容，并按照2、2、4、2的比例进行分项值设置评价权重，在学生给予分项打分汇总后加权得出个体结果，并在此基础上形成学生群体性评价（按平均值进行计算）。当然这类评价在其他高校也有施行。通过以上三种情况的分析并参照相关结果，我们发现，其实比较见效且能够持久推进的恰恰是第三种情况。这种评价具有鲜明的靶向性，可以第一时间反馈给教师和学生加以改进与完善，也能够以较快的速度在人才培养方案、课程建设、质量工程等校内微观政策制定中得以体现。

四、"形势与政策"课靶向教学的现实依据

近年来，"形势与政策"课教学虽然取得了较大成绩，但也存在一些痼症顽疾，其中比较突出的是"靶向性"教学思维和教学模式未能确立起来，导致了学生对该课程的满意度不足。为了验证这个问题，我们以实践教学的"脱靶化"为例，设计了涵盖"形势与政策"课在内的6门思政课的"实践教学情况调查问卷"，重点考察实践教学的现实效果。问卷涉及不同年级、不同专业的学生，共收回有效问卷1659份。我们采用了SPSS27.0软件对调查问卷中7项可分析条目进行信度分析，结果显示总体信度系数值Cronbach's α 系数为0.718，大于0.7，说明研究数据信度质量良好。各条目的Cronbach's α 系数基本均在0.7左右。说明问卷回答比较可靠准确，符合心理测量学的要求，可用于进一步分析，分析结果如表4-1所示。

表4-1　调查问卷信度分析
Cronbach α 标准化测量值表

名称	校正项总计相关性（CITC）	项已删除的 α 系数	Cronbach α
您对在教室中教师讲授思政课的评价	0.529	0.688	
您对目前思政课教学质量的满意度	0.556	0.686	
您对思政课实践教学了解的程度	0.404	0.714	
您对开展思政课实践教学的态度	0.539	0.673	0.718
您参加思政课实践教学活动的收获	0.645	0.624	
您是否愿意将思政课实践教学成绩计入总成绩	0.314	0.734	
您认为教师对思政课实践教学的管理情况	0.464	0.678	

注：标准化 Cronbachα 系数：0.795

同时，我们采用了 SPSS27.0 软件进行探索性因素分析。以主成分分析法作为因子提取方法，选择保留因子特征分值为 1，对原始问卷的 7 个项目进行分析。结果显示 KMO 值是 0.748，Bartlett 球形检验值<0.05，说明问卷信息比较适合提取信息，效度较好，适合做进一步分析研究，分析具体结果如表 4-2 所示。

表 4-2　调查问卷效度分析
KMO 和 Bartlett 的检验表

KMO 值		0.748
Bartlett 球形度检验	近似卡方	278.573
	df 值	28
	p 值	0.001

从各题项与因子的对应关系来看，各题项对应的共同度值均>0.4，说明对应关系与研究心理预期基本一致，效度良好。具体分析具体结果见表 4-3 所示。

表 4-3　调查问卷题项共同值分析表

名称	因子 1	因子 2	因子 3	共同度
您对在教室中教师讲授思政课的评价	0.88	0.04	-0.05	0.774
您对目前思政课教学质量的满意度	0.89	-0.08	-0.02	0.798
您对思政课实践教学了解的程度	0.48	0.24	0.41	0.459
您对开展思政课实践教学的态度	0.70	0.30	0.19	0.609
您寒暑假参加过学校组织的社会实践吗	-0.06	-0.04	0.90	0.824
您参加思政课实践教学活动的收获	0.61	0.34	0.32	0.587
您是否愿意将思政课实践教学成绩计入总成绩	0.28	0.66	0.26	0.579
您认为教师对思政课实践教学的管理情况	0.69	0.30	-0.05	0.568
您认为进行思政课实践教学改革的必要性	0.02	0.82	-0.13	0.683

收回的有效问卷中包括大二学生 484 份，占比 29.17%；大三学生 870 份，占比 52.44%。专业以理学、工学为主，涉及各个专业学生。工学共 951 份，占比 57.32%，理学专业 354 份，占比 21.34%，文学 212 份，占比 12.78%，基本上涵盖了所有专业类型（见图 4-1）。

（空）：0.3%

A.大一：9.58%

D.大四：8.5%

B.大二：29.17%

C.大三：52.44%

（空）：2.17%

A.哲学：1.15%

K.管理学：2.35%

B.经济学：0.48%

J.医学：0.12%

C.法学：1.21%

I.农学：0.36%

E.文学：12.78%

G.理学：21.34%

H.工学：57.32%

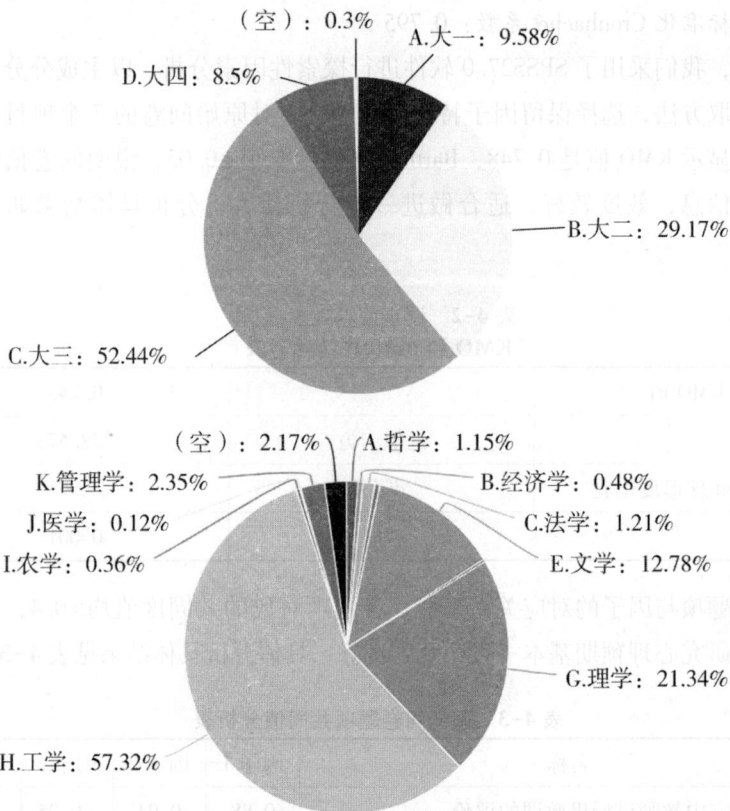

图4-1　学生所在年级及专业分布情况图

从样本分析数据来看，样本高校自开展思政课实践教学以来，取得了一定的教学成就，但还没有形成普遍的、行之有效的实践教学运行模式。受经费、场地、时间、安全等因素的制约，实践教学的开展仍存在流于形式、时间间断、参与主体单一等一系列问题，实践教学还没有达到应有的高度与广度。具体问题有以下几个方面。

（一）实践教学方式单一化

抽样调查显示，有38.37%的学生认为实践教学方式过于单一，22.09%的学生认为实践教学流于形式（见图4-2），导致实践教学效果不佳，这也是实践教学存在的主要问题。

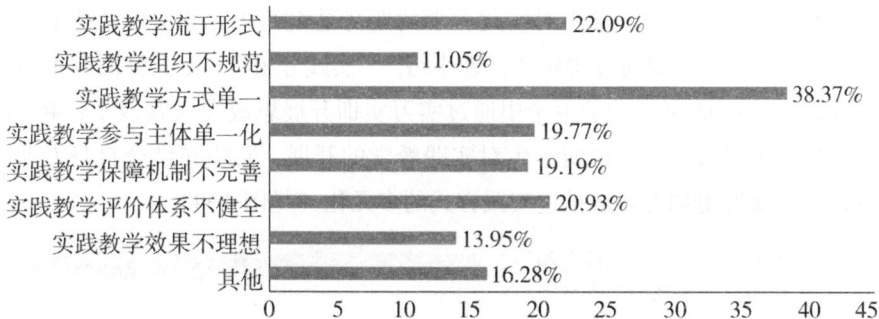

图 4-2 实践教学存在的问题图

　　自"05 方案"实施以来，实践教学方式大体上包括课内实践教学、社会实践教学、虚拟实践教学。课内实践教学一般有课堂讨论、体验式教学、经典影视欣赏、经典著作诵读等方式，社会实践教学一般分为校内社会实践和校外社会实践。校内社会实践通常以校园文化活动、专业实习实训为载体。校外实践活动有参观调查、暑期"三下乡"活动、志愿服务等活动。虚拟实践活动一般有网上调查、网上论坛管理、VR 虚拟仿真等方式。但通过抽样发现，学生参与的实践教学形式过于单一，75.85%的学生是观看教育片，42.37%的学生是外出参观，38.56%的学生是读书活动。不少教师往往将实践教学局限于课堂讨论、参观考察、社会调查、社区服务等几项常规性的活动，多数高校也只是组织学生到社区、基层或中小学进行一些简单的知识宣传，散发一些传单资料，组织几次志愿活动等。同时，从数据上看，只有5.51%的学生参与过虚拟实践教学，这说明高校思政课网络实践教学平台的构建比较滞后，虚拟实践教学的探索需要进一步加强（见图 4-3）。

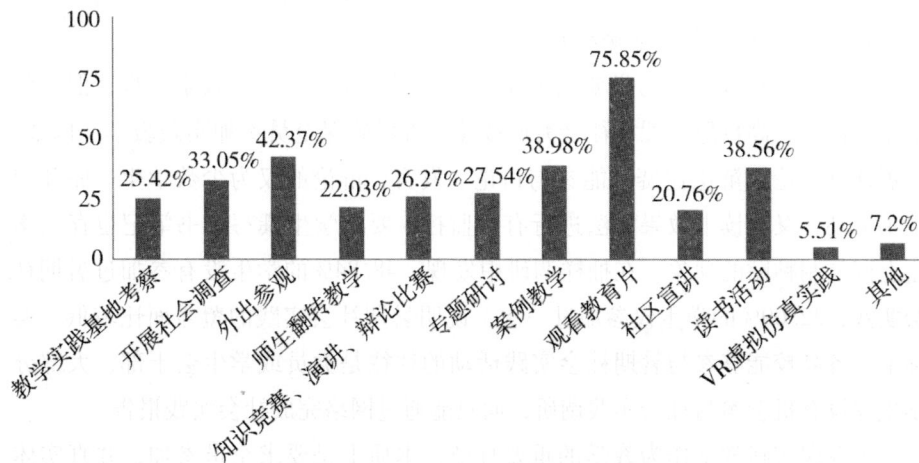

图 4-3 学生参加过的实践教学活动图

在抽样调研中发现，学生对实践教学的期待是组织多元化、个性化的实践活动。75%的学生希望通过构建"兴趣小组""实践分组""专类社团"的方式开展实践学习；53.49%的学生希望通过实习实训开展思政课实践教学；46%的学生选择线上虚拟实践。说明学生对实践教学的开展，希望在结合自身专业实习的同时，能够更加有效地推进实践方式的多元化（见图4-4）。

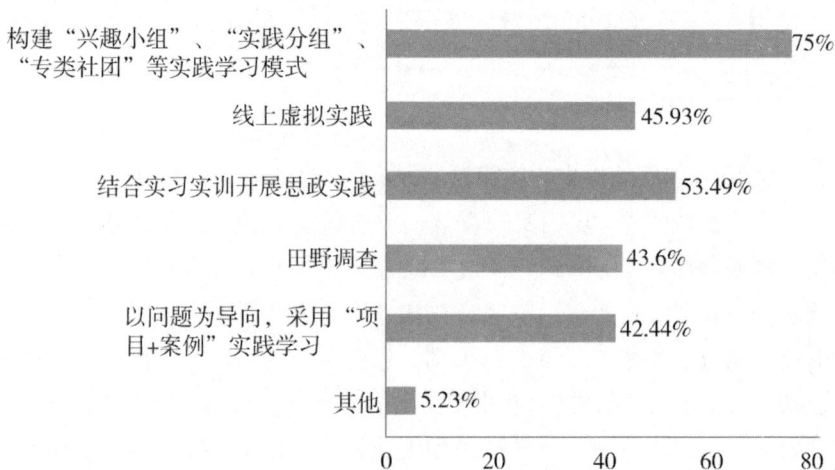

构建"兴趣小组"、"实践分组"、"专类社团"等实践学习模式　75%
线上虚拟实践　45.93%
结合实习实训开展思政实践　53.49%
田野调查　43.6%
以问题为导向，采用"项目+案例"实践学习　42.44%
其他　5.23%

　　0　　20　　40　　60　　80

图4-4　学生希望实践教学采用的方式图

从调研情况和思政课现实情况对比来看，目前的思政课实践教学方式呈现单一性，未能跟上科技的进步和时代的发展。实践活动的开展被限制在传统模式中，学生的创新意识和创造能力受到抑制，不符合当代大学生的个性化发展需要，致使实践教学出现流于形式的状态。

（二）实践教学主体缺乏广泛性

思政课实践教学作为必要的教学环节，应覆盖全员、全教学过程，但受师资条件影响，高校思政课往往是大班授课，难以确保全员参加实践教学。例如，开展课堂讨论、辩论比赛，能参与讨论、发言、辩论的仅为少数学生。而开展读书活动，又对读书效果无法进行有效监控，要求学生撰写读书笔记也存在学生上网复制粘贴的现象。在抽样调研中发现，48.84%的学生没有参加过暑期社会实践，22.09%的学生仅参加过一次，说明暑期社会实践的覆盖面比较低。实际上，各高校能够参与暑期社会实践活动的往往是党员或学生会干部，大部分学生并没有机会参与社会实践调研，而只能通过网络完成社会实践报告。

思政课实践教学作为教学的重要环节，本质上是要求全员参加，并真实体现实践教学的效果。但多年以来，不少高校开展实践教学存在以点带面的现象，表现在把实践教学的精力放在院系的实践小组或某一类实践教学活动上，甚至将暑期"三下乡"实践活动等同于社会实践。面对学生个性化实践活动则缺乏具体而有效的指导和规范，从而形成了点上轰轰烈烈，面上波澜不惊的现象，并未达到实践教学的教学目标和教学要求，教学效果也受到了影响（见图4-5）。

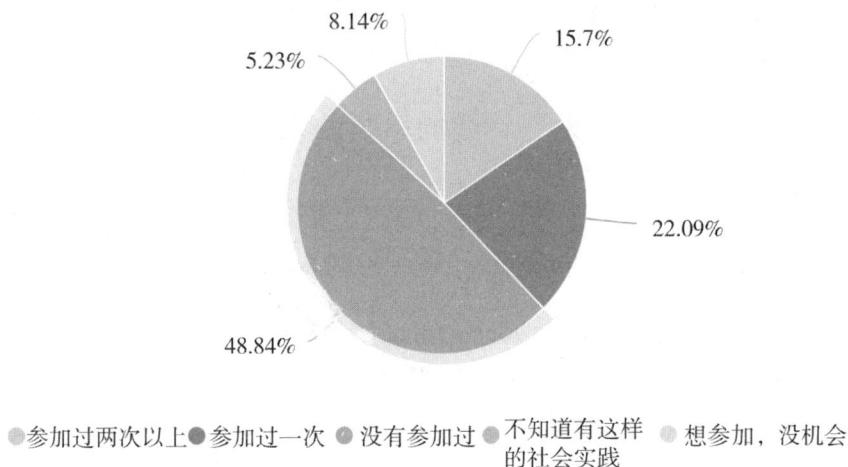

8.14%　15.7%
5.23%
22.09%
48.84%

●参加过两次以上●参加过一次　没有参加过　不知道有这样　●想参加，没机会
　　　　　　　　　　　　　　　　　　的社会实践

图4-5　学生参加社会实践情况图

（三）实践教学效果不理想

实践教学效果直接影响着实践教学活动开展的持续性。抽样调查显示，13.95%的学生认为思政课实践教学存在的最大问题是实践教学效果差。出现这种情况的主要原因有以下几点。其一，高校在实践教学计划安排上缺乏严肃性。一些高校未将实践教学列入教学计划，或者虽然列入教学计划，但实际上执行不到位，误将社会实践等同于实践教学。其二，实践教学组织上缺乏规范性。许多高校在实践教学中，没有制定规范的教学大纲，没有统一的实践教学目标、内容、形式等要求。开展实践教学主要依据教师的经验和水平，整体上处于随意性、自发性的状态。其三，实践教学时间安排缺乏保障。一些高校的实践教学不是作为必要活动开展，而是停留在上级的号召和要求上，致使实践教学开展带有人为因素，呈现断断续续的状态。

（四）实践教学评价体系不健全

从思政课实践教学的效度看，实践教学的评价体系应当多元化。然而，抽样调查显示，20.93%的学生认为思政课实践教学存在的问题是实践教学评价体系不健全。从实际情况看，目前不少高校对实践教学活动的评价存在定位不当，评价偏重于结果，将学生撰写实践调研报告、社会实践材料等同于实践活动的展开并作为评价的主要或唯一依据，忽视了实践过程中对学生认知水平、认知方法的评价，更缺乏对学生在实践活动中体现出来的理想、信念、能力等的综合评价。这种评价模式导致学生对于实践活动不重视，调研报告往往从网上下载、复制，或者随意找寻少量调研对象做问卷调查，形成所谓的调研报告，造成调研结果缺乏科学性。

第三节 "形势与政策"课靶向教学的设计原则与模式构建

同任何一种教学模式一样，"形势与政策"课靶向教学模式的构建既要立足于课程教学实践，直面教学实践中存在的问题，也要树立在特定的构建原则之上，即在坚守科学性原则、系统性原则、正价值导向性原则、动态性和开放性原则的基础上进行设计。"形势与政策"课靶向教学模式的设计包括整体设计和分项设计两个部分。其中，整体设计是从全局上对"教""学""评""实践"四个维度的靶向教学进行设计；分项设计包括教材建设的靶向设计、教学内容的靶向设计、教学过程的靶向设计、教师素质的靶向设计、教学环境的靶向设计等。

一、"形势与政策"课靶向教学模式的构建原则

任何一种现代意义上的教学模式都必然要建立在明确的原则之上，即能通过明确而规范的原则来确保教学模式的合理性和科学性。我们认为，构建"形势与政策"课靶向教学模式应遵循以下四个原则。

（一）科学性原则

所谓科学性原则，是指"形势与政策"课靶向教学模式构建应符合教育教学的总规律和高校思政课建设发展的具体规律。这里所讲的科学性原则包括三个层面的内容。第一，"形势与政策"课教学靶向选取的科学性。具体包括教材建设的科学性、教材体系话语表达的科学性、知识传导向价值传导转化的科学性设计等；第二，"形势与政策"课靶向教学整体设计与分项设计的科学性衔接；第三，"形势与政策"课靶向教学实施绩效评测与反馈的科学性。具体包括评价指标选取和设置的科学性、教学绩效评价结果反馈与政策选用的科学性、教学绩效评价组织实施的科学性。以"实践教学绩效评价指标选取和设置的科学性"为例，"形势与政策"课实践教学既有与专业课程、通识类课程等同样的

内在规定性（一般性），也有自身独有的排他性、规定性（特殊性），因而并不能简单地将衡量其他课程的评价指标简单套用到该课程的实践教学中来。目前最常见的就是用一般通用性评价指标来评定"形势与政策"课实践教学效果，不仅无法反映真实的实践教学效果，而且还存在将其引向不正确发展方向的风险。例如，有的地方将"到工矿企业参观实习率不低于50%"作为评价指标，这就既不科学又不合理。其错误点在于，虽然到工矿企业参观实习可以纳入"形势与政策"课实践教学，但这项活动并不是实践教学重点。"形势与政策"课实践教学的目的在于辅助课堂理论教育，其重心在于对所讲内容的实践性体验，而这种实践性体验更多地体现为政治实践和党性教育实践。

（二）系统性原则

系统性原则是教学工作的基本原则之一，它要求教学必须循序、系统、连贯地进行，这是由教学过程中课程体系的系统性、学习体系的循序性、评价体系的连贯性所决定的，体现了教学中的传授过程与知识的接受过程具有契合性和统一性的内在逻辑规律。"形势与政策"课靶向教学的系统性包括教学主体、教学内容、教学过程、教学效果评价与反馈、教学环境与条件保障等多个环节，是一个完整的教学生态系统，任何一个教学环节出现"脱靶"问题都会影响整个教学生态系统。以靶向教学绩效评价模式构建的系统性为例，它具体包括评价内容的系统性、评价环节的系统性和评价内外部满足条件的系统性三个有机组成部分。第一，评价内容的系统性包括教学目标、接受程度、内容选取、主体活动、组织管理、教学方法与改革等，是整个教学过程中全部要素的综合性评价，并不是每项具体内容的线性相加。第二，评价环节的系统性包括评价准备、评价实施、评价反馈、评价应用等各个环节。这些环节应是一个绝对闭环与相对开环的有机统一体。第三，评价内外部满足条件包括评价政策制定、不同评价主体的参与方式与参与程度（如政府、社会组织、高校、第三方专业评价机构、专业课程指导委员会、独立性学术评价专项工作等）、教学条件的满足度（实践基地建设水平、VR虚拟仿真实践场地建设和可供使用情况）等。这三个方面除构成自身的"小系统"外，又共同构成了可循环的靶向教学测量的"大系统"。

（三）正价值导向性原则

"高等学校思想政治理论承担着对大学生进行系统的马克思主义理论教育的任务，是对大学生进行思想政治教育的主渠道。充分发挥思想政治理论课的作用，……是党的教育方针的具体体现，是社会主义大学的本质特征，是党和国家事业长远发展的根本保证。"① 这说明，"形势与政策"课作为思政课重要组成部分所具有的鲜明意识形态属性，决定了该课程的所有教学内容、教学环节必须遵从正价值导向性原则。"形势与政策"课的正价值导向主要体现在三个方面。第一，正确的政治导向，即指"形势与政策"课靶向教学活动决不能偏离马克思主义这个主题主线，更不能背离党的基本理论、基本路线、基本方略。因而在靶向教学内容选择、教学场域选择，甚至教学时间的选择上都要把政治立场放在首位。第二，价值观导向。"形势与政策"课教学与专业课教学有较大差异，专业课教学侧重点在于提升学生的专业技术能力，而"形势与政策"课教学则侧重于思想引导和价值引领。这就要求，"形势与政策"课教学绩效评价必须在评价内容、评价环节、评价结果运用等方面充分反映出明确的价值导向，使绩效评价过程真正成为正确世界观、人生观、价值观形成的过程。第三，批判能力培养导向。习近平总书记在学校思政课教师座谈会上提出了"八个相统一"的教学要求，"建设性和批判性相统一"是其中重要的一条。所谓批判能力就是通过"形势与政策"课靶向教学，使学生明白"是与非的界限"、明白中国共产党领导的历史必然性和现实必要性、明白"中国特色社会主义好、中国共产党能、马克思主义行"的基本原理与内在逻辑，并在此基础上，通过历史比较、国际比较，提升理论批判能力和实践辨识能力。

（四）动态性和开放性原则

马克思主义理论和实践的发展性决定了"形势与政策"课靶向教学必然是不断发展变动的。从教学模式构建上看，"形势与政策"课靶向教学工作的开展，应适应内外环境和条件的不断变化，动态调整模式结构和指标体系，使之与思政课整体教学的发展趋势相协调，与国内外形势政策发展要求相适应。同时，"形势与政策"课靶向教学模式应充分体现开放性，这种开放性体现在两个方面。一方面靶向教学模式设计应是一个开环结构，即从教学主客体确定到教学内容选取，从教学过程优化到教学绩效评价及结果运用，既要首尾相接，又要螺旋上升。另一方面"形势与政策"课靶向教学模式尤其是靶向教学绩效评价指标体系设置与评价实施应充分吸收高校其他评价模式的优点和经验，使之与其他评价模式和评价活动形成相互配合的开放性有机统一体。例如，应与"本科教学水平评价""教师绩效考核与人事分配制度改革""高等教育综合改革与专业动态调整""大学生思想政治工作测评"等结合起来，形成促进"形

---

① 教育部社会科学司. 普通高校思想政治理论课文献选编（1949—2008）[M]. 北京：中国人民大学出版社，2008：213.

势与政策"课程建设的合力。

二、"形势与政策"课靶向教学模式的整体设计

"形势与政策"课靶向教学模式的整体设计是开展靶向教学的总思路、总规划和总依据。对于整体设计的基本构想，我们将从构成要素、结构设计及其逻辑解析两个部分进行分析。

（一）整体设计的构成要素

"形势与政策"课靶向教学的整体设计包含以下基本要素：

1. 靶向教学的准备要素

准备要素宏观上包含两个部分。第一，总依据：形势发展与政策变化。国内外形势发展及其应对政策是开展"形势与政策"课靶向教学的靶点，因而在进行整体设计时必须将其放在首位。这在 2018 年教育部《关于加强新时代"形势与政策"课建设的若干意见》等文件中是有着明确规定的，即一是紧密围绕学习贯彻习近平新时代中国特色社会主义思想，把坚定"四个自信"贯穿教学全过程，重点讲授党的理论创新最新成果，重点讲授新时代坚持和发展中国特色社会主义的生动实践，引导学生正确认识世界和中国发展大势，正确认识中国特色和国际比较，正确认识时代责任和历史使命，正确认识远大抱负和脚踏实地；二是开设好全面从严治党形势与政策专题；三是开设好我国经济社会发展形势与政策专题；四是开设好港澳台工作形势与政策专题；五是开设好国际形势与政策专题。① 以上五个方面的规定实质上是从宏观上对靶向教学进行靶点的设定。第二，总纲领：大纲制定与专题设计。形势发展与政策变化的客观性决定了"形势与政策"课靶向教学的基本目标，那就是必须立足于马克思主义形势观、政策观的科学分析判断，制定符合客观实际的教学大纲和教学专题，这是开展靶向教学设计和教学活动的总纲领。

2. 靶向教学的实施要素

靶向教学的实施要素包括三个总要素和七个分要素。总要素为靶向教学，侧重于以教师为主体的"教"；靶向学习，侧重于以学生为主体的"学"；靶向实践，侧重于教师、学生双主体的教学互动。分要素包括"形势与政策"课教材的靶向建设、教学内容的靶向选取、教学话语的靶向提升、教学过程的靶向实施、教师素质的靶向培养、学生学习能力的靶向培育、教学环境的靶向优化。

---

① 中华人民共和国学校思想政治理论课重要文献选编：下册［M］. 北京：人民出版社，2022：1489-1490.

3. 靶向教学的评价要素

评价要素共包含评价与反馈两个部分。其中，评价部分内含四个要素，即靶向教学评价指标的设定、评价模型的设计、评价的组织实施、评价绩效的给定；反馈部分内含五个要素，即靶向教学绩效反馈主体、反馈客体、反馈内容、反馈范围、反馈结果对教学制度的影响与调适。

（二）整体设计的结构及其逻辑解析

根据靶向教学的构成要素，课题组对靶向教学进行了整体设计，其逻辑结构如图4-6所示。

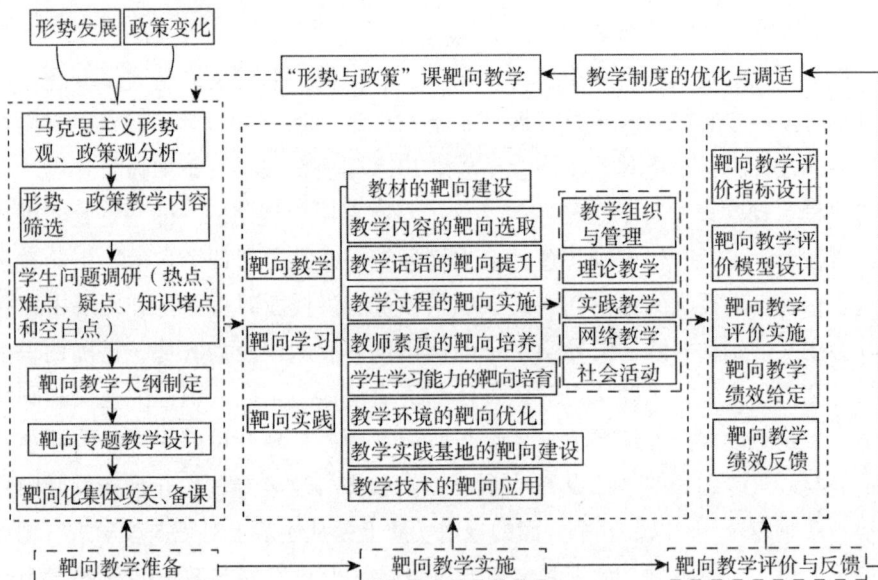

图4-6　"形势与政策"课靶向教学整体设计的逻辑结构图

该整体设计以国内外形势发展及应对政策变化为逻辑起点，按照"靶向教学准备—靶向教学实施—靶向教学评价—靶向教学反馈—教学规制调适"循环式上升的逻辑结构，完成教学周期性闭环。这种设计较之于传统教学模式的最大优势在于所有的教学要素、教学过程、教学绩效评定等都将按照客观化评测后确定的教学"靶点"来设计。

1. 靶向教学准备

靶向准备包括层层推进的六项内容。第一步是科学分析，即运用马克思主义形势观和政策观对国内外形势发展及其应对政策的变化进行科学分析，其目的是归类、筛选符合教学要求的"形势与政策"教学内容。第二步是教学内容筛选，即根据《教育部关于加强新时代"形势与政策"课建设的若干意见》和教育部每学期制定的教学要点，结合高校"形势与政策"课教学实际，从国内外重大事件及我国的应对政策中靶向化筛选出需要融入教学的具体内容。第三步是问题调研，即在拟定教学大纲和专题教学设计前，针对学生在理解和把握当前形势、政策中存在的热点、难点、疑点、知识堵点和空白点等进行摸底、调研，掌握一手材料。在这方面，课题组在进行实际教学过程中花费的功夫是比较多的，平均每学年要通过"学习通""问卷星"等开展教学问卷调研5万份以上，梳理归整学生存在的难点、疑点、知识堵点和空白点等1500条左右，这就为教学大纲和专题教学设计提供了精准的"靶点"。第四步是制定大纲，即在确定教学内容"靶点"的基础上，按不同年级和专业制定差异化教学大纲。课题组所在高校的大纲拟定基本上按照工科、理科、哲学社会科学相关专业分为三个大类，拟定大一至大四的教学大纲，各学科专业除国家要求必须讲授的内容外，还要有针对性地融入专业性较强的形势与政策教学内容，以提高形势与政策教学同专业教学的契合度。第五步是设计教学专题。"形势与政策"课较之于其他各门思政课的最大不同点在于教学内容多元，适于专题教学。专题设计一般按照两个标准进行：一是设计的教学专题必须符合国家教学要求和规范；二是设计的教学专题必须符合学生的专业需求和前期梳理出来的难点、疑点、知识堵点和空白点。第六步是集体备课与攻关。教学专业设计完成后，要根据教学要求和授课教师的专业能力进行集体备课，使每一位授课教师都能熟练掌握教学内容和靶向教学要点。对于重大形势、重大政策等则需要通过课题的形式进行集体科研攻关，把科研攻关得出的集体理论共识融入教学内容准备之中。以上六个方面是逐层递进的教学准备过程，因其具有高度的靶向化所以在实际教学中取得了良好的效果。

2. 靶向教学实施

靶向教学实施虽然具体包括教材建设、教学内容的选取、教学话语的变革、教学过程的靶向实施、教师素质培养、学生学习能力培育、教学环境优化、教学技术和手段等内容，但核心是靶向教学、靶向学习和靶向实践三类。靶向教学侧重于课堂理论教学，具体来讲包含三个方面的建设内容。一是靶向教材的建设，靶向教材编写是开展靶向教学的基础性工作。当前不少高校选用的是中共中央宣传部时事报告杂志社编写的《时事报告（大学生版）》，这部教材虽然比较权威，但缺乏针对性，尤其是无法体现地方高校的学情特点和教学特色，所以在靶向教材编写时，应当将其作为教学参考书融入校本教材的编写之中。二是教学话语的优化建构，一方面应针对不同专题内容选用合适的教学话语，使学生听得进去、听得明白；另一方面应针对不同学阶学段的学生选用合适的教学话语。三是教学内容的把握，这是"形势与政策"课教学过程中最难的一环。一方面靶向教学既要体现教学内容的理论性和价值导向，把最新的形势与政策讲深讲透，另一方面又要找到本课程的内容"靶点"，避免与其他思政课程内容重复。靶向学习和靶向实践是靶向教学的深化与拓展，可以安排为线下学习与实践、网络学习与实践、团体学习实践与个体学习实践结合等，具体形式应根据教学内容和学生实际的差异化开展。

3. 靶向教学评价与反馈

"形势与政策"课的教师教学和学生学习成效是客观的，必须通过有效的教学评价与反馈将其真实地反映出来。教学评价与反馈是一个教学环节的两个步骤，第一步是教学评价主要通过制订评价指标体系、构建评价模型、组织实施评价活动、绩效给定与结果校验等步骤进行，确保教学绩效评价客观科学。第二步是教学评价反馈，一般通过两个渠道进行反馈。一是直接将评价结果反馈给教学单位、教研室和教师个体，使发现的问题或需要改进的方面能以最快的速度加以解决，这种反馈适合个性化、局部性问题；二是将普遍性、全局性问题以对策建议的方式反馈给学校教学主管部门，在人才培养方案修订、教学规划制定等工作中加以解决，这种反馈涉及学校教学政策和教学规制的变更，因而影响较大。在此基础上，学校、学院、教研室、教师个体、学生四类主体共同参与"形势与政策"课教学规制的优化与调适，使新教学规制能够有效保障新一轮"形势与政策"课程教学的实施，这样就完成了一个由闭环向螺旋式上升教学"开环"的过渡。

第五章

"形势与政策"课靶向教学的功能实现

根据第四章"形势与政策"课靶向教学整体设计的逻辑结构可以看出，"形势与政策"课靶向教学的功能实现是一个包含诸多要素的复杂系统。要实现每个要素的靶向功能既要将其作为一个整体来对待，更要抓住关键"靶点"。本章将侧重于解决三个"靶点"的功能实现问题，即基于成果导向教育（OBE）理念的靶向教学功能实现问题、基于学习动能增长和学习效果提升的靶向学习功能实现问题，以及基于层级分析法（AHP）的靶向教学绩效评测功能实现问题。需要指出的是，这三个"靶点"并不是独立存在的，而是统一于靶向教学实践过程。

第一节　基于成果导向教育理念的靶向教学功能实现

前已述及，成果导向（Outcome based education，简称"OBE"）既是一种教育理念，也是一种教育模式，它强调以学习者为中心、以学习结果为导向，采用逆向思维方式进行课程体系建设。作为对传统教学理念和模式的超越，OBE 在模式运行、时间管理、目标设计、目标达成上有四大特点。① OBE 教育理念不仅在工程教育学领域具有广泛的适用性，而且在包括"形势与政策"课在内的思政课教育教学中同样具有适用性。具体到"形势与政策"课教学工作

---

① 四个特点分别为：在模式运行上侧重于具有清晰定义的学习者学习结果框架，而非单一性的课程；在学习者的时间管理上，将时间作为一种依据教师、学生需求的可选择性资源，而非传统教育中的讲授和学习的固定性；在学习者的目标设置上，在学习者学习开始之前已经设定了清晰的可定义标准，对所有学习生者都有不同的标准作为学习导向，而非采用一个或一种标准的竞争性导向；在学习者的目标达成上，聚焦于学习者在特定学习阶段结束时达到其自身能力许可的最高水平，而非通过考试、考核达到的某种数字化水平。

中，就是围绕"学习者"的学习目标达成来推进教学内容、教学话语、教学技术等的改革与创新，以达到靶向化教学的效果。

一、基于成果导向教育理念的靶向教学模式解析

OBE 理念重在成果的绩效。具体到教学工作，主要是考察该课程教学过程中，教师的"教"与学生的"学"之间的信息比差，即"教"的信息载量与"学"的信息承接量之间的差距。理论上讲，两者的差距越小，意味着教学效果越好，反之则意味着教学效果越差。"形势与政策"课践行 OBE 理念时，应依据这种比差关系，在遵从教学规律的基础上设计出一种相对科学的靶向教学模式（见图5-1）。

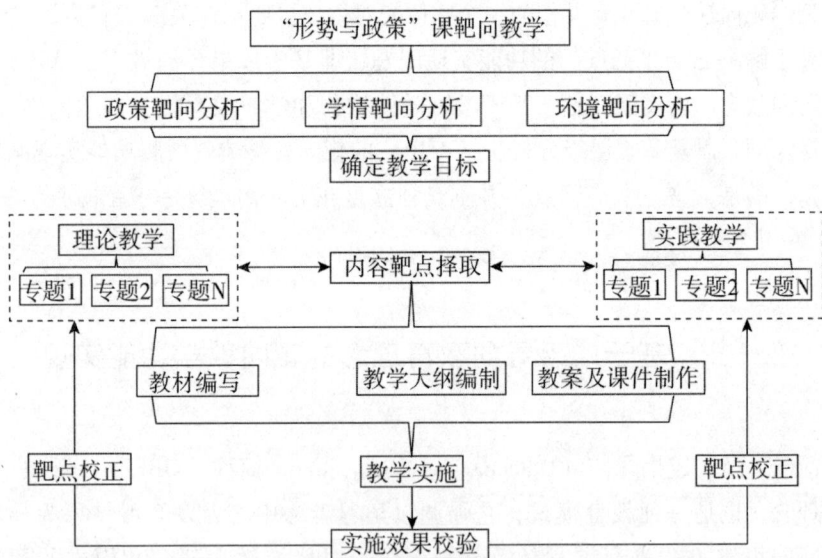

图 5-1 基于成果导向教育理念的靶向教学模式图

课题组设计的基于成果导向教育理念的靶向教学模式共分为五个相互承接的组成部分。第一层级是靶向靶点分析，这是确定整个教学目标和内容择取的前提与基础。靶向靶点分析包括政策靶向分析、学情靶点分析和教学环境靶点分析三个部分。政策靶向主要是依据《关于深化新时代学校思想政治理论课改革创新的若干意见》《新时代学校思想政治理论课改革创新实施方案》《关于加强新时代高校"形势与政策"课建设的若干意见》等党和国家关于"形势与政策"教育政策，确定该课程的教学方向和目标。学情靶点、教学环境靶点主要通过深入系统地、持续地调研（课题组采用的主要方法是每年两次覆盖全体学

生的问卷调研），在科学分析大量样本数据中，摸清学生的学习兴趣、学习动向、学习基础等情况。第二层级是教学目标的确定，根据第一层级的教学靶向靶点情况和教育部印发的《高校"形势与政策"课教学要点》，初步确定该课程在特定教学周期内的教学任务、教学内容、教学目标等。第三层级是教学内容靶点的择取，这是"形势与政策"课教学工作的核心任务。教学靶点择取依据政治性原则、精准性原则、系统性原则和动态性原则，对理论教学和实践教学中涉猎的教学专题进行精准解构，以分析出每个专题需要讲授的重点、难点、疑点内容。同时，将这些教学内容点按教学需要分散到理论教学或实践教学之中。第四层级是根据析出的教学内容靶点，分类对理论教学和实践教学进行教材编写、教学大纲编制和教案、课件制作，并进行具体的教学实践。第五层级是根据教学实践对内容靶点的教学效果进行校验，以检验内容靶点择取的精确与否。校验结果分别反馈到理论教学和实践教学，并在下一个周期教学中对内容靶点择取进行完善或修正。以上五个组成部分具有环环相扣的递进式逻辑，也是相对完整的教学闭环。

二、"形势与政策"课内容靶点的择取

基于成果导向教育理念的靶向教学的核心问题在于课程内容的靶点择取及其对应的教学方法适用。在教学内容上，"形势与政策"课包含四个层级的内容：第一层级为马克思主义世界观、政治观和国家观教育。具体为世界观教育、政治观教育、国家观教育、政府观教育、政党观教育、民族宗教观教育等；第二层级为马克思主义形势观、政策观教育；第三层级为国内外宏观形势教育、党和国家的总路线总方针总政策教育。具体包括基本国情教育、国内形势教育、国际形势教育、党的总路线总方针总政策教育、国家总制度教育等；第四层级为现阶段社会生活具体形势与具体政策教育。具体为现阶段经济形势与经济政策教育、政治形势与政策教育、文化形势与政策教育、社会形势与政策教育、生态文明建设形势与政策教育、民族宗教形势与政策教育、科技教育形势与政策教育、国防军事形势与政策教育、港澳台形势与政策教育、外交形势与政策教育、国际形势与政策教育，以及区域经济社会发展形势与政策教育等。宏观层面的教学前面已经有所述及，这里仅就如何择取教学内容靶点以及适用的教学方法作一阐述。

（一）教学内容靶点择取的原则

"形势与政策"课内容靶点的择取是依据专题教学靶向而来的，即是在确定

每一个具体专题讲授方向和范围的基础上，精准择取应讲授的知识点。从实际教学过程来看，这些内容靶点的择取并不容易，需要在坚持特定的原则和科学的方法基础上才能完成。教学内容靶点择取的原则具体包括四个方面。

1. 政治性原则

"形势与政策"课是理论武装时效性、释疑解惑针对性、教育引导综合性都很强的一门高校思政课。其核心任务是帮助大学生正确认识新时代国内外形势，深刻领会党和国家事业取得的历史性成就、发生的历史性变革、面临的历史性机遇和挑战，第一时间推动党的理论创新成果进入学生头脑，引导大学生准确理解党的基本理论、基本路线、基本方略①。这说明政治性既是该课程的根本属性，也是教学内容择取的根本要求。具体而言，就是在教学内容择取时牢牢把握党和国家的政治立场、政治方向、政治路线、政治方针、政治要求等，凡是不利于讲明讲准、讲深讲透或不符合党的政治要求的内容，坚决不能纳入教学内容的择取范围，以确保教学内容的政治正确。众所周知，2014 年 11 月 14 日，《辽宁日报》头版公告并在第 4 版整版刊发的《老师，请不要这样讲中国——致高校哲学社会科学老师的一封公开信》，曾引发全国关注和热烈讨论。文章所指出的"政治认同缺失""理论认同缺失""情感认同缺失"三大问题，究其根本在于授课教师在教学内容靶点的择取上缺乏政治意识和政治原则。党的十八大以来，党中央和国家教育主管部门出台了一系列加强和改进思政课建设的文件，尤其是《普通高等学校思想政治理论课教学标准》，核心就是要规范教学内容的择取，以保障政治标准的首要位置。

2. 精准性原则

"形势与政策"课涉及的内容十分广泛，面面俱到地讲授既不科学，也不现实，必须精准择取教学内容，以靶点来解决学生的思想堵点、理论难点、现实疑点。2019 年教育部在制定的《"新时代高校思想政治理论课创优行动"工作方案》中明确规定："每年春、秋季学期，教育部党组专门研究《高校'形势与政策'课教学要点》，紧密围绕学习贯彻习近平新时代中国特色社会主义思想特别是习近平总书记最新重要讲话精神，把增强学生中国特色社会主义道路自信、理论自信、制度自信、文化自信贯穿教学全过程，有针对性地指导高校'形势与政策'课教学。"② 这个规定是国家根据精准性原则作出的，其目的在

---

① 中华人民共和国学校思想政治理论课重要文献选编：下册［M］. 北京：人民出版社，2022：1489.

② 中华人民共和国学校思想政治理论课重要文献选编：下册［M］. 北京：人民出版社，2022：1541.

于指导各高校在"形势与政策"课教学中把教学内容与国家要求精准结合起来、与学生学习需求精准结合起来。突出"两个结合"是"形势与政策"课靶向教学内容择取的关键所在。如果把国家要求比作教学工作纵坐标、把学生学习需求比作教学工作横坐标的话，那么纵横坐标的交叉点即是"形势与政策"课的教学靶点。因此，精准性原则是依据教学需要与教学实践得出的规律性结论。

3. 系统性原则

实践证明，"形势与政策"课要提升教育教学效果就必须对教学靶点进行精准择选，但这并不意味着这些教学靶点是一个个不成体系的教学"原子"。恰恰相反，教学靶点必须统一到专题教学内容之中、统一到整个课程教学过程中来，形成各个教学靶点的"串并联"关系。表现上看，"形势与政策"课各教学专题是独立存在的，但实质上这些专题具有共生性，即各专题之间在目的性、价值性、功能性上具有协同共生的关系。例如，讲授"经济形势与政策"专题时，必然要涉及影响经济形势发展和经济政策制定的政治因素、社会因素、文化因素、空间地理因素、生态自然禀赋因素、国际形势因素等。如果"形势与政策"课在教学内容择选时，不能从系统性原则出发，不能把整个课程看作一个完整的教学生态系统，那么不仅讲不好、讲不透专题内容，而且容易造成各专题之间的主观割裂进而削减教学效果。

4. 动态性原则

"形势与政策"课较之于其他思政课的最大特点就是教学内容的变动性大。这是因为国内国际形势具有周期性变动与不规律变动的特点，因而在教学内容择取和教学过程中，必须适变、应变，一方面要保持教学内容在一个教学周期内的总体稳定（即不变），另一方面又要根据形势变化和事态发展增减具体教学内容（即变），从而使教学内容与整体形势变化相一致。例如，国际形势是每学期"形势与政策"课必须择选的内容，这是不变。但在具体讲授过程中，如俄乌冲突、巴以战争等国际突发性事件层出不穷，所以必须增加到教学内容中来，这就是变。因此，在教学内容择选中把握动态性原则，实质上就是把握"变"与"不变"的辩证关系。

（二）教学内容靶点择取的方法步骤

"形势与政策"课教学内容靶点的择选，宏观上可以划分为理论教学靶点和实践教学靶点两个部分，但应当明确的是其重心在理论教学靶点的择取上。这里仅对理论教学靶点的择选作一下说明（实践教学内容靶点择选基本相同）。

教学内容靶点择取共分为四个方法步骤：第一步是对标教育部《高校"形势与政策"课教学要点》（简称《要点》）和《普通高等学校思想政治理论课

教学标准》（简称《标准》）。《要点》《标准》是开展"形势与政策"课的总依据、总标准，教学内容的专题必须据此选取，尤其是每学期《要点》明确必须开设的内容和重点讲授内容应不折不扣地纳入择取范围。第二步是在对标《要点》《标准》的基础上，面向任课教师和学生开展调研（问卷、访谈等形式均可），找到并找准学生学习需求与教师讲授能力、学生思想堵点与教师引导能力、学生理论难点与教师解答能力、学生现实疑点与教师释疑能力之间的连接点。在获取调研数据并能够进行有效分析的前提下，确定"形势与政策"课教学专题。第三步是对专题进行教学靶向和内容靶点的精确化分解。例如"经济形势与政策"专题，其"教学靶向"就可以分解为四个方面：①国内、国际宏观经济形势和产业行业微观经济形势；②经济形势的特点：客观实在性、差异性和不平衡性、基础性和决定性、结构性、发展阶段与持续性、规模性与效益性等；③经济形势的影响因素：经济体制、经济政策、产业结构、科技创新、贸易规模与开放程度等；④经济政策：国内经济政策（对内政策、开放政策）、国际经济政策、发达国家经济政策、代表性区域经济组织政策等。这些靶向性教学内容不可能都在课堂上进行呈现（因内容复杂多变难以讲授的内容或学生已经掌握了的基本内容则可以放在网上，由学生自主学习），所以还要进行二级分解，即找到教学内容的靶点：①经济指标与经济增长核算；②就业与失业及其比率；③规模增减量及商品价值水平；④经济结构与经济效益；⑤资产投资、消费水平；⑥国际收支情况；⑦居民经济收益与获得感，等等。第四步是对教学内容靶点的校正。择选的教学内容靶点准不准确，必须到具体教学实践中去验证。如果选取的内容靶点学生接受度高，教师讲授得清晰明了且教学效果较好，则在总结教学经验的基础上进行提高和完善。反之，如果选取的内容靶点学生接受度不高，则说明内容择取"脱靶"了，应及时纠正或重新择取教学靶点。这个验证、校正过程是必要的，它既是对前期教学靶点择取准确性的实证，更是推进该专题教学真正实现目标的关键所在。

　　为了说明问题，课题组根据教学内容靶点择取"四步法"，制作了"形势与政策"课常设的十个教学专题的内容靶向靶点与教学原则方法表（见表5-1），以供参考使用。

表 5-1 "形势与政策"课专题教学内容的靶向靶点与教学的原则和方法表

教学专题	教学靶向	内容靶点	教学原则与方法
经济形势与政策	1. 国内、国际宏观经济形势和产业行业微观经济形势 2. 经济形势的特点：客观实在性、差异性和不平衡性、基础性和决定性、结构性、发展阶段与持续性、规模性与效益性等 3. 经济形势的影响因素：经济体制、经济政策、产业结构、科技创新、贸易规模与开放程度等 4. 经济政策：国内经济政策（对内政策、开放政策）、国际经济政策、发达国家经济政策、代表性区域经济组织政策等	1. 经济指标与经济增长核算 2. 就业与失业及其比率 3. 规模增减量及商品价值水平 4. 经济结构与经济效益 5. 资产投资、消费水平 6. 国际收支情况 7. 居民经济收益与获得感	1. 经济形势与政策的分析原则：客观性原则、系统性原则、科学性原则、动态性原则 2. 经济形势与政策的教学方法：理论讲授法；宏观经济分析法；微观经济分析法；数学模型分析法；分析统计说明法；结构因素分析法；个案与案例分析法；观察、调研分析说明法
政治形势与政策	1. 国内、国际宏观政治形势及其走向，国内、国际具体政治事件的微观态势 2. 政治形势的特点：全局性、权威性、导向性等 3. 政治形势的影响因素：政治权力变化、政治制度改革、政治文化、政治参与、政治生态、政治安全，经济格局、社会矛盾等 4. 政治政策：国内政治政策；国际政治政策；国内国际政治政策的相互影响与调适	1. 国内、国际宏观政治形势及其走向 2. 政治形势的影响因素及表现形式 3. 我国政治建设的最新政策及其影响 4. 分析政治形势的主要指标	1. 政治形势与政策的分析原则：政治原则、民主原则、法治原则、利益原则、稳定原则、发展原则 2. 政治形势与政策的教学方法：理论讲授法；阶级分析法；制度分析法；矛盾分析法；观测考察法；个案与案例剖析法

续表

教学专题	教学靶向	内容靶点	教学原则与方法
文化形势与政策	1. 我国的文明史与文化建设状况，中外的文化发展比较 2. 文化建设的影响因素：经济发展状况、文化政策、党和政府对文化作用的认知、文化建设的组织管理、文化事业与文化产业发展、民众对文化的需求与选择、文化遗产的传承与保护、不同文化之间的交流与交融、文化的国际化融通等 3. 党对文化建设的定位：人类的特征与需求、综合国力的体现、民族精神的体现、文明程度的提升、生活品质的追求 4. 文化政策：我国的文化发展政策和维护文化安全政策，国际文化政策变革及对我国文化建设的影响	1. 我国的文明史与文化建设状况，中外的文化发展比较 2. 地域文化或个案文化现象解析 3. 当前文化建设的影响因素 4. 当前我国的文化政策 5. 交流交融交锋中的文化发展趋势及其应对方法	1. 文化形势与政策的分析原则：阶级性原则、政治性原则、差异性原则、层级性原则、辩证性原则、教育性原则 2. 文化形势与政策的教学方法：理论讲授法；对比法、观察法、调研测试法、历史文献法

教学专题	教学靶向	内容靶点	教学原则与方法
社会形势与政策	1. 我国社会建设的历史，我国当前社会建设整体形势 2. 社会建设的影响因素：社会制度、政治经济环境、社会矛盾与社会稳定、社会保障、社会组织管理、民族区域差异等 3. 分析社会形势的观测指标：社会发展指标、居民生活指标、公共服务指标、社会文化指标等 4. 社会建设政策：社会发展政策、社会保障政策、公共服务政策、矛盾化解与安全稳定政策、社会治理政策等	1. 我国当前社会建设整体形势，社会建设个案解析 2. 社会建设的影响因素分析 3. 当前我国社会建设的主要政策及其独特优势	1. 社会形势与政策的分析原则：人本原则、民主法治原则、公平正义原则、全面与个案相结合原则、发展与可持续性原则 2. 社会形势与政策的教学方法：理论讲授法；问卷调查法；田野访谈法；统计分析法；个案剖析法；利益分析法、历史分析法
生态文明建设形势与政策	1. 生态文明基本理论和习近平生态文明思想 2. 世界生态状况及各国的应对态度 3. 我国的生态状况及建设成就 4. 建设美丽中国与共建清洁美丽世界的方针政策 5. 生态文明建设形势与政策的观察指标：绿色生活方式、生态保护、生态治理、生态制度、生态环境、碳中和与碳达标等	1. 习近平生态文明思想 2. 世界生态状况及各国的应对态度 3. 我国的生态状况、成就及政策	1. 生态文明建设形势与政策的分析原则：政治原则、动态原则、联系原则、系统原则等 2. 生态文明建设形势与政策的教学方法：理论讲授法、比较分析法、案例分析法、量化分析法、历史分析法等

续表

教学专题	教学靶向	内容靶点	教学原则与方法
教育形势与政策	1. 新中国成立以来我国的教育历史与教育成就，当前我国的教育发展状况 2. 世界教育发展规律与趋势，以及中西方教育形势比较 3. 我国教育的影响因素：教育政策，教学理念与理论创新发展，整体教育规模、质量与区域平衡，教育公平，教育资源，教师队伍，教育环境等 4. 分析教育形势的观察指标：在校生整体规模与区域差异、教育资源投入历史增减变化、升学率与就业率变化、教育对国民经济增长的贡献率等 5. 教育政策：党的教育方针，现阶段教育政策，中西方教育政策比较与我国的教育政策优势	1. 我国的教育发展状况与取得的历史性成就 2. 中西方教育形势、教育政策比较 3. 当前影响我国教育高质量发展的主要因素 4. 党的教育方针和主要教育政策解析	1. 教育形势与政策的分析原则：政治原则、客观原则、质量原则、发展原则、导向原则 2. 教育形势与政策的教学方法：理论教学法、阶级分析法、比较法、历史文献法、统计分析法等

续表

教学专题	教学靶向	内容靶点	教学原则与方法
科技形势与政策	1. 新中国成立以来我国的科技发展史与科技成就，党的十八大以来我国科技发展形势与主要成就 2. 世界科技发展形势与前沿科技 3. 我国科技发展的主要动力：科技政策、科技创新、经济和产业结构调整、国际科技竞争、科技投入、科技队伍规模与质量提升、科研环境优化、教育质量提升等 4. 分析科技形势的观察指标：科研投入、科技贡献率、科技队伍建设、科技成果转化、科技竞争与维护科技安全等 5. 科技政策：科技发展政策、科技教育政策、科技人才政策、科技服务与保障政策、科技成果保护与转化政策、科技安全政策等	1. 党的十八大以来我国科技发展形势与主要成就 2. 当前世界科技发展形势与前沿科技情况 3. 我国科技发展的主要动力 4. 当前我国的科技政策	1. 科技形势与政策的分析原则：科学性原则、技术性原则、效率性原则、伦理性原则、实践性原则 2. 科技形势与政策的教学方法：统计分析法、对比分析法、理论讲授法、效益分析法等

续表

教学专题	教学靶向	内容靶点	教学原则与方法
国防军事形势与政策	1. 国防和军事思想史，习近平强军思想 2. 当前国际军事形势，党的十八大以来我国国防和军队现代化建设的历程与成就 3. 当前军事科学与技术的研发及应用 4. 当前我国的国防战略、国防政策及国际比较 5. 大学生国防意识提升的方法和路径 6. 分析国防军事形势的观察指标：军队的数量及兵种划分比例、军费投入比较、军事教育情况及国际比较、国防和军队现代化建设情况、作战能力及国际比较等	1. 习近平强军思想及党的十八大以来我国国防和军队现代化建设的历程与成就 2. 国际军事形势及我国的国防政策 3. 大学生国防意识提升的方法	1. 国防军事形势与政策的分析原则：政治原则、客观原则、发展原则 2. 国防军事形势与政策的教学方法：理论讲授法、对比分析法、案例分析法、历史分析法等
外交形势与政策	1. 我国的外交史及外交基本理论 2. 当前我国外交面临的形势和取得的成就 3. 我国的外交政策及新时代外交方针 4. 外交形势与政策的观察指标：外交理论研究、外交人才培养、外交机构设置与运行规则、条约法律、外事活动、国际合作与交流、党际交往、矛盾处置与化解	1. 我国外交基本理论 2. 当前的外交形势和任务 3. 新时代外交方针政策	1. 外交形势与政策的分析原则：政治原则、斗争原则、动态原则、客观公正原则 2. 外交形势与政策的教学方法：理论讲授法、历史分析法、案例说明法、比较分析法

续表

教学专题	教学靶向	内容靶点	教学原则与方法
国际形势与政策	1. 国际形势的基本理论：国际体系与国际格局、综合国力与国际竞争、国际冲突与危机管理、国际组织、国际政治经济行为规范、国际安全等 2. 国际形势发展的历史概览 3. 国际形势现状及其影响因素 4. 百年未有之大变局下我国应对国际形势变化的政策举措 5. 国际形势与政策的观察指标：主要国家综合国力、经济全球化状况、世界多极化状况、战争与军事冲突、国际组织关系、新型大国关系等	1. 国际形势的历史概览与当前国际形势状况 2. 当前国际形势的影响因素 3. 我国应对国际形势变化的政策举措	1. 国际形势与政策的分析原则：维护和平发展的原则、遵守联合国宪章及国际法原则、反对霸权主义原则、尊重领土主权原则、尊重民族传统和民族文化原则、互利共赢原则等 2. 国际形势与政策的教学方法：历史分析法、矛盾分析法、系统分析法等

三、"形势与政策"课针对内容靶点的主要教学方法

教学方法是内容靶点教学效能和教学目标实现的途径，"是教师为组织学生的认识活动和实践活动，以及确保学生掌握教育内容而进行的一系列的有目的的行动"①。这说明，教学方法是由教学目标和教学内容所决定的，不同课程的教学目标和教学内容应选取不同的教学方法。"形势与政策"课有其作为课程的一般性，也有其作为思政课的特殊性，在教学方法上既要体现理论讲授法、实践教育法、自我学习法等一般性课程教学方法，也要体现作为思政课的特殊教学方法。主要方法有理论讲授法、对比分析法、批判分析法、历史逻辑法、案

---

① 王策三. 教学论稿 [M]. 北京：人民教育出版社，1985：238.

例分析法、新闻分析法等。这里仅撷取主要的几种方法作一下说明。

（一）理论讲授法

习近平总书记在中国人民大学考察时指出："思政课的本质是讲道理，要注重方式方法，把道理讲深、讲透、讲活。"① 因此，无论教学方法如何变革，理论讲授法都是思政课必须坚守的基本教学方法。有学者认为，"在高校学生形势与政策教育中，理论教育法是教育者有目的、有计划、有组织地对学生进行马克思主义哲学、政治学、政策学理论特别是中国特色社会主义理论体系教育，引导大学生逐步树立科学的世界观和政治观、形势观和政策观的方法，其具体方式有讲授讲解、理论学习、宣传教育、理论培训和理论研讨等"②。理论教学法虽然形式多样，但重点在于教师的课堂理论讲授讲解。针对"形势与政策"课内容靶点，理论讲授法应从以下几个方面着力：一是处理好全面讲解与重点讲解的关系。全面讲解"形势与政策"课程专题内容是党和国家对该课题的要求，但这并不意味着教师应事无巨细、不加选择地讲授，事实上党和国家要求的"全面讲解"是指讲清、讲透专题内容的内在理论逻辑、历史逻辑和实践逻辑，是教给学生全面把握专题内容本质规律的方法和思路。重点讲解是针对筛选出的专题教学内容靶点开展疑难理论问题的解答。在理论讲授过程中，应把全面讲解与重点讲解有机结合起来。二是处理好正面说服与反面剖析的关系。正面说服教育是引导学生树立正向价值导向的教育方法，也是"形势与政策"课理论教育的主要方法。为了使学生在比较中理解马克思主义形势观、政策观，以及各专题必须掌握的基本理论知识，还应当在理论教学中适当增加反面内容的剖析。三是处理好以理服人与以情感人的关系。马克思认为："但是理论一经掌握群众，也会变成物质力量。理论只要说服人［ad hominem］，就能掌握群众；而理论只要彻底，就能说服人［ad hominem］。所谓彻底，就是抓住事物的根本。"③"形势与政策"课要实现"说服人"的目的，首先教师要有讲清、讲透"彻底理论"的能力。例如，要讲好"经济形势与政策"专题，就需要教师运用马克思主义政治经济学基本原理来解释当前纷繁复杂的经济现象，进而讲清楚我国的经济形势和经济政策，以及经济发展成就取得的历史必然性。当然，

---

① 习近平. 坚持党的领导传承红色基因扎根中国大地 走出一条建设中国特色世界一流大学新路［N］人民日报，2022-4-26（1）.

② 李斌雄，蒋耘中等. 高校学生形势与政策教育引论［M］. 北京：中国文史出版社，2014：299.

③ 中共中央马克思恩格斯列宁斯大林著作编译局. 马克思恩格斯文集：第1卷［M］. 北京：人民出版社，2009：11.

只讲这些"理"是远远不够的,还要把"情"寓于"道理"之中,使学生在真切感受经济发展成就的同时,提升对党和国家经济发展方向、经济发展战略、经济运行政策的心理认同和情感认同。

(二)对比分析法

在2016年全国高校思想政治工作会议上,习近平总书记就新时代高校思想政治教育提出了"四个正确认识"①的教育教学要求,其中"正确认识中国特色和国际比较"是关键的一条。这一条要求的实质就是要重视运用对比分析教学法。对比分析法也称比较分析法,是指将客观事物进行比较,从而达到认识事物本质特征、运行规律和发展趋势的目的。在"形势与政策"课具体教学过程中,对比分析法包括个案对比法、正反对比法、数据对比法等。这些方法既可以单独使用,也可以混合使用,但为了解决问题,混合使用法是比较常见的授课方式。例如,课题组在讲授"低碳经济的现状和未来展望"专题时,其一,使用了数据对比法。如"2013年至2022年的10年平均气温估计比工业化前高出1.14℃。相比之下,据政府间气候变化专门委员会(IPCC)第六次评估报告估计,从2011年至2020年的10年平均气温较工业化前高1.09℃。此外,评估数据显示,2021年海洋热量也达到了破纪录的水平,过去20年,海洋的升温速度尤其快。"② 将进入21世纪以来的20余年间的气温变化情况进行了阶段性对比,得出了全球气温较之于工业化前增长速度越来越快,必须实施低碳计划的基本结论。其二,使用了个案对比法。即把英国、美国、日本、欧盟等发达国家的低碳经济发展规划进行对比介绍。如美国2006年公布了新的气候变化技术计划战略规划。2007年美国参议院提出《低碳经济法案》,明确促进零碳和低碳能源技术的开发与应用,并通过制度安排为其提供经济激励机制。但美国应对气候变化的态度是时常发生变化的。2017年,特朗普正式宣布美国退出《巴

---

① 注:"四个正确认识"为:要教育引导学生正确认识世界和中国发展大势,从我们党探索中国特色社会主义历史发展和伟大实践中,认识和把握人类社会发展的历史必然性,认识和把握中国特色社会主义的历史必然性,不断树立为共产主义远大理想和中国特色社会主义共同理想而奋斗的信念和信心;正确认识中国特色和国际比较,全面客观认识当代中国、看待外部世界;正确认识时代责任和历史使命,用中国梦激扬青春梦,为学生点亮理想的灯、照亮前行的路,激励学生自觉把个人的理想追求融入国家和民族的事业中,勇做走在时代前列的奋进者、开拓者;正确认识远大抱负和脚踏实地,珍惜韶华、脚踏实地,把远大抱负落实到实际行动中,让勤奋学习成为青春飞扬的动力,让增长本领成为青春搏击的能量。

② WMO发布《2022年全球气候状况》临时报告.过去八年成为有记录以来最热八年[EB/OL].中国气象局网,2022-11-15.

黎协定》，将全球气候治理拖入低潮。拜登上台后，宣布重返《巴黎协定》，承诺美国将在2035年实现无碳发电，2050年实现碳中和。拜登政府还实施"绿色新政"，推动碳减排进程加速，大力支持可再生能源发展，大幅投资清洁能源研究和清洁技术创新领域，帮助美国实现抢占技术领先地位，力图将美国建设成为一个更具气候弹性的国家。而欧盟则早在2005年1月1日就正式启动排放权交易机制（EU-ETS）。2018年欧盟委员会发布欧洲气候中立战略愿景文件，提议到2050年推动欧洲实现气候中立。2019年欧盟委员会公布"绿色协议"，提出要努力实现欧盟2050年净零排放目标。为推动能源转型，欧盟提出绿色新政，在7个战略性领域开展联合行动，包括提高能源效率，发展可再生能源，发展清洁、安全、互联的交通，发展竞争性产业和循环经济，推动基础设施建设和互联互通，发展生物经济和天然碳汇，发展碳捕获和储存技术以解决剩余排放问题。这样通过对比就能让学生看到不同国家或区域经济组织之间的政策异同，从而在比较中理解各国是如何利用低碳经济服务本国经济社会发展的。其三，使用正反对比法。如"近十年来，煤炭占我国一次能源的消费比重从70%下降到了57%，而风电、水电、光伏、核电这些非化石能源的比重则提高到了15.8%，中国此前定下了2030年森林蓄积量比2005年增长45亿立方米的目标在2018年已实现。这使得我国森林植被的总碳储量达到92亿吨，比十年前，增加了14亿吨。西方主要国家碳达峰时，人均碳排放水平基本都在10吨以上，像美国、加拿大甚至在18吨以上。而根据清华大学相关研究的预测，到2030年，中国仅为8吨的水平。这说明我们将用更低的人均碳排放水平实现'碳达峰'。中国从'碳达峰'到'碳中和'所要经历的时间跨度。大部分发达国家都有50—70年的过渡期，中国却争取只用30年时间，就要更加努力。"①这里使用中国与美西方的正反对比，使学生在国际比较中更为深刻地认识我国低碳经济政策的科学性和合理性，有力驳斥了"全球气候变化的责任应归咎于中国"的谬论。

（三）批判分析法

"形势与政策"课应以正面引导教育为主，但决不能丢弃批判分析方法。习近平总书记在学校思政课教师座谈会上提出了"八个相统一"的教学要求，其中"坚持建设性和批判性相统一"是重要一条，强调："思政课要在传播马克思主义立场、观点、方法的基础上用好批判的武器，直面各种错误观点和思潮，

---

① 俞海洛．大学生时事政治教育［M］．北京：新华出版社，2023：163.

旗帜鲜明进行剖析和批判。"① 彻底的批判精神是马克思主义本质特征，马克思主义就是在同各种错误思潮的不断斗争中开辟前进道路的，这要求"形势与政策"课在传导主流意识形态这个根本任务的同时，必须理直气壮地揭示和批判各种非马克思主义、反马克思主义的错误思想文化理论。在教学实践中，批判分析法的基本步骤是：第一步收集整理各类错误思想文化理论案例，形成案例库；第二步利用马克思主义立场、观点和方法揭示错误思想文化理论的本质和目的；第三步在教学专题中对错误思想文化理论进行批判并引导学生讨论、辩论，以使学生在正反比较中对错误思想文化理论表现形式及现实影响有更为深刻的认识。在"形势与政策"课授课过程中，采用批判分析法需要注意几个方面的策略。其一，任课教师必须把马克思主义作为学生的学习基础，深入系统学习马克思主义基本理论，打牢理论基础。同时，应深入学习研究各类思想理论，尤其是西方思想理论的最新进展，在比较中掌握其内涵本质和发展动态。其二，应坚持问题导向，直面学生关注的、疑惑的思想文化理论问题，利用收集的资料和掌握的马克思主义理论，把事实讲明白、把道理讲透彻。其三，不能以批判性代替建设性。建设性是"形势与政策"课的根本，要把传导正确世界观、人生观、价值观和主流意识形态作为根本任务和最终落脚点。授课过程中，不能只批判不建设，更不能把课堂全部交由学生研讨、辩论而不加以正确引导。

（四）新闻分析法

新闻分析法也叫舆论分析法，"是指教师引导学生通过观看、分析相关的报纸、电视、网络等新闻媒介对国际时事、党和政府的重大活动及社会事件的相关报道情况，帮助学生在正确认识形势和政策的最新动态消息的基础上确立科学的形势观和政策观的方法"②。"形势与政策"课的最新信息多来源于新闻舆论，不善于利用媒体新闻进行讲解、剖析问题，是很难实现教学目的和效果的。关于运用新闻分析法来推进思政课教学，我们党在历史上曾多次强调过这个问题。例如，1951 年教育部在华北区各高校组织"时事学习委员会"，就主要是运用党报媒体对高校学生进行时事政策教育，解决学生对时事政策方面的一般思想问题。③ 1955 年，高等工业学校、综合大学院长座谈会上，时任教育部副

---

① 习近平. 论党的宣传思想工作［M］. 北京：中央文献出版社，2020：384.

② 李斌雄，蒋耘中等. 高校学生形势与政策教育引论［M］. 北京：中国文史出版社，2014：303.

③ 全国普通高校"两校"教育教学调研工作领导小组. 普通高校思想政治教育课程文献选编（1949—2003）［M］. 北京：中国人民大学出版社，2003：10.

部长刘子载提出高校应建立经常的时事教育制度，"每个班可组织时事学习小组，定期举行时事座谈和漫谈。学校并应注意开展直观的宣传和鼓动工作，结合上述活动编制标语、挂图、模型及建立广播站，定期出墙报、组织小型展览会等"①。"85方案"尤其是"98方案"以后，高校"形势与政策"课新闻法越来越受到重视和广泛应用，除常规的报纸、广播、电视外，网络、DVD、专题政论教学片等快速进入课堂，有力地提升了教学效果。当前，社会已经进入智能网络时代，电脑、手机、平板等电子产品学生几乎人人都有，他们的新闻舆论获取机会和权利与教师是平等、平行的，这一方面对教师教学带来了挑战；另一方面为开展深度新闻分析教学提供了机会。在教学过程中，新闻分析法需要注意的策略有。其一，注重新闻的收集与分类整理，建立新闻信息资源库（课程组就建有郑州轻工业大学"形势与政策"课靶向理论教学与实践资源数据库，每周都会把国内外重大新闻时事分类整理并放置在数据库中供教师备课和学生学习使用）。其二，注重重大新闻舆论的持续跟踪，把重大新闻舆论的最新进展融入课程教学之中，达到常讲常新的效果。其三，注重重大新闻舆论和学生关心、关切问题的深度分析，使学生由了解新闻舆论的表象转向理解和把握新闻舆论背后的立场、观点、理论。

第二节　基于学习动能增长和学习效果提升的靶向学习功能实现

传统"灌输"教学理念，强调外部因素的主导作用，将教师与学生置放于"主体—客体"的单主体关系范畴而非"主体—主体"的双主体关系范畴，虽然其发挥了重要的教育功能，但整体来看效果并不理想。现代"启发式"教学理念，则强调内部因素的主导作用，教学过程中教师与学生处于平等地位，注重以激发学生自身学习动能和学习兴趣来提升学习效果、推进教学目标达成，这是现代教学理念与传统教学理念的根本区别。传统教学理念向现代教学理念的转换，要求"形势与政策"课教学效能的提升既要立足于教师的"教"，更要立足于学生的"学"。就当前"形势与政策"课教学情况而言，我们认为应当注重新媒体新技术运用和小组学习法来实现靶向学习功能。

---

①　全国普通高校"两校"教育教学调研工作领导小组. 普通高校思想政治教育课程文献选编（1949—2003）［M］. 北京：中国人民大学出版社，2003：23.

172

一、技术共同体：新媒体新技术同"形势与政策"课的耦合

近些年来，随着新媒体新技术的迅猛发展和广泛运用，对包括"形势与政策"课在内的高校思政课教学工作产生了很大的影响。新媒体新技术作为中介和手段，赋予思政课以十分鲜明的智慧化特质。正因如此，将新媒体新技术有机嵌入高校思政课教学工作中，已成为亟待解决的重大现实问题和时代课题。习近平总书记在 2016 年全国高校宣传思想工作会议上强调："做好高校思想政治工作，要因事而化、因时而进、因势而新。……要运用新媒体新技术使工作活起来，推动思想政治工作传统优势同信息技术高度融合，增强时代感和吸引力。"[1] 这段论述不仅深刻揭示了贯穿于高校思政工作的必然规律，也深刻揭示了贯穿于高校思政课建设始终的客观规律。随后，教育部出台了一系列文件，对新媒体新技术赋能思政课进行了科学的规划设计。2016 年 12 月 13 日，中共教育部党组在《关于学习贯彻落实全国高校思想政治工作会议精神的通知》中明确强调："习近平总书记在讲话中，着眼环境条件的发展变化，把握高校育人的关键环节，对推进高校思想政治工作改革创新提出了明确要求。……强调要用好课堂教学这个主渠道，加快构建中国特色哲学社会科学学科体系和教材体系，更加注重以文化人以文育人，运用新媒体新技术使工作活起来。"[2] 2017 年 9 月 15 日，教育部印发《高等学校马克思主义学院建设标准（2017 年本）》强调，要"系统组织教师开展教学改革，创新教学模式，培育推广形式新颖、效果良好、受学生欢迎的教学方法，培育'配方'新颖、'工艺'精湛、'包装'时尚有特色的品牌课"[3]。2018 年 4 月 13 日，教育部在《新时代高校思想政治理论课教学工作基本要求》中也强调："要注重运用新媒体新技术开展集体备课，提升集体备课效果"，"深入研究课程教学重点难点问题和教学方法改革创新"[4]。2019 年 8 月 14 日，中共中央办公厅和国务院办公厅印发《关于深化新时代学校思想政治理论课改革创新的若干意见》，强调必须"大力推进思政课教学方法改革，提升思政课教

① 习近平. 习近平谈治国理政：第 2 卷 [M]. 北京：外文出版社，2020：378.

② 教育部党组发出通知要求学习好贯彻好落实好全国高校思想政治工作会议精神 [EB/OL]. 中华人民共和国教育部，2016-12-13.

③ 教育部关于印发《高等学校马克思主义学院建设标准（2017 年本）》的通知 [EB/OL]. 中华人民共和国教育部，2017-09-15.

④ 教育部关于印发《新时代高校思想政治理论课教学工作基本要求》的通知 [EB/OL]. 中华人民共和国教育部，2018-04-13.

师信息化能力素养，推动人工智能等现代信息技术在思政课教学中应用"①。
2020 年 1 月 16 日，教育部出台《新时代高等学校思想政治理论课教师队伍建设规定》。在"第六条"中提出了"思政课教师应当深化教学改革创新。按照政治性和学理性相统一、价值性和知识性相统一、建设性和批判性相统一、理论性和实践性相统一、统一性和多样性相统一、主导性和主体性相统一、灌输性和启发性相统一、显性教育和隐性教育相统一的要求，增强思政课的思想性、理论性和亲和力、针对性，全面提高思政课质量和水平"② 的岗位要求。

党和国家为什么强调要运用新媒体新技术，推动思想政治工作传统优势同信息技术的高度融合，为什么只要做到了这两点就可以增强思想政治工作的"时代感和吸引力"。我们以为，这是基于世界和我国现代化发展的客观实际，从战略高度揭示新时代搞好思想政治工作的根本方法和根本路径。当前，不少学者从工具理性角度来理解这个判断，认为新媒体新技术只是搞好思想政治工作的一种便捷手段。这种理解的误区是不自觉地割裂了思想政治工作（包括"形势与政策"课教学在内）与"现实的人及其历史发展"的内在联系。根据马克思主义基本原理可知，人们只是主观上不否认思想政治工作实践与现实世界的统一关系，但他们并不真正洞悉这个关系的统一性。

党的十九大以来，习近平总书记多次阐述世界历史发展的突出特质，即"当今世界正经历百年未有之大变局"③。那么这个"大变局"的"变"体现在哪些方面，目前形成的一个共识是：经济全球化、政治多极化、社会信息化、文化多样化。所谓"社会信息化"不是简单地指信息技术的使用，而是指"信息化"已经成为我们置身于这个"大变局"的有机构成和鲜明特质。就其内涵来讲，实际上是两个方面的统一：一是社会的"信息化"，社会在越来越先进的信息技术的作用下，呈现出数据化、智能化和智慧化的特征；二是信息的"社会化"，信息技术在推动社会朝着数据化、智能化和智慧化发展的同时，也已成为社会现实的本质构成，成为镶嵌在社会本质结构之中的基本要素。因此，我们不能局限于工具理性，而要以价值理性来看待新媒体新技术的本质及其对思政工作的重要性。一方面新媒体新技术不仅是我们做好思政工作

---

① 中共中央办公厅 国务院办公厅印发《关于深化新时代学校思想政治理论课改革创新的若干意见》[EB/OL]. 中华人民共和国中央人民政府，2019-08-14.
② 新时代高等学校思想政治理论课教师队伍建设规定 [EB/OL]. 中华人民共和国教育部，2020-01-16.
③ 习近平. 在经济社会领域专家座谈会上的讲话 [M]. 北京：人民出版社，2020：2.

的便捷工具，而且是新时代思政工作内容（包括"形势与政策"课教学在内）的有机构成；另一方面它并非选择性适用的技术手段，而是新时代搞好思政工作不可或缺的要素。从当前的教学实践来看，"形势与政策"课要立足于学生的"学"，就必须高度重视现代新媒体新技术，促进学生在学习中形成技术"共同体"。

二、基于"小组模式"提升混合式学习效能

基于上述分析，在包括"形势与政策"课在内的思政课教育教学实践中，应重视以新媒体新技术为中介，不断推动教材体系向教学体系转化。就"形势与政策"课而言，必须将新媒体新技术有机嵌入教学实践之中，以学习动能增长和学习效果提升为着眼点，构建融合新媒体新技术与"兴趣小组""专类社团"等为一体的"混合学习模式"。

首先，基于网络教学平台构建内容丰富的教学网络课程体系。例如，基于超星学习通、微信、钉钉等 App，建构"形势与政策"课云端教室。这种做法不仅契合了青年学生的成长规律，而且有助于提升他们的政治理论素养，真正做到"因事而化、因时而进、因势而新"。以信息化平台为载体和场域，创建"形势与政策"智慧课堂教学模式。将新媒体新技术有机嵌入"形势与政策"课堂教学，这种"信息化+思政课"的智慧课堂教学模式，将直接引发传统思政课堂的变革，不仅可以充分彰显"形势与政策"课的思想性、政治性和理论性，还使得"形势与政策"课教学呈现出通俗化、趣味化、网络化和体验化的崭新特质。以全新的"线上+线下""形势与政策"课智慧课堂教学模式，创新课程教学方法、提升课程教学质量。具体方法步骤是：其一，课前：学生自学网络课程体系的任务点，并完成网络平台上发布的测试；其二，课中：教师通过课堂教学，对重点、难点进行集中讲解；其三，课后：引导督促学生完成新的任务点，完成配套习题和思考题。同时，注重做好课余师生互动交流工作。例如，分享正能量的文章，使学生通过阅读提升自己的政治素养；精心设计话题，做好价值引领，使学生在参与话题讨论的过程中进一步确立马克思主义形势观与政策观。通过这些方法步骤，就可以将"形势与政策"课教学过程贯通起来，并达到预期的教学效果（见图5-2）。

```
                                   学生提前阅读材料
                        课前预习
                                             教师发布阅读内容及课件
                                   超星学习通   教师发布课前练习
                                             学生完成课前练习

                                   师生互动
基于"学习通"的
智慧课堂教学过程    课上教学              点名签到
                                   超星学习通   课堂小测
                                             小组讨论

                                   学生复习材料及"小组"跟进式学习
                        课后复习
                                             教师发布课后阅读内容
                                   超星学习通   学生完成课后阅读内容
                                             "小组"区互动答疑
```

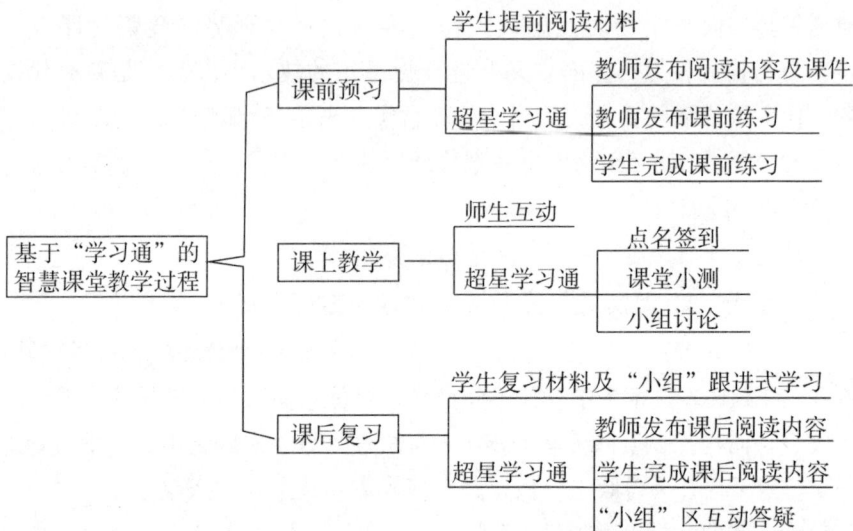

图 5-2 基于"学习通"的智慧课堂教学过程图

其次，发挥"小组模式"对混合式学习模式的赋能提质功效。不可否认，有不少思政课教师较为重视在教学实践中运用"小组模式"，然而由于受制于各种主客观因素，"小组模式"在传统的"形势与政策"课教学中的作用和效果并不突出，加之受 2020—2023 年的疫情因素影响，线下"小组模式"在课堂教学中的运用受到了极大的影响和制约。以新媒体新技术为主要元素和中介渠道的"混合式学习模式"则较好地破解了这一难题。事实上，不少新媒体教学平台都内置了"分组模式"功能，只要能够将这一功能运用于"形势与政策"课教学中去，就能够充分地激活"小组模式"的教学效果，从而达到建构混合式学习模式的目的。

在教学实践中，基于新媒体新技术的"小组模式"可以较好地破解"大班教学"的困境等一系列问题。在传统的"形势与政策"课理论教学和实践教学中，由于师资力量少和学生人数多的双重因素，致使"形势与政策"课教学工作较难实现真正意义上的"小班模式"。以河南省高校为例，虽然教育主管部门极力推行"小班模式"，但不少高校仍保持在 100 人左右的教学班级规模。不过，部分高校还在小范围内推广 60 人班级的"小班模式"，并取得了良好的教学效果。然而，就目前的师资力量和办学条件而言，在所有高校一体化推行 60 人班级的"小班模式"尚不具备条件。至于 30 人班级的"小微班模式"，只能作为少数高校智慧教学模式的"试验田"。在此情况下，以新媒体新技术为中介手段和平台支撑，可以很好地将"大班"分化重组为多个"小组",化大为小、化整为零,为高效率、高质量开展教学活动创设必要条件。

三、两种建模形式:"兴趣小组"和"专业类社团"

就"形势与政策"课具体的分组形式而言,可以采取"兴趣小组"和"专业类社团"等多种形式。其中,"兴趣小组"是最为常见的一种分组形式,其含义是依据专业兴趣组成的学生"学习共同体"。

通常情况下,在进行"形势与政策"课教学活动时,教师可以预先通过在线学习平台给学生发布分组任务。学生在手机终端收到分组任务指令后,采取"自由组队"或"随机组队"的形式参与分组。"兴趣小组"一般采取第一种形式即自由组队的形式。这就要求教师对"形势与政策"课教学任务进行设置,预先对学生的兴趣和专业学习爱好作充分调研。这里有一个前提需要把握:所谓的"兴趣"实际上是要结合学生的专业来定义。"形势与政策"课的"混合学习模式"是与学生的专业本质关联的,体现的是基于特定专业背景学习倾向性的"专业兴趣"。之所以如此,这是由"形势与政策"课教学活动的基本性质所规定的。从教学实践来看,现有"形势与政策"课教学班级规模一般在100~120人之间。就专业而言,通常会涉及2~3个专业,少数情况下也会出现一个大班级包含3~4个专业的小班。因此,作为"形势与政策"课教学活动的"学习模式"主体,"兴趣小组"首先应充分考虑学生的专业背景,有目的的引导专业相近的学生自由结对,组成专业化"学习小组"。在进行组队的过程中,教师不应过多干预,尽量避免直接生成"学习小组"等简单化处理方式。

在进行"形势与政策"课"混合式学习模式"的建构时,除了可以组建"兴趣小组"之外,还可以采取组建"专业类社团"的形式开展混合式学习。"专业类社团"顾名思义就是基于专业性社团组织,是由专业背景相近的学生组成的学习共同体。这里的"专业背景相近"又可以区分为两种情况。第一种情况是从专业培养的维度而言,这些学生因同属某一学院而专业相同。第二种情况是从"第二专业"的维度而言,即专业不同的学生基于自身的兴趣爱好而选取主修专业之外的共同专业。第一种情况下的专业相同的学生可以直接组建学习社团;第二种情况下的学生可以采取间接的方式组建学习社团。具体到"形势与政策"课教学活动开展及其"混合式学习模式"建构而言,应有机地将思政元素嵌入到"专业类社团"的组建之中。如果是师范类高等院校,一般都设有思政本科专业。思政课教师则可以直接发挥思政本科学生的积极性、主动性和创造性。具体而言，可以把思政专业学生作为主体力量去组建思政色彩浓郁的专业社团（如青年马克思主义研习班、青年马克思主义研习社等），以此来辐射带动其他的非思政专业的学生加入专业社团之中。而对于非师范类高等院校而言，则需要采取第二种模式来引导学生通过理论学习和参与实践活动，完成"形势与政策"课的学习任务。

第三节　基于层级分析法的靶向教学绩效评测功能实现

"形势与政策"课靶向教学的效果是由教学绩效评测来衡量的，这种量化评测方法和模式，使靶向教学更具现代性的重要特质。一般而言，靶向教学评测可以划分理论教学绩效评测和实践教学绩效评测两个部分。由于理论教学绩效评测已经拥有了一套比较完善的评测指标体系和计算方法，并通过考试考核、分差对比、各门思政课之间的类比和环比等方式进行可量化测定，这里不再赘述。我们将着重对高校在实际教学过程中，比较难以解决的实践教学绩效进行靶向化模式设计，同时通过实际赋值来校验该评测模式的合理性和科学性。

一、"形势与政策"课靶向实践教学绩效评价指标的模块化设计

近年来，学界关于思政课实践教学模式改革与创新问题研究较多，但对改革创新后的实施效果及绩效评价研究不够，可资借鉴的研究成果十分稀缺①。这里主要参照《高等学校思想政治理论课建设标准》《普通高等学校大学生思想政治教育工作测评体系》《普通高等学校本科教学工作合格评估指标体系》等政策有关评估指标以及在"形势与政策"课教学实践中探索的实践教学评测方法的内容，对"形势与政策"课靶向实践教学绩效评价指标进行探索性设计。主要包括5个评测模块、38个评测指标（见表5-2）。

---

① 仅有东北林业大学宋成鑫的博士学位论文《高校思想政治理论课实践教学模式创新研究》，2012年；湖北经济学院丁银河的《基于学生自主发展的 KRIF 模式思政课绩效实证分析》，《学校党建与思想教育》，2014第5期等少量学术成果。

表5-2 "形势与政策"课靶向教学绩效评价指标体系

实施形式	测评模块	权重分配 (终值=1)	测评指标
线下	实践教学保障	0.15	实践教学组织领导 实践教学工作机制 实践教学运行管理 实践教学经费保障 实践教学师资队伍 实践教学计划安排 实践教学基地建设 实践教学条件保障
	实践教学规范	0.15	实践教学大纲 实践教学内容 实践教学形式 实践教学教材 实践教学方案及其实施计划 实践教学学时学分
线下	实践教学 实施效果	0.3	教师参与度 学生对思政课实践教学的认知度与参与度 学生满意度 学生理论水平提升度 学生综合能力提升度 学生思想政治素质提升度 学生道德情感提升度 学生对思政课的再接受度
线上线下	实践教学测评 与数据测量	0.15	学生对教师实践教学质量的测评 社会第三方对教师实践教学质量的测评 同行对教师实践教学质量的测评 基地对教师实践教学质量的测评 教育主管部门、课程专业委员会对教师实践教学质量的测评 教师对学生实践教学参与的评测 社会第三方对学生实践教学参与的评测 学生之间对实践教学参与的评测 基地对学生实践教学质量的测评 教育主管部门、课程专业委员会对学生实践教学参与的评测 各参与主体对实践基地的评测 实践教学的社会影响与社会效益 数据的标准化测量

续表

实施形式	测评模块	权重分配 （终值=1）	测评指标
政策调适	实践教学测评 反馈与结果运用	0.25	实践教学测评结果分析 实践教学测评结果的多向反馈 实践教学测评结果的传导与运用

二、"形势与政策"课靶向实践教学绩效评价指标解析

表5-2所述"形势与政策"课靶向实践教学测评体系以线上线下混合的形式设置5个基本测评模块，分别为实践教学保障、实践教学规范、实践教学实施效果、实践教学测评与数据测量、实践教学测评反馈与结果运用。实践教学保障和教学规范是各门思政课建设的规范性要求，不同类型高校在具体操作过程虽有差异但总体差异度不大，在测评过程中均值往往体现得比较一致，所以在权重分配上所占比重较小（各占值0.15）。实践教学实施效果是测评的重点，在整个测评过程中处于数据获取与目标测度的顶端位阶，因而在权重分配上所占比重最高（占值0.3）。实践教学测评与数据测量为多方主体参与测评的过程性活动，各参与主体虽然贡献度不同，但在加权平均后得出的数据结果却能反映"形势与政策"课实践教学的目标达成度。因而，我们把这个过程性活动适度降低了所占权重比例（占值0.15），以突显实践效果评测、测评反馈与结果运用的测评核心位置。

实践教学保障模块共设计8个测评指标：（1）实践教学组织领导，主要测评组织领导的重视程度。例如，是否设置有专门的实践教学研究室、是否有专人负责实践教学工作等，属于非约束性指标；（2）实践教学工作机制，主要测评学校、学院是否将实践教学列入教学规划或人才培养方案，是否将实践教学作为专门课程进行建设，是否将实践教学与专业课教学实践、第二课堂学生活动等有机结合、统一管理等；（3）实践教学运行管理，主要测评实践教学的开课率、参与率，与基地的实践联动度，实践教学制度的完善度与实施情况等；（4）实践教学经费保障，主要测评是否有专项实践教学经费，以及经费的满足度和使用度等；（5）实践教学师资队伍，主要测评实践教学指导教师数量、学历职称结构，教师的实践教学投入度和创新度等；（6）实践教学计划安排，主要测评是否制定有科学合理的教学计划并组织实施；（7）实践教学基地建设，主要测评实践教学基地的数量和建设质量，以及基地对受测评高校思政课实践

教学的实际支持程度与效果；（8）实践教学条件保障，主要测评图书馆、档案馆（室）等外部条件对实践教学的支持程度。这8个方面既有实践教学课程本身应当具备的基础条件，也包括与之相关联的外部支持条件，因此对内外部条件进行综合性测评是比较科学的。

实践教学规范模块共设计有6个测评指标：（1）实践教学大纲，主要测评大纲设计的合理性与否，以及可操作性程度的高低；（2）实践教学内容，主要测评实践教学目标设置、方法选取，以及在测评周期内教学内容的安排情况；（3）实践教学形式，主要测评校内外实践过程中采用的授课方法及其效果；（4）实践教学教材，主要测评是否有专门实践教学教材或专项实践指导用书，以及教材或指导用书的使用率；（5）实践教学方案及其实施计划，主要测评教学方案是否合理、实施计划是否符合学生实际，以及方案计划的可操作性情况；（6）实践教学学时学分，主要测评是否达到了各课程实践教学学时学分的国家要求与标准。

实践教学实施效果模块共设置有8个测评指标。这里虽然涉及教师和学生两个主体，但根据OBE理念和中国高等教育顾客满意度测评理论，我们将学生参与实践教学的效果作为重点测评标的：（1）教师参与度，主要测评思政课教师参与本课程实践教学的比例与质量，以及参与实践教学的教师在测评高校思政课教师总量中的占比；（2）学生层面主要考察7个方面的实践教学效果，分别是学生对实践教学的认知度与参与度、学生满意度、学生理论水平提升度、学生综合能力提升度、学生思想政治素质提升度、学生道德情感提升度、学生对思政课的再接受度。这7个层面分别考察了学生形式上的参与程度，以及参与后在理论水平、综合能力、思想政治素质、道德情感、再学习意愿与等方面的提升程度。

实践教学测评与数据测量模块共设置13个测评指标，具体可划分为两个维度：（1）测评数据的获取。包括学生、教师、同行、基地、社会第三方、教育主管部门或课程专业委员会等7个差异性主体对实践教学质量的测评。不同主体间的测评可以交叉进行，也可以单独进行，但最终数据应由测评实施单位汇总。（2）测评数据的标准化测量。由于现行包括实践教学在内的"形势与政策"课建设没有国家标准，所以我们主要参考《卓越绩效评价准则 GB/T 19580-2012》《政务服务满意度评价规范 GB/T 40762-2021》等国家标准，以及全国高等教育满意度测评方法等对"形势与政策"课实践教学绩效情况进行标准化测量，进而评测"形势与政策"课实践教学业绩效度和存在的问题。

实践教学测评反馈与结果运用模块因主要是运用实践教学管理运行的政策调适使用，因而在权重上赋值较重。该模块共设置3个测评指标：（1）实践教学测评结果分析，主要承接"实践教学测评与数据测量模块"中的"测评数据的标准化测量"部分，目标是对测评结果进行理论分析并提出政策建议；（2）实践教学测评结果的多向反馈，主要是测评实践教学结果或结论得出后的反馈渠道、反馈内容的完整度和接受度；（3）实践教学测评结果的传导与运用，主要测评实践教学测评结果在文件制度、课程建设、教育教学实践中的匹配度和融合度。

三、基于层级分析法的"形势与政策"课靶向实践教学绩效评价模式构建

通过以上对"形势与政策"课靶向实践教学绩效评价指标的设计与解析，我们对测评指标体系有了系统地了解。我们将在本部分解决如何基于模块化设计的指标体系对评价模式进行构建，这里主要用到的是层级分析法。

（一）层级分析法及其适用性

层级分析法是美国匹茨堡大学教授萨德（Saaty）在 20 世纪 70 年代为了推进运筹学而提出的研究方法，该方法的英文名称为 Analytic Hierarchy Process（国际简称为"AHP"）。层级分析法是指"将一个复杂的多目标决策问题作为一个系统，将目标分解为多个目标或准则，进而分解为多指标（或准则、约束）的若干层次，通过定性指标模糊量化方法算出层次单排序（权数）和总排序，以作为目标（多指标）、多方案优化决策的系统方法"①。这种分析方法按照"优先级"原则，把决策问题或决策对象划分为总目标、分层目标、分层子目标、评价基准直到解决方案的多层次逻辑结构，因而比较适合于复杂性多元系统的效能测评。该方法主要采用定性与定量分析相结合，对测评对象中包含的无法通过定量指标进行度量的指标或因素，进行模糊化处理而得出相对合理的测评结果。其用法一般有四步：第一步是根据层级关系和各因素间的联系，构建两两比较的"判断矩阵"，萨德给出了 9 个因素重要级标准及其量化赋值，并提出了"两两对比结果所构成的比较矩阵"即"判断矩阵"的分析数理模型；第二步是根据测评基准（指标、准则等衡量标的），由"判断矩阵"计算被比较内容在测评基准中的权重比例，在此基础上检验"判断矩阵"的一致性程度；第三步是通过数理模型计算各层级目标在总目标中的达成度并确定总排序权重以及排列顺序；第四步是在各解决方案的总排序中遴选出最佳解决方案。

实践证明，层级分析法在"形势与政策"课靶向实践教学绩效评价中是适用的。原因有三个方面。第一，"形势与政策"课靶向实践教学绩效评价是一个复杂系统，涉及教育主管部门、高校、马克思主义学院、教研室、教师与学生、

---

① 余波. 现代信息分析与预测［M］. 北京：北京理工大学出版社，2011：55.

实践基地等多元测评主体与客体。在内容层面又涉及课程、条件、环境、指标、方法等多重因素。在环节层面又涉及实践教学保障、实践教学规范、实践教学实施效果、实践教学测评与数据测量、实践教学测评反馈与结果运用等基本环节。处理好这些复杂关系必然要进行分层级、分类别、分环节，因而符合层级分析法的逻辑要求。第二，"形势与政策"课靶向实践教学绩效评价中的多重因素并不适用定量分析，比如组织领导、运行管理等。而需要定量分量的内容又因各种影响因素的存在而出现测度不精准的情况，这就需要运用层级分析法的模糊处理理念和技术。第三，无论是运用 OBE 理论还是中国高等教育顾客满意度测评方法，都需要在海量的数据处理中用到排序和对比问题。这不仅仅是统计学或相关学科能够解决的问题，而是涉及运筹学等多学科知识。因此，无论从整体判断还是具象分析，层级分析法都有其在"形势与政策"课靶向实践教学绩效评价中的价值与功用。

（二）实践教学绩效的评价模式构建

根据层级分析法，通过对"形势与政策"课靶向实践教学绩效评价问题的系统分析，我们可以建立如下的层级分析框架和模型（见图 5-3）。

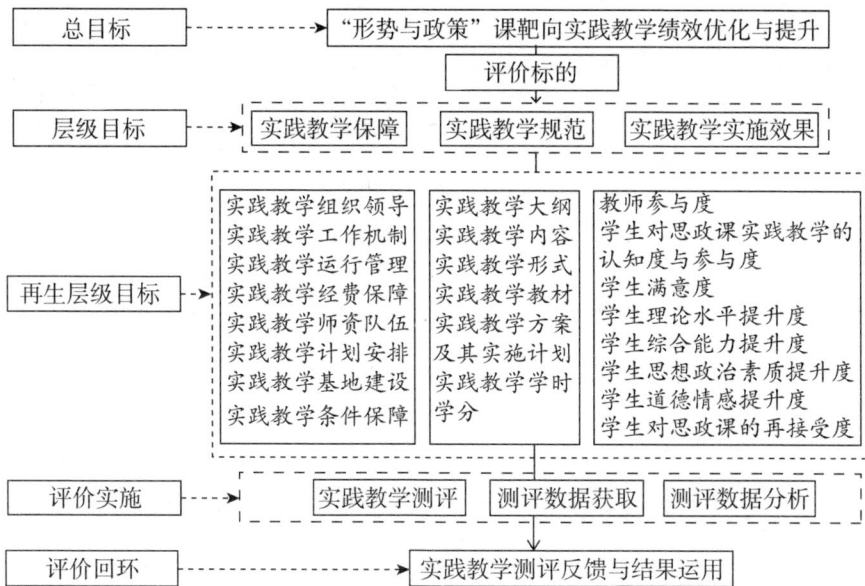

图 5-3 "形势与政策"课靶向实践教学绩效评价层级模型示意图

根据层级分析法和实践教学绩效评价内在逻辑关系，可以将层级模型的逻辑结构图解如下（见图 5-4）。

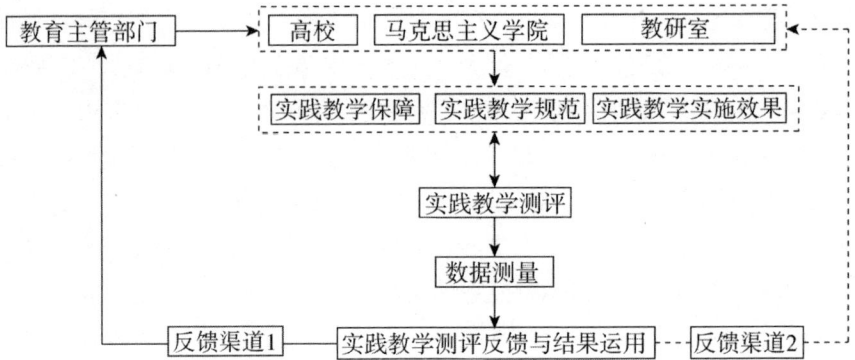

图 5-4　"形势与政策"课靶向实践教学绩效评价指标模块示意图

　　根据萨德提出的 9 个因素重要级标准及其量化赋值方法，参照中国高等教育顾客满意度评测方法，对上述"形势与政策"课靶向实践教学绩效评价层级模型进行数据筛选与分析，其基本测量标度如下（见表 5-3）：

表 5-3　基于层级分析法的"形势与政策"课实践教学绩效测量标度表

实践教学绩效测量标度	测量标度的赋值定义
1	两个测定因素对应测量标准具有同样重要性
3	两个测定因素比较：一个因素比另一个因素稍微重要
5	两个测定因素比较：一个因素比另一个因素明显重要
7	两个测定因素比较：一个因素比另一个因素重要得多
9	两个测定因素比较：一个因素比另一个因素极端重要
2，4，6，8	表示需要在上述两个标准之间折中时进行的标度

　　在进行有效数据筛选之后，根据流程即可进入实际测评环节。这个环节主要针对"再生层级目标"中的若干列项整体进行，也可以根据实际需要进行独立模块的测定。但无论是哪种测定方法，都必须进行两个或两个以上同类项因素的测定，在比较的基础上得出测量标度值，然后在特定的数理模型下进行数值换算。这里以学生评价的"群组决策"为例来说明。假如选定的学生以 50 人为一组群参与测评，那么这 50 人所形成的个体评价结果的总和与均值即为学生"群组决策"。这里的"群组决策"实质上就是集体意见，那么这个意见是否客观且可以作为有效数据进行采用，并不是凭借测评者的主观判断来给定的，而是依据前面述及的"测评基准"（即测评标准）作出的。一般而言，"群组决策"意见通常反映的是每位测评者相对于集体判断的差异程度，其标度测量的

具体计算公式为：

$$\sigma^{(k)} = \sqrt{\frac{1}{n-1}\sum_{j=1}^{n}(\omega_j^{(k)}-\omega_j)^2} \qquad k=1,2,\cdots,m$$

$$\omega_j = \lambda_1\omega_j^{(1)}+\lambda_2\omega_j^{(2)}+\cdots\lambda_m\omega_j^{(m)} \qquad j=1,2,\cdots,n$$

其中 m 表示满足一致性的测评者数，n 代表测评指标数，$\lambda_1=\cdots\lambda_m=\dfrac{1}{m}$。[1]

通过实践检测可以发现，该模型和测评方法不是尽善尽美的，还有很多不太完善的地方，甚至还存在一些模型无法解决的问题。例如，学生对"形势与政策"课靶向实践教学的认识、对接受实践教学之后产生情感变化的持久性等，这些无法进行数理测量的影响因素是很难适用于模型的。这就要求，在"形势与政策"课靶向实践教学绩效评价中不能固限于某一种方法或模式，而是应吸纳各种有效方法从而达到评测结果的最优化。

四、"形势与政策"课靶向实践教学绩效评价模式的实证性校验

任何理论或方法的有效性都需要通过实践来验证，这个验证过程从本质上来讲就是一个假想与现实的比对过程。为了验证"形势与政策"课靶向实践教学绩效评价模型与方法的科学合理性，课题组选取了河南省 A 高校（A 高校为河南省属本科重点高校）"形势与政策"课程的实践教学情况作为研究样本。为了研究的简易化，这里的主体选取只包括学生一个主体，其他指标影响因素的选取也将删繁就简，仅选取核心指标进行测量。

（一）实证性校验的样本描述

为了对"形势与政策"课靶向实践教学绩效评价模式进行校验，课题组选取了该课程从大一至大四 4 个学段的学生作为研究样本。之所以这样选取，是因为这门课较之于其他思政课程具有三个优点：第一，该课程具有大学阶段的全贯通性，有利于观察不同学段学生对课程的认知变化；第二，该课程没有章节逻辑，各专题实践教学的内容各不相同，因而干扰性较小；第三，该课程实践性较强，且与学生的日常生活联系紧密，利于学生发散思维以提供多元化的样本数据。此次实证性校验共选取 200 名学生，随机划分为 20 组、每组 10 人。具体样本情况是：级别分布上，大一 42 人、大二 68 人、大三 64 人、大四 26 人，分别占比 21%、34%、32%、13%；性别分布上，女生 114 人、男生 86 人，

---

① 宋成鑫. 高校思想政治理论课实践教学模式创新研究［D］. 哈尔滨：东北林业大学，2014.

占比分别为 57%、43%；政治面貌分布上，中共党员 32 人、共青团员 106 人、其他 62 人；学科分布上，理科 41 人，工科 78 人，文科 55 人，体育、艺术 18 人，其他 8 人；居住地分布上，城市 97 人、小城镇 42 人、乡村 61 人，分别占比 48.5%、21%、30.5%；生源区域分布上，东部省份 77 人、中部省份 109 人、西部省份 14 人，分别占比 38.5%、54.5%、7%。具体统计情况见表 5-4。

表 5-4　"形势与政策"实践教学绩效参与测评学生样本情况统计表

指标	分项指标	总量（人）	占比（%）
级别分布	大一	42	21
	大二	68	34
	大三	64	32
	大四	26	13
性别分布	女性	114	57
	男性	86	43
政治面貌分布	中共党员	32	16
	共青团员	106	53
	其他	62	31
学科分布	理科	41	20.5
	工科	78	39
	文科	55	27.5
	体育、艺术	18	9
	其他	8	4
居住地分布	城市	97	48.5
	小城镇	42	21
	乡村	61	30.5
生源区域分布	东部省份	77	38.5
	中部省份	109	54.5
	西部省份	14	7

此次校验调研采用问卷调查、线下访谈、基地实践调研等形式进行。为了保证样本的真实有效性，对学生样本除明确测评指标体系外，不提前预设任何议题。样本数据获取后，除使用 SPASS 等常用统计分析工具外，主要使用层级

分析法进行对比分析。

（二）实证性校验的测量数据与绩效分析

根据调研样本数据建立起两两比较的"判断矩阵"，基本满足 AHP 和中国高等教育满意测评方法需求。但同时由于样本构成的复杂性，很难实现"判断矩阵"标准的一致性，因而在实际计算中课题组采用了组别标准差，即允许各样本组别存在一定的误差范围。课题组的计算方法是，如果一个组别数据与其他组别的平均值差别不大或一致时，该组别不再单独计算而直接计入绩效评价总量；如果各组别对同一绩效评价指标的样本数据差别较大时，课题组则使用如下计算方法加以解决：对 200 名学生的个体样本进行聚组分析，假设分为 P 组，第 i 组有 n 名学生，$i=1$，……，P，将 $\bar{a}^i$ 代表第 i 组全部成员的标准差。基本计算公式为 $\lambda_i = 1/\bar{a}^i / \sum_{j=1}^{P} 1/\bar{a}^i$，$i=1$，……，$P$。其中，第 i 组每名学生的权重均为 $\dfrac{\lambda_i}{n_i}$。基于以上方法，课题组将个体学生样本归入组别样本进行统一计算，得出如下各表数据（见表 5-5—表 5-9）。

表 5-5　学生组别加权后获得的平均值和相应的分值表

	教学保障	教学规范	教学效果	教学测评	教学反馈
加权均值	0.618	0.751	0.841	0.726	0.359
对应得分（%）	42	54	78	69	23

表 5-6　"形势与政策"课实践教学绩效学生测评数据表

组别	实践教学保障	实践教学规范	实践教学实施	一致性	组别标准差
学生 A 组	0.784	0.866	0.538	0.060	0.081
学生 B 组	0.675	0.863	0.574	0.081	0.113
学生 C 组	0.742	0.881	0.365	0.071	0.132
学生 D 组	0.785	0.865	0.494	0.057	0.120
学生 E 组	0.778	0.808	0.520	0.063	0.113
学生 F 组	0.721	0.848	0.445	0.086	0.130
学生 G 组	0.648	0.721	0.543	0.087	0.420
学生 H 组	0.724	0.726	0.491	0.059	0.141
学生 I 组	0.706	0.814	0.534	0.046	0.150
学生 J 组	0.749	0.894	0.503	0.145	0.162

续表

组别	实践教学保障	实践教学规范	实践教学实施	一致性	组别标准差
学生 K 组	0.788	0.822	0.604	0.088	0.060
学生 L 组	0.625	0.813	0.594	0.086	0.013
学生 M 组	0.763	0.817	0.512	0.038	0.095
学生 N 组	0.759	0.812	0.511	0.097	0.087
学生 O 组	0.685	0.812	0.511	0.051	0.098
学生 P 组	0.768	0.854	0.511	0.052	0.099
学生 Q 组	0.701	0.798	0.498	0.102	0.101
学生 R 组	0.724	0.801	0.499	0.087	0.099
学生 S 组	0.768	0.803	0.544	0.070	0.092
学生 T 组	0.761	0.799	0.512	0.058	0.103
加权均值	0.733	0.821	0.515	0.074	0.120

表 5-7　学生组别对"实践教学保障"指标评价的加权均值与得分情况表

组别	运行管理	师资队伍	计划安排	基地建设	条件保障
学生 A 组	0.779	0.623	0.781	0.736	0.779
学生 B 组	0.781	0.818	0.730	0.794	0.781
学生 C 组	0.701	0.637	0.737	0.737	0.791
学生 D 组	0.774	0.736	0.785	0.768	0.774
学生 E 组	0.784	0.732	0.762	0.714	0.784
学生 F 组	0.771	0.781	0.733	0.781	0.771
学生 G 组	0.721	0.712	0.748	0.769	0.726
学生 H 组	0.776	0.718	0.744	0.768	0.776
学生 I 组	0.779	0.721	0.762	0.722	0.721
学生 J 组	0.779	0.801	0.732	0.721	0.745
学生 K 组	0.766	0.705	0.711	0.762	0.721
学生 L 组	0.754	0.725	0.782	0.711	0.747
学生 M 组	0.711	0.732	0.709	0.788	0.792
学生 N 组	0.785	0.707	0.787	0.793	0.792
学生 O 组	0.784	0.711	0.723	0.769	0.721

续表

组别	运行管理	师资队伍	计划安排	基地建设	条件保障
学生 P 组	0.776	0.718	0.744	0.768	0.776
学生 Q 组	0.721	0.722	0.778	0.705	0.742
学生 R 组	0.771	0.769	0.757	0.784	0.713
学生 S 组	0.755	0.757	0.729	0.727	0.754
学生 T 组	0.798	0.788	0.741	0.778	0.791
加权均值	0.763	0.731	0.749	0.755	0.760

表 5-8 学生组别对"实践教学规范"指标评价的加权均值与得分情况表

组别	教学内容	教学形式	教材选用	教学方案	计划执行
学生 A 组	0.801	0.852	0.811	0.736	0.721
学生 B 组	0.845	0.844	0.721	0.707	0.708
学生 C 组	0.845	0.821	0.721	0.709	0.756
学生 D 组	0.827	0.798	0.776	0.801	0.753
学生 E 组	0.809	0.800	0.779	0.754	0.758
学生 F 组	0.807	0.781	0.703	0.798	0.787
学生 G 组	0.801	0.712	0.748	0.722	0.798
学生 H 组	0.813	0.788	0.757	0.801	0.799
学生 I 组	0.810	0.798	0.787	0.782	0.789
学生 J 组	0.778	0.801	0.787	0.756	0.793
学生 K 组	0.812	0.774	0.721	0.787	0.762
学生 L 组	0.798	0.785	0.787	0.716	0.757
学生 M 组	0.811	0.802	0.809	0.798	0.792
学生 N 组	0.845	0.813	0.801	0.793	0.790
学生 O 组	0.789	0.701	0.729	0.709	0.771
学生 P 组	0.796	0.7818	0.784	0.788	0.796
学生 Q 组	0.791	0.782	0.798	0.775	0.786
学生 R 组	0.812	0.807	0.797	0.794	0.793
学生 S 组	0.795	0.781	0.797	0.801	0.784
学生 T 组	0.768	0.771	0.754	0.787	0.790

续表

组别	教学内容	教学形式	教材选用	教学方案	计划执行
加权均值	0.807	0.789	0.768	0.765	0.774

表 5-9　学生组别对"实践教学实施"指标评价的加权均值与得分情况表

组别	参与度与认知度	综合满意度	理论提升度	素质提升度	再接受意愿度
学生 A 组	0.501	0.552	0.511	0.636	0.621
学生 B 组	0.545	0.544	0.621	0.606	0.605
学生 C 组	0.545	0.521	0.621	0.602	0.656
学生 D 组	0.526	0.625	0.666	0.501	0.653
学生 E 组	0.502	0.500	0.662	0.654	0.655
学生 F 组	0.506	0.651	0.603	0.625	0.656
学生 G 组	0.501	0.612	0.645	0.622	0.625
学生 H 组	0.513	0.655	0.656	0.501	0.622
学生 I 组	0.510	0.625	0.656	0.652	0.652
学生 J 组	0.665	0.501	0.656	0.656	0.623
学生 K 组	0.512	0.664	0.621	0.656	0.662
学生 L 组	0.625	0.655	0.656	0.616	0.656
学生 M 组	0.511	0.502	0.502	0.625	0.622
学生 N 组	0.545	0.513	0.501	0.623	0.620
学生 O 组	0.652	0.601	0.622	0.602	0.661
学生 P 组	0.626	0.6515	0.654	0.655	0.626
学生 Q 组	0.621	0.652	0.625	0.665	0.656
学生 R 组	0.512	0.506	0.626	0.624	0.623
学生 S 组	0.625	0.651	0.626	0.501	0.654
学生 T 组	0.665	0.661	0.654	0.656	0.620
加权均值	0.560	0.592	0.619	0.614	0.638

（三）实证性校验的基本结论

通过以上实证性校验分析，课题组大致得出以下结论。

第一，"形势与政策"课靶向实践教学绩效评价与实际教学效果基本相符，也就是说能够基本反映该课程的运行管理情况。例如，教学保障、教学规范、教学效果、教学测评、教学反馈 5 项绩效评价指标加权后的平均值分别为 0.618、0.751、0.841、0.726、0.359。表现为调研样本学生对教学效果评价优良率达到了较高位次，而对教学反馈的评价却比较低。对应来看，近年来无论国家层面还是高校层面都在不断强调包括"形势与政策"课在内的思政课实践教学的重要性，并出台了一系列相关政策，加大资金支持力度、改善实践教学条件等，大力推进实践教学向深向实。与此同时，各高校马克思主义学院纷纷成立思政课实践教学教研室，统一组织各门思政课的实践教学工作；教育主管部门以及各高校又通过实施专项计划项目，把实践教学纳入教育教学改革整体范畴，从而使"形势与政策"课实践教学的教学质量和水平有了极大地提升。因此，学生样本对教学效果的评价分值比较高。相对而言，由于反馈渠道不畅通、不持久，虽然教育主管部门和校内外教学督导工作组等都对"形势与政策"课进行督导评测，但督导评测的结果往往只反馈给学校，而学生对此并不了解。这不仅影响了学生对上级评测结果的信任度，而且极大地降低了学生参与评测甚至影响学生参与"形势与政策"课教育教学的积极性和主动性。在此背景下，样本学生对实践教学反馈的测评分值必然不高。

第二，不同测评指标数据的变化反映了"形势与政策"课实践教学还存在一些亟待解决的问题。例如，样本学生对实践教学保障、实践教学规范比较满意，测评分的均值也比较高，而对实践教学执行的满意度却相对较低。这说明以学生样本为代表的学生整体对实践教学执行有更高更大的期待。同时，从具象测评指标来看，实践教学执行实践中的参与度、识别度不高，仅为 0.560；满意度也"不及格"，仅为 0.592。理论提升度、素质提升度、再接受意愿等其他测评指标虽然"及格"了，但均值也仅达到了 65%。这说明，学生对"形势与政策"课实践教学的教学保障、教学规范满意并不代表对教学执行情况满意。

因此，这里存在三个亟待解决的问题。一是"形势与政策"课实践教学的问题导向不太突出。即未能深入系统地了解学生的实际需求，而是根据教学指令开展实践教学，从而导致了教学内容与学生学习需求脱节。二是"形势与政策"课实践教学的内容设计不尽合理。"形势与政策"课有自己的教学内容，然而如何将这些理论化的课堂教学内容转化为可操作性强的实践教学内容，从而使学生易于接受、愿意实践，至少到目前为止并没有得到较好的解决。调查发现，不少高校都存在着将课本内容不加选择、不加改造地直接导向实践教学，从而出现了理论教学与实践教学的"溶血症"。三是"形势与政策"课实践教学方式方法与现代教学发展趋势不太适应。当前，各高校由于学生人数较多、规模较大，要想全部带入实践教学几乎是不可能的。加之，随着网络信息技术发展，各类实践教学相关信息已经深深融入学生的日常生活，这一方面使学生扩大了获取实践教学知识的可能性，另一方面也提高了他们不愿意参与实践教学的风险。这些问题，需要课程管理单位和思政课教师改变传统"带出去看看"的实践教学方式方法，针对学生学习需求有目的的进行实践教学规划，并通过现代教学技术提升实践教学的现实化水平，从而使学生真正在实践教学中提升知识获取能力和思想政治水平。

第六章

"形势与政策"课靶向教学的实施个案解析

多年来，全国各地高校依据《关于深化新时代学校思想政治理论课改革创新的若干意见》《关于加强新时代高校"形势与政策"课建设的若干意见》《高等学校思想政治理论课建设标准》等文件精神和工作要求，大力推进"形势与政策"课程建设，在教材、教法、教学内容、实践教学、开放课程等方面进行了探索和创新，为推进该课程高质量发展积累了宝贵经验。郑州轻工业大学长期以来围绕靶向教学法开展了大量的教学实验和教学研究，尤其在"形势与政策"课的校本教材建设、课堂教学、网络教学与资源库建设、实践教学等方面进行了富有特色的靶向教学改革，并取得了丰硕的教学成果。本章将结合第四、五章的理论构想，以郑州轻工业大学"四位一体"（校本教材+课堂教学+网络教学+实践教学）的"形势与政策"课建设为个案，深入解析靶向教学的科学性和适用性。

第一节　"形势与政策"课校本教材的靶向建设

教材编写不同于学术专著，教材编写必须遵从教师"教"和学生"学"的特点与规律，必须以教师的内容可授性和学生的可接受度为出发点。2018年4月，教育部印发《关于加强新时代高校"形势与政策"课建设的若干意见》（以下简称《意见》），明确提出"形势与政策"课要"及时、准确、深入地推动习近平新时代中国特色社会主义思想进教材进课堂进学生头脑，宣传党中央大政方针，牢固树立'四个意识'，坚定'四个自信'，培养担当民族复兴大任的时代新人"[1]。同时，就建设教学资源提出"各地各高校可结合实际，编写

---

[1] 中华人民共和国学校思想政治理论课重要文献选编：下册［M］.北京：人民出版社，2022：1489.

'形势与政策'课教学辅助资料……各高校组织编写的教学辅助资料由学校党委负责审定"①。这实际上对该课程教材编写的"权"与"责"进行了三重界定：第一，赋予了高校"形势与政策"课教材的编写权；第二，明确了高校党委对教材内容的把关权和审定权，即高校党委是该课程教材编写的"第一责任人"；第三，高校党委、教材编写组或教师个体均应承担责任。根据《意见》精神，郑州轻工业大学从2019年起开始"形势与政策"校本教材的组织编写工作。第一版校本教材于2020年2月由新华出版社出版，截至2023年底已经出版5版，累计覆盖学生5万余人次。校本教材的靶向性编写、使用，收到了良好的教学效果（校本教材具体篇目见节末表6-1）。

一、以"五个充分反映"突出政治靶向

"形势与政策"课校本教材编写的首要任务就是突出政治性，即把政治方向、政治标准、政治要求摆在教材编写的首位。具体来讲，就是在编写中做到五个"充分反映"，即充分反映马克思主义中国化时代化的最新成果；充分反映新时代中国特色社会主义伟大实践、重大成就和基本经验；充分反映党的路线方针政策以及党和国家重大决策部署；充分反映全国各族人民践行党和国家重大决策部署的生动实践；充分反映国际形势变化和我国的原则立场。

在这五个"充分反映"中，比较难做的是第一个"充分反映"。主要原因有两个。

第一，教材的重复性问题。推进马克思主义中国化时代化最新成果的"三进"工作是党中央的要求，也是思政课建设的内在需要和核心任务。党的十八大以来，我们党坚持把马克思主义基本原理同中国具体实际相结合、同中华优秀传统文化相结合，不断推进实践基础上的理论创新和理论指导下的实践创新，科学回答了新时代坚持和发展什么样的中国特色社会主义、怎样坚持和发展中国特色社会主义等重大时代课题，创立了习近平新时代中国特色社会主义思想，极大地丰富和发展了当代中国马克思主义、21世纪马克思主义。就教材编写而言，这一重大理论成果，已经在2018版、2021版"毛泽东思想和中国特色社会主义理论体系概论"中分7个专题进行讲解。2022年秋季学期，各高校又根据中央要求全面开设了"习近平新时代中国特色社会主义理论体系概论"课程；2023年8月份，首版"习近平新时代中国特色社会主义理论体系概论"出版发

---

① 中华人民共和国学校思想政治理论课重要文献选编：下册［M］．北京：人民出版社，2022：1490．

行并于秋季学期开始在全国高校使用。同时，"思想道德修养与法治""中国近现代史纲要"也在具体章节中进行了融入。此外，《习近平法治思想学习纲要》《习近平总书记教育重要论述讲义》等一批专题性读本也被高校选为教材。那么，针对"形势与政策"课校本教材如何融入马克思主义中国化时代化的最新成果，课题组在编写中着重进行了两点考虑。一是从习近平新时代中国特色社会主义思想宏观体系中，找到学生最为关注的理论热点、疑点和难点，以此为靶向点解决学生的思想困惑。这种重点靶向突破法有效避免了与其他思政课程内容重复的问题。二是结合实际案例把道理讲清楚。例如，"形势与政策"校本教材编写中，设计了"知识卡片""视频码上看""专家线上讲解""案例精选"等模块，使教材的理论阐述更加活泼生动。

第二，内容的准确性问题。党的十九大报告、党的二十大报告、《中共中央关于党的百年奋斗重大成就和历史经验的决议》等文献对习近平新时代中国特色社会主义思想的核心要义、理论内涵、精神实质、主题主线以及蕴含其中的世界观和方法论等进行了科学、准确、全面、权威地阐述。这一方面为编写"形势与政策"课校本教材提供了权威依据，另一方面也为编写工作带来困难，即如何使内容既准确到位，又不能照抄照搬。为了解决这个问题，课题组按照靶向理念在教材编写中做了三项工作：一是文献选取的靶点必须权威，做到对重大理论观点、理论判断、理论概括的撰写务必准确；二是语言选取的靶点必须严肃活泼，即通过严肃活泼的语言将文献文件语言转化为教材语言，兼顾文献的严肃性和教材的活泼性；三是体例选用的靶点必须规范，即在章节以及撰写体例上对标"毛泽东思想和中国特色社会主义思想概论""习近平新时代中国特色社会主义思想概论"，同时吸收"中国近现代史纲要"中的史学论述方法，使校本教材充分体现史论结论的特点特色。

二、以"两个链条"突出问题靶向

教材不仅要突出知识性，更要突显问题导向，即把教师在课程教学过程中发现的问题与学生在课程学习过程中遇到的问题结合起来，形成两条相互交叉并具有高相似匹配度的问题链。课题组在编写"形势与政策"课校本教材时，着重解决教师"教什么"和学生"学什么"的问题。

第一，解决教师"教什么"的问题。关于"教什么"的问题，国家在各个历史时期都有着宏观的原则性规定。例如，2004年，中共中央宣传部、教育部联合颁布的《关于进一步加强高等学校学生形势与政策教育的通知》就"教什么"作出了5条规则，即"着重进行党的基本理论、基本路线、基本纲领和基本经验教育；进行我国改革开放和社会主义现代化建设的形势、任务和发展成就教育；进行党和国家重大方针政策、重大活动和重大改革措施教育；进行当前国际形势与国际关系的状况、发展趋势和我国的对外政策，世界重大事件及我国政府的原则立场教育；进行马克思主义形势观、政策观教育"①。2018 年，教育部在《关于加强新时代高校"形势与政策"课建设的若干意见》文件中，根据新时代形势与政策教育任务变化，也提出了 5 条宏观教学内容，即要紧密围绕学习贯彻习近平新时代中国特色社会主义思想，把坚定"四个自信"贯穿教学全过程，重点讲授党的理论创新最新成果，重点讲授新时代坚持和发展中国特色社会主义的生动实践……要开设好全面从严治党形势与政策的专题，重点讲授党的政治建设、思想建设、组织建设、作风建设、纪律建设以及贯穿其中的制度建设的新举措新成效；开设好我国经济社会发展形势与政策的专题，重点讲授党中央关于经济建设、政治建设、文化建设、社会建设、生态文明建设的新决策新部署；开设好港澳台工作形势与政策的专题，重点讲授坚持"一国两制"、推进祖国统一的新进展新局面；开设好国际形势与政策专题，重点讲授中国坚持和平发展道路、推动构建人类命运共同体的新理念新贡献。② 由此可见，教材编写必须围绕党和国家的要求进行编写，从内容上约束教师的教学内容，避免教学内容因随意更改而偏离主题主线。当然，仅有这些内容是无法满足学生的学习需要的，因而课题组在编写教材时自觉做到了两个转化：一是将党和国家的宏观要求转化成具体化的教学内容。例如，2020 年全球疫情大暴发，这是新时代出现的新形势。面对这一突发状况，党中央把人民群众的生命健康放在首位，英明决断作出了一系列应对措施、出台了一系列解决政策。因而在当年的校本教材编写时，我们就以"读懂抗疫大考的'中国答卷'"为题，对我国的抗疫形势和政策进行了解答。二是将党和国家的宏观部署转化为地方实践，以身边的故事映照宏观政策。例如，党的十九大将乡村振兴纳入国家重大战略，随后出台了《中共中央国务院关于实施乡村振兴战略的意见》《乡村振兴战略规划（2018—2022 年）》等重要文件政策。课题组在编写教材时，考虑到河南省是我国的农业大省，是实施乡村振兴战略的排头兵，因而从 2018—2022 年连续 5 年以 5 个专题（河南乡村产业发展、河南乡村组织建设、河南乡村高素质人才建设、河南文化与乡风文明、河南乡村生态文明建设）对河南省的乡

---

① 中华人民共和国学校思想政治理论课重要文献选编：下册［M］. 北京：人民出版社，2022：1129.

② 中华人民共和国学校思想政治理论课重要文献选编：下册［M］. 北京：人民出版社，2022：1489-1490.

村振兴战略实践进行了内容编写。除此之外，我们还根据河南文化大省的实际，增写了"河南精神的当代实践""农耕文明的河南传承""焦裕禄精神的当代价值""擦亮仰韶文化坐标 担负文化大省责任""红旗渠精神：中华民族不可磨灭的历史记忆"等具有河南地方特色的教学内容。

第二，解决学生"学什么"的问题。传统"形势与政策"课教师一般都是大班上课，有的高校甚至以报告会的形式开展教学，上课人数动辄数百人，因此只能是教师教什么、学生就学什么，既缺乏师生互动，更无法体现精准的靶向化教学。课题组所在高校解决这一问题的首要任务就是从教材入手，破除师生之间的教学内容不匹配问题。通过近几年的深度持续调研，我们发现新时代的大学生对学什么有着十分明确的期待和需求，归结起来有两个方面。一是期望了解国内外最新形势的发展趋势。例如，俄乌战争的爆发引起了学生的广泛关注。调查发现，他们不仅关注俄乌战争的战况如何，更关注为什么会爆发俄乌战争，以美国为首的西方世界为什么会参与以及是怎么影响俄乌战争的，俄乌战争的未来走向会如何，战争最终将怎么影响欧洲乃至世界政治格局等问题。二是期望了解与自己成长成才相关的国家政策。例如，计算机与通信工程专业、软件工程专业的学生就想了解 AI 技术、人工智能技术的前沿问题、发展趋势和国家相关政策，以及这些技术的发展对自己就业的影响；环境工程、化学工程专业的学生就想了解国家环境保护和生态文明建设的相关政策，以及自己的就业出路等。这就要求在校本教材编写时把这些学生关注的问题作为"靶点"而加以解决。近几年的教材编写，课题组就十分重视立足于学生的关注点来组织编写内容。例如，2020 年的校本教材中就列出了"科技自立自强的中国实践"专题，详细讲解了包括 AI 技术、人工智能技术在内的国家科技政策，以及国家科技政策对相关行业、产业的影响。教材与学生需求的高度匹配，极大地提升了教材的施用效果。

三、以"三个贴近"突出内容靶向

高等教育出版社原副总编辑郑惠坚在 1999 年回顾高校思政课教材编写时，提出了 8 个基本观点。他认为，"国际、国内形势是在不断发展变化的，'两课'所涉及的理论和实践也在不断发展变化，因此'两课'教材建设……应根据变化了的理论和实际情况，在教材内容上体现新形势新要求"，同时，"'两课'教材内容框架应体现理论联系实际的原则。理论阐述应精要、好懂、管用……注意密切联系国内外经济、政治及社会发展等方面的实际问题特别是重点、热点、难点问题进行深入浅出的分析，尽可能回答现实问题，特别是学生感到困惑不解的实际问题"①。曾作为 2013 版、2015 版《毛泽东思想和中国特色社会主义理论体系概论》编写组首席专家的陈占安教授，在概括该课程教材十五年建设的基本经验时，提出了 6 条经验。他认为，高校思政课教材"不再强化某些知识点，而是使学生在这些知识点的关联中了解理论，引导学生认识这些理论所产生的历史背景和实践基础，掌握这些理论的基本内容和精神实质，明确这些理论怎样解决了实践发展中提出的问题，对指导中国的革命、建设、改革具有的历史意义和现实意义。通过这种努力，将学生的主要气力真正引导到学习和把握马克思主义的立场、观点和方法上"②。以上专家学者提出的观点和总结的经验，为课题组编写校本教材提供了方法和思路。具体来讲，就是"形势与政策"课校本教材编写应当坚持"三个贴近"，以突出教材内容的靶向性。

第一，贴近实际。"形势与政策"教材的基本要求是反映实际，而要反映实际就必须贴近实际。课题组在编写教材时是从两个维度来贴近实际的。一是宏观维度上的贴近实际。当前的宏观实际具体表现为：我国正处在并且长期处于社会主义初级阶段，这是当下中国最大的实际；我国是最大的发展中国家，这是国情；世界正处于百年未有之大变局，我国日益走进世界舞台的中央，这是世情；"党成立时只有五十多名党员，今天已成为拥有九千五百多万名党员、领导十四亿多人口大国、具有重大全球影响力的世界第一大执政党。……正领导中国人民在中国特色社会主义道路上不可逆转地走向中华民族伟大复兴"③，这是党情；"马克思主义中国化时代化不断取得成功，使马克思主义以崭新形象展现在世界上，使世界范围内社会主义和资本主义两种意识形态、两种社会制度的历史演进及其较量发生了有利于社会主义的重大转变"④，这是理论指导功能实现的实情。因此，我们在编写教材时，首先要突出国情、世情、党情、理论指导功能的实情。从已经出版的五版教材（"形势与政策"2019 版—2023版，新华出版社）看，每版的十个专题中至少要有五个专题来反映宏观实际。二是微观维度上的贴近实际。例如，课题组所在高校的学生 90% 来自河南省，

① 郑惠坚. 高校"两课"教材建设的回顾与思考［J］. 思想理论教育导刊，1999（1）：30-31.
② 陈占安. 改革开放以来高校思想政治理论课教材建设的回顾与展望［J］. 思想理论教育导刊，2018（10）：4-8.
③ 党的十九届六中全会《决议》学习辅导百问［M］. 北京：党建读物出版社、学习出版社，2021：61-62.
④ 党的十九届六中全会《决议》学习辅导百问［M］. 北京：党建读物出版社、学习出版社，2021：61.

就业去向大多数也在河南，因此应当通过"形势与政策"课把河南省情和经济社会发展状况讲清楚。除每版教材中的1~2个专题外，还额外增加了"河南省情专题""大美河南专题""富民强省专题""老家河南专题""文化河南专题""河南人·黄河情专题"等，尽可能地反映河南历史文化和经济社会发展全貌。

第二，贴近生活。教材要面向学生来编写，就必须充分反映现实生活主流，"着力展示人们为实现民族复兴而奋斗的生动实践，展示人民追求更加美好生活的发展前景……教材不能空谈理论，不能只有逻辑推导，而必须使理论同现实生活有机地结合起来，把理论讲活，使学生在阅读教材时不感觉到枯燥"①。课题组在编写校本教材时，着重从两个方面来体现生活。一是内容选取从生活中来到生活中去。例如，在撰写"共同富裕的中国特色和世界意义"专题中，除从历史和理论层面详细介绍了共同富裕的思想根源与中国共产党的探索历程、共同富裕的中国特色和时代价值、共同富裕的战略目标与实践要求、共同富裕的世界意义等内容外，还加入了大量的案例、数据。其中，郑州毛寨村案例（全国文明村）、许昌禹州市案例（全国百强县）等都是课题组定点调研单位，因而它们的案例和数据纳入教材是十分具有说服力的。二是话语表达贴近学生、贴近生活。例如，课题组在编写教材时，在保证信息精准的前提下，尽可能地使用生活化的话语表达方式，使学生阅读教材时有趣味。同时，编写的五版校本教材还精心设计了"知识卡片""相关链接""拓展阅读""原文传递"等辅助模板，使教材图文并茂、视听看兼备，极大地提升了教材的美感度和吸引力。

第三，贴近高校特点。教材是教学材料的总称，既包括教科书，也包括参考资料、影音材料、辅助阅读材料等，但其主体是教科书。与其他各门思政课不同的是，由于国内外形势与政策变化较快，而"形势与政策"课教科书编写难度较大且出版周期较长，因此很难做到标准化、统一化。从目前情况来看，高校"形势与政策"课教材选用主要来源有两个。一个是受教育部社会科学司、思想政治工作司委托，由中共中央宣传部时事报告杂志社按学期编写的《时事报告》（大学生版、教师版）及配套的 DVD 影音材料。这类教材是教育部规定的优先选用教材，但并未作出强制性要求。另一个是根据教育部印发的《高校"形势与政策"课教学要点》内容要求，各高校结合教

---

① 陈占安.改革开放以来高校思想政治理论课教材建设的回顾与展望［J］.思想理论教育导刊，2018（10）：4-8.

学实际自行编写的校本教材。这类教材大部分用于本校的课程教学，仅有个别教材面向社会发行销售。总体来看，这两类教材各有利弊，例如《时事报告》较之于校本教材具有权威性，但无法突显个性，很难满足各高校个性化教学需要。在吸引借鉴权威教材的基础上，编写校本教材有利于解决高校个性化教学需要的问题。近年来，课题组在编写教材时，着重突出高校特点，以多元化的内容来满足个性化教学需要。以2023版校本教材为例，我们设计了十个专题，分别是：中国式现代化的本质特征与实践路径；"两个结合"的理论内涵与实践要求；新时代以党的自我革命引领社会革命的战略指向；我国数字经济的现状及未来展望；共同富裕的中国特色和世界意义；维护粮食安全　端牢中国饭碗；我国低碳经济的现状及推进策略；乌克兰危机及其影响；新时代中国特色大国外交的新局面；红旗渠精神：中华民族不可磨灭的历史记忆。教学靶点分别对应理论创新、党的建设、经济建设、重大战略实施、政治建设、外交政策、国际关系、地方特色等。除这十个专题之外，我们还根据工科院校特点，增加了"回看百年轻工""大国的食品与食品安全战略"（食品与生物工程专业为郑州轻工业大学的国家级特色专业）等专业性强、个性化突出的教学内容。

表6-1　"形势与政策"校本教材的编写目录表

版本	专题内容	靶点指向
"形势与政策"校本教材（2020年版）	专题一 推进国家治理体系和治理能力现代化的理论与实践	重大战略
	专题二 读懂抗疫大考的"中国答卷"	重大事件
	专题三 全面、客观、辩证地看待我国经济发展	经济建设
	专题四《中华人民共和国民法典》的法理逻辑及其实践	法治建设
	专题五 确保如期打赢脱贫攻坚战	重大战略
	专题六 科技自立自强的中国实践	科技创新
	专题七 坚定不移推进"一国两制"和国家统一	政治建设
	专题八 建设文化强国的战略举措	文化建设
	专题九 美国的对华政策与中国的原则立场	外交政策
	专题十 河南精神的当代实践	地域特色

续表

版本	专题内容	靶点指向
"形势与政策"校本教材（2021年版）	专题一 苦难辉煌：中国共产党百年发展历程及其基本经验	党的建设
	专题二 创新中国：从科技大国迈向科技强国	科技创新
	专题三 多边主义：世界发展的破局之策	国际关系
	专题四 共同构建人与自然生命共同体	重大事件
	专题五 完善"一国两制"制度体系，护航香港长治久安	政治建设
	专题六 迈向更高质量的经济发展	经济建设
	专题七 谱写乡村全面振兴新篇章	重大战略
	专题八 实现民族大团结大繁荣	政治建设
	专题九 农耕文明的河南传承	地域特色
	专题十 焦裕禄精神的当代价值	地域特色
"形势与政策"校本教材（2022年版）	专题一 以正确党史观把握党的百年奋斗重大成就和历史经验	党的建设
	专题二 共同富裕：中国共产党新发展阶段的战略擘画	重大战略
	专题三 扎实推进乡村全面振兴的战略部署和生动实践	重大战略
	专题四 坚持自立自强建设世界科技强国	重大战略
	专题五 奥运精神：体育强国梦想的时代写照	社会建设 精神文明
	专题六 凝聚中华民族团结奋斗共同繁荣的磅礴力量	政治建设
	专题七 百年未有之大变局下的中国与世界	国际关系
	专题八 毫不动摇继续推进"一国两制"伟大实践	政治建设
	专题九 谱写新时代中原更加出彩的绚丽篇章	地域特色
	专题十 擦亮仰韶文化坐标 担负文化大省责任	地域特色

版本	专题内容	靶点指向
"形势与政策"校本教材（2023年版）	专题一 中国式现代化的本质特征与实践路径	理论创新
	专题二 "两个结合"的理论内涵与实践要求	理论创新
	专题三 新时代以党的自我革命引领社会革命的战略指向	党的建设
	专题四 我国数字经济的现状及未来展望	经济建设
	专题五 红旗渠精神：中华民族不可磨灭的历史记忆	地域特色
	专题六 共同富裕的中国特色和世界意义	重大战略
	专题七 维护粮食安全　端牢中国饭碗	重大战略
	专题八 我国低碳经济的现状及推进策略	经济建设
	专题九 乌克兰危机及其影响	重大事件
	专题十 新时代中国特色大国外交的新局面	外交政策

第二节　"形势与政策"课理论教学的靶向实施

　　理论教学是"形势与政策"课的主阵地、主场域，其教学效果的优劣直接决定着该课程建设的成败。进入21世纪以来，《中共中央宣传部、教育部关于进一步加强高等学校学生形势与政策教育的通知》《中共中央、国务院关于加强和改进新形势下高校思想政治工作的意见》《教育部关于加强新时代高校"形势与政策"课建设的若干意见》《中共中央办公厅、国务院办公厅关于深化新时代学校思想政治理论课改革创新的若干意见》等文件对"形势与政策"课理论教学的核心内容、教学方法改革、教学要求等都有着明确的安排，不仅为"形势与政策"课教育教学标明了靶向、靶点，而且对推进未来一个时期该课程的高质量发展发挥了引航作用。本节我们将立足于党和国家要求，并根据课题组调研数据和理论教学实践，以个案形式解析"形势与政策"课靶向理论教学的具体做法和取得的基本经验。

一、"形势与政策"课理论教学的靶点选取

有学者认为，高校"形势与政策"课程教育包含三个层级的目标：以知识教育为基础、以能力培养为中心、以价值观实践为目的，"根据这一教育目标，形势与政策教育要正确处理好教育的思想性和知识性的关系，把思想性作为首要任务"①。由于"形势与政策"课覆盖的领域、涵盖的内容十分广泛，加之课堂教学的时空限制，授课教师要面面俱到地把所有领域、所有内容全部讲授，不仅无法做到，而且也违背教学规律。把思想性作为首要任务并处理好思想性和知识性的关系、内容广泛性与课堂时限性的关系，必须对"形势与政策"课的教学靶点进行筛选，即找到找准教学重点要点与学生盲点兴趣点的耦合点。在实际教学过程中，课题组对耦合点是按照"教学要求—教材—大纲—具体内容—存在的问题"从大到小的逻辑关系来查找的。采用的具体方法有两个：一是每学年一次的全覆盖式的问卷调研；二是每学期开课前开展的理论教学靶点选取集体研讨和备课会。利用集体研讨和备课会析出靶点是各高校惯常性做法，这里仅就全覆盖式问卷调研确定理论教学靶点的方法进行解析。

全覆盖式问卷调研确定理论教学靶点是课题组多年来一直沿用的教学方法。问卷调研每学年开展一次，由课题组根据教学要求、教材、教学大纲等设计调研问卷并负责对问卷的信度、效度及各项测量数据进行分析研判。各任课教师负责所授课班级全体学生的问卷发放、回收和整理工作。近五年来发放率为100%，有效回收率在95%以上。为了说明问题和便于分析，这里我们以2023—2024学年的调研数据为例，对"形势与政策"课理论教学靶点的选取工作进行解析。

（一）调研样本描述

参与2023—2024学年调研的学生总量为16 620人。其中，按学阶分类：大一学生1590人、占比9.57%，大二学生4860人、占比29.24%，大三学生8710人、占比52.41%，大四学生1410人、占比8.48%，无效问卷50份、占比0.3%；按政治面貌分类：党员学生520人、占比3.13%，团员学生11 870人、占比71.42%，群众4180、占比25.15%，其他50人、占比0.3%；按学科分类：哲学190人、占比1.14%，经济学80人、占比0.48%，法学200人、占比1.2%，教育学80人、占比0.48%，文学2120人、占比12.76%，历史学40人、占比0.24%，理学3550人、占比21.36%，工学9520人、占比57.28%，农学70人、占比0.42%，医学20人、占比0.12%，管理学390人、占比2.35%，其他360

---

① 俞海洛. 大学生形势与政策教育方法论教程［M］. 郑州：河南人民出版社，2010：1.

人、占比 2.17%。通过 SPASS 工具对调研数据分析，其信度和效度均达到设计目标。其中，34 项问卷内容的 Cronbach. α 系数达到了 0.889（通常 α 系数在 0.8~0.9 区间时说明量表信度非常好）。

参与 2023—2024 学年调研的教师总量为 270 人。其中，按性别分类：男性教师 150 人、占比 55.56%，女性教师 120 人、占比 44.44%；按身份分类：思政课专职教师 160 人、占比 59.26%，院系领导 20 人、占比 7.41%，辅导员 10 人、占比 3.7%，党政部门人员 80 人、占比 29.63%；按专业背景分类：思政类 120 人、占比 44.44%，理工类 30 人、占比 11.11%，人文社科类 100 人、占比 37.04%，其他 20 人、占比 7.41%；按年龄分类：35 岁以下 100 人、占比 37.04%，36~40 岁 70 人、占比 25.93%，41~55 岁 60 人、占比 22.22%，55 岁以上 40 人、占比 14.81%；按教龄分类：1~3 年 90 人、占比 33.33%，4~10 年 50 人、占比 18.52%，11~20 年 80 人、占比 29.63%，20 年以上 50 人、占比 18.52%；按职称分类：教授 10 人、占比 3.7%，副教授 70 人、占比 25.93%，讲师 140 人、占比 51.85%，助教 50 人、占比 18.52%。通过 SPASS 工具对调研数据分析，其信度和效度也均达到设计目标。其中，56 项问卷内容的 Cronbach. α 系数达到了 0.844。

（二）样本数据析出的理论教学靶点

实践证明，理论教学的靶点不是由任课教师臆想出来的，而是根据教学要求和广泛的调研数据而解析出来的。课题组在对 2023—2024 学年 16 620 名学生调研分析时，就理论教学的核心靶点进行了解构，析出了对应的教学重点和难点，并在此基础上进行有针对性的教学准备。

1. 对待"形势与政策"课教材的态度。在运用校本教材的方式上，43.44% 的学生"上课时作为教材运用"，43.26% 的学生作为"自我阅读运用"；在对校本教材整体评价上，"很好"占 33.75%、"较好"占 32.85%、"一般"占 19.86%；在评价校本教材的优点上，"内容权威精确"占 52.17%、"覆盖全面，信息刚好"占 51.62%、"开拓视野，学术性强"占 56.86%、"语言通俗易懂，可读性强"占 42.12%、"有助于学习考试，好用性强"占 35.08%。这说明，校本教材作为理论教学的基本载体无论对于教学工作，还是学生理论知识学习都是十分必要的。因此，将国内外形势、政策发展变化理论转化为校本教材，充分体现内容的权威精确、信息的覆盖全面、语言的通俗易懂是开展好"形势与政策"课理论教学的先决条件。由此析出的理论教学靶点是，重在加强"语言的通俗易懂""有助于结课或研究生备考等学习考试"以及适合"自我阅读运用"（以上几个方面的评价得分比较低）等内容环节上。

2. 对待"形势与政策"课理论教学内容的态度。在"形势与政策"课理论教学内容的整体认知上，"非常感兴趣"占36.4%、"对部分内容感兴趣"占47.23%、"一般"占12.64%、"完全不感兴趣"占2.11%。可见学生对理论教学内容的兴趣点是有选择的。那么他们对哪些部分内容最感兴趣呢？数据表明，"党的理论创新成果，新时代发展中国特色社会主义的生动实践"相关内容占69.13%、"全面从严治党形势与政策专题"相关内容占48.56%、"我国经济社会发展形势与政策专题"相关内容占53.07%、"港澳台工作形势与政策专题"相关内容占40.43%、"国际形势与政策专题"相关内容占51.38%、"时事热点问题"相关内容占55.90%、"河南经济社会发展专题"相关内容占67.28%、"河南文化与河南精神专题"相关内容占71.44%、"其他专题"相关内容占8.27%、"无所谓、不清楚"占3.31%。那么，对于任课教师而言，其理论教学的兴趣点也不是统一的。调研发现，认为应该在"形势与政策"课中开展的专题，"党的重大理论创新成果"占85.19%、"党和国家现阶段的基本方针政策"占70.37%、"党和国家的重大决策和活动"占81.48%、"当前改革开放与社会发展现状、发展动态"占92.59%、"当前国际关系的现状、发展趋势和热点问题"占92.59%、"我国外交形势和对外政策"占77.78%、"其他"占18.52%。而任课教师最擅长的教授内容中，"党的建设"占59.26%、"经济发展"占48.15%、"政治建设"占48.15%、"文化建设"占62.96%、"社会建设"占74.07%、"港澳台问题"占14.81%、"国际形势"占33.33%、"其他"占27.06%。从以上数据比较中不难发现，"港澳台工作""国际形势与政策"等专题学生的关注度较高，但教师却并不擅长讲授该专题，同时应加强"河南经济社会发展专题""河南文化与河南精神专题"等学生兴趣点比较集中的内容讲授。这些内容就是理论教学的重点和难点，当然也是靶点。

3. 对待"形势与政策"课理论教学方式方法的态度。在希望由谁作为"形势与政策"课主讲教师上，希望"校院领导"占28.28%、"思政课专职教师"占47.11%、"辅导员"占14.32%、"团委、学生处等从事思政工作的教师"占23.89%、"校外相关专家"占15.4%、"根据不同的内容由不同的人来讲"占27.02%、"能讲明白就行，什么人无所谓"占20.4%；在对"形势与政策"课理论教学方式上，认为"可以"的占74.73%、"不能满足学生对当前形势政策了解的需求"占17.21%，建议"应该增加这方面的专题讲座或报告"的占18.77%、"可以增设形势与政策选修课"的占15.76%、"可以建设'形势与政策'课专题网站或微信公众号"的占13.24%；在自己喜欢的"形势与政策"课信息化教学手段上，认为"PPT中插入图片、视频、音频、动画"的占80.99%、"使用学习通、雨课堂等网络教学平台"的占45.25%、"线上学习平台上构建课程数据库使用各种资料"的占47.05%、"录制短视频辅助理论教学"的占28.52%、"其他教学手段"的2.83%；在希望在哪些方面改进"形势与政策"理论课教学手段上，认为应"优化网络教学平台，增加QQ、微信等网络即时通信平台作为教学交流补充"的占62.82%、"丰富网络教学平台资料内容，增加短视频、时政信息、习题等补充内容"的占58.06%、"提升线下授课质量，增加与课堂内容相关的教学案例、教学微视频、教学图片"的占42%、"采取菜单式教学法，学生提前通过网络平台投票选择感兴趣的上课主题"的占31.05%、"其他"的占2.23%；在喜欢的教学方式上，认为应"分小组自主讨论，老师对讨论的结果作点评，学生自学"的占48.32%、"走出课堂，开展实践"的占56.74%、"引用材料和实际案例来说明书本理论知识"的占47.95%、"互动教学，鼓励学生自主发言"的占19.86%。相比较而言，教师在进行理论教学时，"互动内容丰富，形式多样"的占48.15%、"互动内容较多，但形式单一"的占48.15%、"互动内容少，偶尔进行互动"的占25.93%；而在最喜欢使用的教学方法上，"讲授法"占70.37%、"专题讲座"占74.07%、"形势报告"占48.15%、"网络学习"占33.33%、"视频教学"占59.26%、"课堂讨论"占48.15%、"小组学习"占29.63%、"互动教学"占48.15%；在使用信息化教学手段上，"PPT中插入图片、视频、音频、动画"的占92.59%、"使用学习通、雨课堂等网络教学平台"的占81.48%、"线上学习平台中构建课程数据库提供各种资料"的占70.37%、"录制短视频"的占40.74%、"其他"的占3.7%。从以上数据对比，可以清晰地看出教师的"教法"与学生希望的"教法"并不匹配。例如，"讲授法""专题讲座"法在教师的教法中占比最高（均超70%），而学生最希望的教法却是"小组讨论""理论联系实践，在实践中学习理论"（均在50%左右），这种不匹配或者说是"教与学"的矛盾，正是理论教学方式方法的靶向和靶点。

二、"形势与政策"课靶向理论教学的开展

根据全覆盖式问卷调研和集体研讨、备课会析出的理论教学靶点，课题组实验性地开展了"形势与政策"课靶向理论教学。由于内容比较庞杂，涉及教学内容、教学方法、教学手段、教学评测、组织管理等，所以仅撷取几个关键性问题进行解析。

（一）围绕内容难点开展靶向理论教学

"形势与政策"课所谓的内容难点包括两方面，即宏观上的内容难点，如党的最新理论的解读，以及具体讲授内容上的难点，如前面所析出的"港澳台工

作""国际形势与政策"等学生关注度高但教师不会讲或讲不好的专题内容。这里仅就我们在"具体讲授内容上的难点"上的一些做法加以解析和说明。

以"国际形势与政策"为例，我们按照以下步骤进行靶向理论教学。

第一步，从纷繁复杂的国际形势与政策中，筛选出应重点讲授的专题内容。例如，2020年面对错综复杂的中美关系以及疫情下美方的对华政策，我们集体选定"美国的对华政策与中国的原则立场"为重点讲授内容；2021年为"多边主义：世界发展的破局之策"；2022年为"百年未有之大变局下的中国与世界"；2023年为"乌克兰危机及其影响"。这些专题内容都是当年的热点问题，由于事态都处在不断变化之中，因而也是讲授的难点问题，既不能回避，也不能放任学生自主学习而不加以引导。

第二步，找准教学靶点撰写教材、教案。以2023年的"乌克兰危机及其影响"为例，课题组通过大量的资料收集、整理和研讨，从一年多的俄乌冲突中解析出四个需要重点讲解的理论问题：一是乌克兰危机产生和发展的来龙去脉；二是俄乌冲突中各方立场和行动；三是俄乌冲突对世界格局的影响；四是冷静分析大国互动中的新变化和新趋势。同时，以这四个理论问题为基点进行教材和教案的编写。通过学习乌克兰危机的演变和影响，有利于大学生深入了解当代世界政治形势，树立正确的历史观、大局观、角色观，在百年未有之大变局中认清中国的地位和作用，进而认清中华民族伟大复兴的历史意义以及自身责任。该专题需要解答靶点问题是：自1991年8月24日乌克兰最高苏维埃正式宣布乌克兰独立至今，乌克兰作为一个现代独立国家所存在的历史仅有30余年。但是俄罗斯人与乌克兰人这两个"本是同根生"的民族之间的"爱恨情仇"何以存在并发展演变成今天这种状态？这种冲突对抗状态何以成为影响当代国际关系的重要因素？解答靶点问题的理论逻辑是：首先，解答乌克兰危机产生和发展的来龙去脉是什么，具体包括乌克兰危机复杂的历史经纬、乌克兰危机的复杂诱因（内部原因、外部原因、深层动因）；其次，解答俄乌冲突中各方立场和行动怎么样，包括当事国（乌克兰、俄罗斯）的立场和行动，利益攸关国或国际组织（美国、北约、欧盟、日本）、协调国或国际组织（中国、联合国等）、旁观者（世界其他国家或地区、国际组织、区域政治经济联盟、非政府组织等）的立场和行动；再次，解答俄乌冲突对世界格局有什么样的影响，包括"新冷战"阴影将成为世界进入动荡变革期的重要注脚，维护世界和平、促进共同发展的国际环境将更为艰难，国际体系和国际秩序将面临动荡和变革，全球治理重心和议程将面临调整；最后，落脚到大学生应冷静分析大国互动中的新变化和新趋势。

第三步，基于靶点开展理论教学。一是将编写好的教案和需要提前阅读的教学资料下发给学生预习。如中华人民共和国外交部长王毅在第 69 届联合国大会一般性辩论上的发言，普京就俄乌局势及承认顿巴斯地区独立的电视讲话，《华盛顿邮报》刊发的基辛格《乌克兰危机如何收场》相关文章等。二是提前拟定学生需要思考的理论问题，以分组讨论的形式在课上解答。如乌克兰危机升级为俄乌冲突之后，中美俄大三角有何变动；有观点认为乌克兰危机使中国又迎来了一次战略机遇期，你对此观点有何看法。三是制作理论教学课件和教学视频，将理论教学的靶点内容在课堂上直观化地呈现给学生。四是分组讨论，围绕预习的内容和需要思考的理论问题，由若干组选定代表进行观点汇报与辩论，任课教师根据研讨情况进行引导。

第四步，基于靶点进行理论拓展。就"乌克兰危机及其影响"专题而言，仅从历史和理论两个方面了解事态的发展是远远不够的，课题组认为还应基于靶点进行"新时代中国特色大国外交的理论和实践"方面的知识拓展，使学生理解为什么我国在俄乌冲突问题上采取政治解决的"12 条立场"①。这样不仅深化了对专题的学习和理解，而且通过知识拓展，还使学生学习了新时代中国特色大国外交的新贡献、新实践、新部署，深刻理解了习近平外交思想的丰富内涵和深远意义，认识了新时代、新征程背景下中国面临的新挑战、新机遇，进而坚定为中华民族伟大复兴和人类命运共同体的构建贡献力量的自信心与自觉性。

（二）围绕方法创新开展靶向理论教学

调查发现，学生对"形势与政策"课的学习兴趣和学习效果同教学方法的使用有着极大的关系。44.83% 的学生认同跑班制教学，即每个专题由不同的老师进行教学；对采用分小组自主讨论，老师对讨论的结果作点评，以及引用材料和实际案例来说明书本理论知识的认同度分别为 48.32% 和 47.95%，而对老师只讲授教材和课件内容的认同度仅为 7.8%。与此同时，学生对教师使用现代信息技术进行授课的期望值比较高。62.82% 的学生希望优化网络教学平台，增加 QQ、微信等网络即时通信平台作为教学交流补充；58.06% 的学生希望丰富网络教学平台资料内容，增加短视频、时政信息、习题等补充内容；42% 的学生希望提升线下授课质量，增加与课堂内容相关的教学案例、教学微视频、教学图片；31.05% 的学生希望采取菜单式教学法，学生提前通过网络平台投票选

---

① 注：2023 年 2 月 24 日，中华人民共和国外交部发布《关于政治解决乌克兰危机的中国立场》。共 12 条，分别是：一、尊重各国主权。二、摒弃冷战思维。三、停火止战。四、启动和谈。五、解决人道危机。六、保护平民和战俘。七、维护核电站安全。八、减少战略风险。九、保障粮食外运。十、停止单边制裁。十一、确保产业链供应链稳定。十二、推动战后重建。

择感兴趣的上课主题。在进行负向问题调查时，认为影响课程教学效果主要的原因排名前三位的分别是"讲课内容距离学生太远"（42%）、"教师知识面受限，学科功底不扎实"（29.3%）、"课堂规模太大"（25.7%）；而在调查"任课教师讲课缺乏吸引力"以及"课程教学存在的主要原因"中，排在首位的均为"教师的教学方式和手段单一"（分别为48.56%、49.04%）。近年来根据调查发现的问题，我们着力加强对课程教学方法的改革与创新，瞄准析出的"问题靶向"，制定并实施具体的解决方案。

1. 以师资质量为靶向调配教师队伍

教师是解决"形势与政策"课建设一切问题的关键。习近平总书记指出："办好思想政治理论课关键在教师，关键在发挥教师的积极性、主动性、创造性。"① 实践证明，教师业务素质的高低，以及开展教学的积极性、主动性、创造性发挥如何，直接决定着教学质量和育人效果。在成立马克思主义学院之前，课题组所在高校的"形势与政策"课教师构成比较复杂，包括专职思政课教师、校院领导干部、学生辅导员、其他学院相关专业教师、党政管理干部、少量研究生、校外聘用人员等。学科背景十分庞杂，理工学科占比一度达到40%，人文社会科学学科占比50%左右，而马克思主义理论学科占比仅为10%左右。与此同时，任课教师的职称比例严重失调，助教、讲师占比高达70%，高级职称比例不足20%。面对这种情况，学院会同人事、教务部门制定出台《思政课教师选聘管理办法》，对任课教师的资格进行了规定。就"形势与政策"课而言，有三条"硬规定"：一是必须具有硕士以上学位和讲师以上职称；二是必须具有马克思主义理论基础或学科专业背景；三是必须主持两项以上省级课题（或省级教改）或在省级及以上教学大赛中获得二等奖以上的奖项，能够胜任课程教学、课程建设和课题研究工作。经过近五年的建设，目前任课教师博士化率达到了65%，具有马克思主义理论学科背景的专职教师或学生辅导员接近70%，高级职称比例超过40%，基本形成了以专为主、专兼结合的教师队伍，教学质量和水平较之以往有了明显提高。

2. 以教学效果为靶向改革教学方法

"以学生的学习成效为目标，深入开展以学生为中心的教学方式和学业评价方式改革，激发学生学习兴趣，引导学生深入思考，实现思想启迪和价值引领"②

---

① 习近平. 论党的宣传思想工作［M］. 北京：中央文献出版社，2020：378.

② 全面推进高等学校课程思政建设——教育部高等教育司负责人就《高等学校课程思政建设指导纲要》答记者问［EB/OL］. 教育部网，2020-06-05.

是我们党对高校思政课教育教学改革提出的明确要求。根据中央要求和调研结果，近年来课题组所在高校以教学效果为靶向着力加强教学方法的改革和创新。其一，实施专题化教学，即每学期围绕党的创新理论、国内外重大时事、党和国家重大政策、区域经济社会发展等设置 8~10 个专题，组成专题教学团队（每个团队 5 人左右）开展集体授课。其二，开展跑班制教学，学生根据提前下发的专题教学内容选定不少于 5 个专题进行跟班上课，其他专题为选修，学生可以跟班上课，也可以通过网络课程进行自主学习。对于需要讲授但选题人数较多的专题，则采用专题报告会的形式进行。但总体原则是上课班级人数不超过 120 人（中班教学）。其三，推进现代信息技术辅助教学。例如，搭建了"郑州轻工业大学'形势与政策'课靶向理论教学与实践资源数据库"实时分类更新教学内容；开通"形势与政策"课微信公众号，将数据库资源与之同步，辅助学生动态化学习；组建教学视频制作团队，将重大时事、政策、理论等内容进行视频化呈现，增加学生的学习兴趣。截至 2024 年 2 月，教学视频制作团队制作"开学思政第一课"（每个专题 8~10 分钟）17 期、"中国共产党精神谱系""青年中国说""河南文化与河南精神"等近 200 期，学生的累计点击访问量 1000 余万次，解决了"讲课内容距离学生太远""教师的教学方式和手段单一"等问题。

（三）围绕精准测评开展靶向理论教学

传统"形势与政策"课教学的测评多为平时成绩测评、期末考试或考察测评，这种测评形式一般只能反映学生某一方面或某一学习阶段的任务完成情况，无法真实反映动态学习效果和学习质量。在调研中，虽然有 79.48% 的学生认为现有测评方式"能达到应有的考核效果"，但从任课教师的反馈情况看，这个数据的可信度并不高（因为参考网络资料的学生 55.23%、简单拼凑的占 7.34%、直接网上下载的占 3.61%）。反观学生对测评的意见和建议，仅有 22.14% 的学生建议"采用闭卷考试方式"进行测评，而选择"采用个人提交课程论文""分组提交调研报告""提交短视频、设计作品、动漫等"形式却分别为 44.28%、34.9% 和 26.35%。相比而言，后者数据具有较高的可信度。针对以上析出的问题，我们主要采取了两个方法。一是积极吸收学生的意见和建议，大幅度缩减"闭卷考试"占比，增加课程论文、调研报告、设计作品等自由度较大的考评方式的占比。二是利用现代化技术对学生学习情况进行跟踪式测评，注重在动态过程中考查学生的持续学习能力和学习质量。由于第一种方法各高校均有不同程度地开展，这里仅就第二种方法作一下解析（具体数据见图 6-1）。

1. 多次测评

将原本在学期末的考试或考察分散到整个教学过程之中，实行一个专题一考评或一个专题按知识点和重要程度进行多次考评。以 2021—2022 学年第二学期到 2023—2024 学年第一学期四个学期的考评为例。四个学期分别在教学过程中分别考评了 22 次、107 次、79 次和 116 次，按每学期平均 5 个专题计算，每个专题考评频次分别为 4.4 次、21.4 次、15.8 次和 23.2 次。学生参与人数分别为 2484 人、10904 人、6355 人和 12441 人，通过人数分别为 1921 人、10679 人、6257 人和 12238 人，通过率均最低 77.3%、最高 98.4%。通过率最低时为 2021—2022 学年第二学期，一方面受疫情影响学生大部分时间居家学习，另一方面这一时期也是我们进行测评方式改革的初试阶段，因而无论参与人数还是通过率均不高。而随后三个学期的通过率均超过 97% 且呈不断增长趋势。这说明，这种多次测评的方式较好地提升了学生的学习积极性和课程参与率。

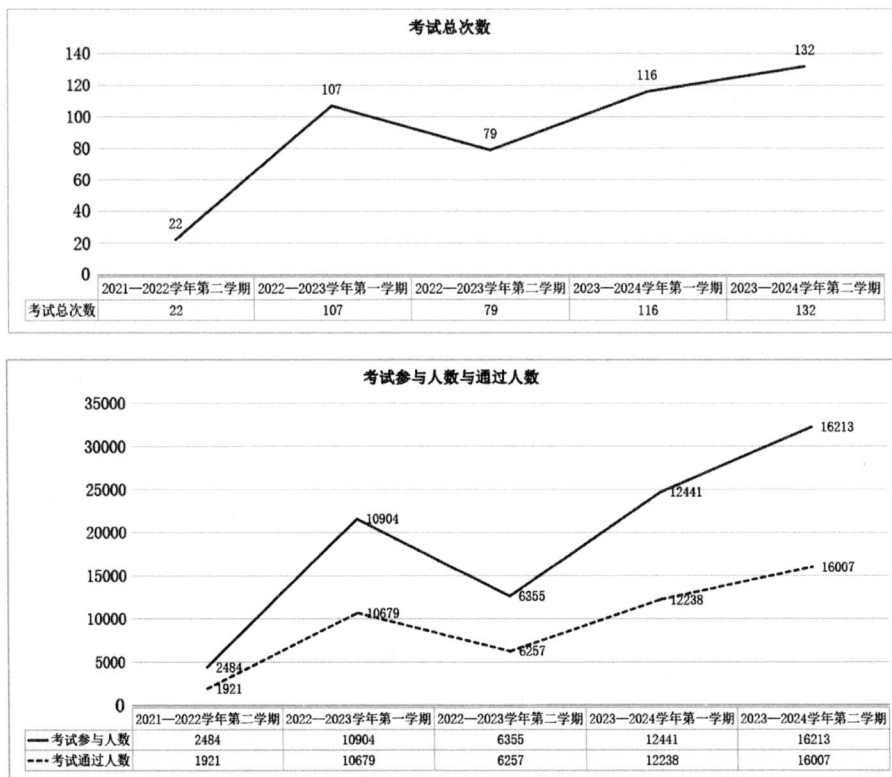

考试总次数

	2021—2022学年第二学期	2022—2023学年第一学期	2022—2023学年第二学期	2023—2024学年第一学期	2023—2024学年第二学期
考试总次数	22	107	79	116	132

考试参与人数与通过人数

	2021—2022学年第二学期	2022—2023学年第一学期	2022—2023学年第二学期	2023—2024学年第一学期	2023—2024学年第二学期
考试参与人数	2484	10904	6355	12441	16213
考试通过人数	1921	10679	6257	12238	16007

图 6-1 "形势与政策"课考试次数、参与人数与通过人数对比图

2. 多项加权测评

所谓多项加权测评，就是把分次测评、期末考试、读书报告、调研报告、课程论文、设计作品、短视频制作等按不同权重折合成总成绩并给出最终测评

结果（见表6-2）。例如，非艺术类专业学生A在"形势与政策"课测评中完成了分次测评、期末考试、读书报告、调研报告四项，则A的总测评分值＝（分次测评×0.45+期末考试×0.15+读书报告×0.1+调研报告×0.1）×100%÷4。如果班级学生B完成了其中的1~3项，加权平均值就会明显少于A学生，其分差也会在测评数据平台上实时显现。对于艺术类专业学生除有"课程论文"和"设计作品、短视频制作"的差别外，换算方法并无差异。这种测评方式的益处在于：一是摒除了传统测评（考试或考查）单一化弊端；二是有利于学生自由选择测评内容，有效释放了学生专业优势，使学生专业学习与"形势与政策"课教学实现有机融合；三是极大地便利了任课教师对学生动态学习过程的掌握，能够及时根据学生的学习状况进行教学调整。

表6-2 "形势与政策"课加权测评表

序号	测评分项	赋值权重
1	分次测评	0.45
2	期末考试	0.15
3	读书报告	0.1
4	调研报告	0.1
5	课程论文（仅限非艺术类专业学生）	0.20
6	设计作品、短视频制作（仅限艺术类专业学生）	0.20
7	其他（加分项，根据专业特色自主选择）	0.1

三、"形势与政策"课靶向理论教学的基本经验

理论教学是"形势与政策"课的核心所在，没有高质量的理论教学，将大大折损其他教学形式的实际价值和育人效能。通过近几年课题组坚持不懈地推进靶向理论教学，学校的"形势与政策"课整体建设质量持续提升，先后获评"河南省优秀思想政治理论课""河南省线上线下混合式精品课程""河南省首批通识类优秀课程"等。在此基础上，我们积累形成了以下基本建设经验。

第一，理论教学必须坚持正确的政治靶向。习近平总书记指出："办好思政课，最根本的是要全面贯彻党的教育方针，解决好培养什么人、怎样培养人、

为谁培养人这个根本问题。"① 这表明思政课在根本上是区别于其他专业课程的，它是以政治性作为第一属性的课程，因而必须把讲政治放在课程建设和理论教学的首位。其一，应全面讲授党治国理政的政治理论。中国共产党治国理政的政治理论是由政治方针、政治路线、政治政策、政治知识、政治历史和政治逻辑等组成的理论整体，"形势与政策"课不能只讲授个别的时事政治和政治知识，而应将理论整体归纳概括并寓于具体的形势、政策之中进行深入浅出的讲解，使学生在学习政治理论的过程中，自觉增强政治领悟力、政治判断力和政治执行力。其二，应全面讲授我们党的政治发展历史。坚持政治靶向教学首先要让学生树立起正确的党史观和大历史观，引导学生从历史的角度分析和解答现实存在的形势与政策。虽然在"中国近现代史纲要"等思政课程中对党的政治发展史有所涉猎，但毕竟与"形势与政策"课有所区别。"形势与政策"课所讲的党的政治发展史并不是从单纯历史的角度来讲，而应蕴含到具体的政策中来讲解。例如，课题组成员在讲解"一国两制"专题时，就要讲解 1840 年以来港澳的历史，尤其要讲新中国成立以后我们的对港、对澳的政策及其历史演进，使学生在学习历史中认识到"一国两制"重大政策的历史必然和发展趋势。其三，应全面讲授党的重大政治政策。党的重大政治政策既包括宏观上的国体政体等根本政治制度、经济制度、文化制度等，而且也包括一系列重大具体政治政策。"形势与政策"课就要用以小见大的方式讲清楚我们党是如何把握共产党执政规律、社会主义建设规律和人类社会发展规律，讲清楚党领导人民如何实现立国、兴国、强国的伟大飞跃，讲清楚我们如何开辟中国特色社会主义理论和实践新境界，带领人民走向伟大复兴之路的。因此，"形势与政策"课决不能片面化或片段化地将党的政治政策割裂式讲授，而应把蕴含其中的政治理念、政治价值和政治逻辑讲清讲透。

第二，理论教学必须抓住学生关心关注的深层理论和实践问题进行靶向解答。调查数据表明，当代大学生并不是不关心关注理论问题，而是关心他们所不理解或把握不准、不透的深层理论问题。如果任课教师的理论教学不把学生的关注点作为靶点，其教学效果必然大打折扣。这就需要通过深入细致的调研来发现理论教学靶点。例如，调查发现，学生对"党的理论创新成果，新时代发展中国特色社会主义的生动实践"兴趣度高达 69.13%，那么如何讲好习近平新时代中国特色社会主义思想这个党的重大理论创新成果就成了"形势与政策"

---

① 习近平. 论党的宣传思想工作［M］. 北京：中央文献出版社，2020：377-378.

课教学最大的靶向。那么在这个靶向下，如何找到抓准理论教学靶点，一方面靶点既不能与"习近平新时代中国特色社会主义思想概论"课完全重复，又要与之相衔接，并作为"习近平新时代中国特色社会主义思想概论"课的理论延伸。另一方面所找靶点既不能过大也不能过小，过大则在有限的教学专题中无法完成，过小则又容易陷入细枝末节而丢掉主题主线。因而，课题组在教学中就找到了习近平新时代中国特色社会主义思想是"当代中国马克思主义、二十一世纪马克思主义"，是"中华文化和中国精神的时代精华"两个靶点，进行理论教学。通过历史和逻辑的分析，解答党的二十大报告和二十大修订的党章中为什么作出这样的重大理论判断，以及作出这样重大理论判断的丰富内涵和历史意义在哪里。这样既与"习近平新时代中国特色社会主义思想概论"相关理论内容相衔接又避免了重复。

第三，理论教学必须立足改革创新进行靶向讲授。要激发学生的理论学习兴趣，就必须以学生的学习成效为目标，深入开展以学生为中心的教学方式和学业评价方式改革创新。从上文列明的调研数据可见，传统"你讲我听"的理论教学模式已经不能适应当前的学生学习需要和教学状况（这并不表明要完全抛弃传统教学模式，而是要在继承传统教学模式优势的基础上进行合理化改革创新）。对于这一点，习近平总书记在学校思政课教师座谈会明确提出了"八个相统一"的教学改革创新要求。"八个相统一"既是理念，也是方法，为新时代"形势与政策"课教学改革创新指明了方向。在实际教学中，课题组所在高校实施专题化教学、开展跑班制教学、推进现代信息技术辅助教学、实施多项加权的精准测评等都是以"八个相统一"为指导开展的教学改革创新。我们相信，随着现代教学理论的丰富和发展，以及现代教学实践的推进，会有越来越多的新式教学方法涌现出来，这是理论教学需要高度重视并不断学习掌握运用的重要教育教学靶向。

第三节　"形势与政策"课实践教学的靶向开展

如何开展包括"形势与政策"课在内的思政课实践教学是当前高校普遍关注的问题，也是一个长期以来存在的难题。之所以是个难题，从理论和实践两个层面来看主要有四个方面原因：其一，找不到理论与实践的对接点，也就是说实践教学的靶点与理论教学的靶点不衔接、不吻合；其二，找不准实践教学的适当方式，传统实践教学普遍倾向于把学生"带出去"，以参观式教育代替沉浸式教育，无法适应现代教育发展要求；其三，思政课实践教学学时、学分通常包含在理论教学之中，一方面讲授理论课时的教师因为工作量的关系，并不太愿意将实践教学的学时、学分单独剥离出来，另一方面由于没有固定的单独的学时、学分限制，学生参与实践教学的积极性和主动性并不高；其四，不少高校未能单独设置思政课实践教研室，既没有专职实践教学教师，又没有独立的实践教学课程，因而处于无人组织和管理的状态。当前学界对思政课实践教学的问题已经开展了多维度的研究，也取得了一定的研究成果，但实践效果不佳。近几年，课题组所在的高校也在大力开展理论教学基础上的实践教学研究和探索，根据靶向教学理念，逐步建构起了以"在马言马"思政对话栏目、综合实践课、虚拟仿真实验室为主体的"形势与政策"课综合实践教学体系，创造性地解决了上述部分问题。

一、"形势与政策"课靶向实践教学的总体思路

著名的教育学家王策三教授曾讲过这样的观点，他认为教学首先是一种特殊的认识过程，"认识过程的普遍规律是支配教学过程的根本规律，它为揭示教学过程的运动规律提示了总的方向和根本线索。……教学认识也是这样。社会实践是认识的目的、基础和检验的标准。教学也不能超越一定的社会历史实践，始终必须在一定社会实践的基础上进行。认识过程的一般顺序或阶段是：由感性认识发展到理性认识，再由理性认识发展到实践。教学中的认识在总体上也必须这样"①。这段论述说明，教学在本质上是人类社会实践的一部分，教学过程的实践性要求必须把教育者和受教者的认识规律作为教学实践的基础，也就是说无论教学过程中的理论教学，还是实践教学都必须遵从认识规律和实践规律。我们认为，"形势与政策"课本身包含理论教学和实践教学两个部分，两者既不能分割，更不能相互替代。

既然"形势与政策"课实践教学十分重要且不可或缺，那么就要想办法做好这项工作，使其与理论教学同步共振、协同发挥育人作用。根据长期的实践教学研究和探索，我们形成了"形势与政策"课靶向实践教学的总体思路（如图6-2所示）。

---

① 王策三. 教学论稿：第2版［M］. 北京：人民教育出版社，2005：110-111.

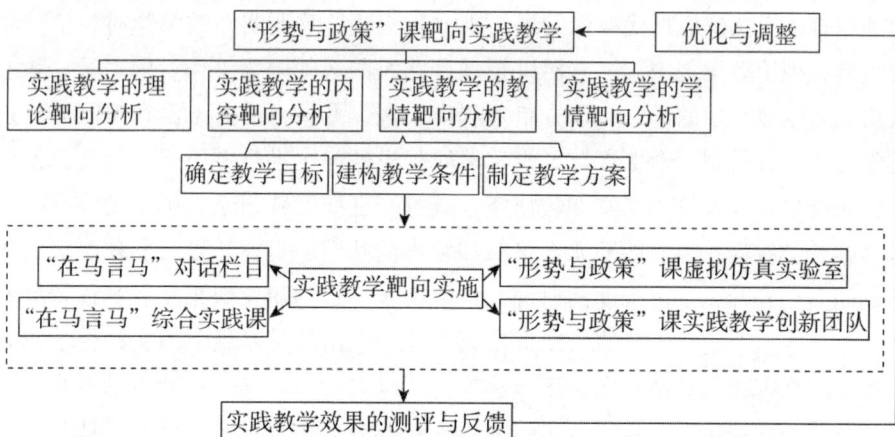

图6-2 "形势与政策"课靶向实践教学总体思路图

　　"形势与政策"课靶向实践教学的总体思路包含四个层级或者说四个阶段。

　　第一阶段为靶向分析阶段。主要对实践教学的理论靶向、内容靶向、教情靶向、学情靶向进行分析。在这四个靶情分析中理论靶向与内容靶向居于核心位置。一般认为实践教学是独立于理论教学之外的教学活动过程，这是不完全正确的。一方面，实践教学作为主体性教学活动的确具有相对独立性，另一方面，实践教学在本质上应是理论教学的延伸，是为了解决理论教学中的重点、难点问题而设计的教学环节，决不能出现游离于理论教学之外的实践教学。既然实践教学的主要功能是承接理论教学的缺陷与不足，以及印证理论教学的正确性与合理性，那么在这个阶段首先要解决的问题就是找到、找准实践教学对接理论教学的靶点，然后再开展有针对性的实践教学。例如在"乡村振兴专题"教学中，理论教学的任务是讲清楚乡村振兴战略提出的背景、战略目标、战略规划、基本内容，以及党和国家部署的具体任务与举措等，而实践教学就是把上述理论问题通过研讨、调查调研、虚拟仿真的情景再现等形式，加以固化和确证。虽然两者的教学靶点具有形式上的不同，但在政策的合理性和确证性上是一致的，这就是两者的共同靶点。因而，在这个阶段找到、找准靶点是开展实践教学的前提和基础。

　　第二阶段为教学目标、教学方案的制定和教学条件的创设阶段。该阶段主要解决两个问题。一是实践教学目标的达成。包括"形势与政策"课实践教学的总目标和各专题教学的分目标，以及总目标和分目标达成的方案、策略、步骤等。二是实践教学条件的创设。主要包括校内实践教学条件的创设（如教学团队组建、教学过程分解、实践教学准备、实践教学设施建设等）和校外实践教学条件的创设（如实践教学基地的遴选、实践教学人员的选配、参与实践学生的选取与组织、实践教学内容的准备等）。在此基础上，实践教学团队根据教情、学情、课情以及校内外实践条件准备情况，制订合理的实践教学方案。

第三阶段为实践教学的实施阶段。由于各高校实践教学情况和条件不尽相同，课题组所在高校主要进行的是校内实践教学。因此，我们在该阶段主要开展了三项具有本校特色的"形势与政策"课实践教学活动，即开设"在马言马"思政对话栏目、开展"在马言马"综合实践课、建设使用"形势与政策"课虚拟仿真实验室。

第四阶段为实践教学的效果评测与反馈阶段。主要解决的是评测实践教学实施的效果，以及如何将评测结果反馈到下一周期的"形势与政策"课实践教学中去，以提升实践教学的质量和水平。

二、"形势与政策"课靶向实践教学的具体实施

随着办学规模的扩大，课题组所在高校近年来大力推进思政课实践教学工作，与红旗渠干部学院、焦裕禄干部学院、南水北调干部学院、大别山干部学院、何家冲干部学院、南街村、小岗村等省内外单位签署协议成立思政课实践教学基地12个。同时，基于靶向教学理念，依托校内资源建成思政课VR虚拟仿真实验室4个，开设"在马言马"综合实践课程1门，常年开设"在马言马"思政对话栏目，使"形势与政策"课形成了校内校外相结合、课上课下相协同的实践教学体系。由于思政课VR虚拟仿真实验室主要依托技术公司的服务，且高校使用的具体操作较为雷同，这里仅就我校开设的两项比较有特色的"形势与政策"课靶向实践教学进行解析。

（一）"在马言马"思政对话实践教学的开设

"在马言马"思政对话实践教学是河南省高校首个校内综合实践类活动。它以栏目的形式开设，聚焦时政热点焦点，关注国家和地方宏观战略，以学生思想关注点为内容产出主体，以不同专业的专家解读为主要形式，形成师生讨论式交锋。同时，教师用马克思主义理论和方法论进行阐释，通过理论与现实的结合，让学生体会到马克思主义理论对于现实的解释力，感受理论、观点碰撞时产生的魅力。栏目秉持"接地气、有灵气、汇活力、增底气"的原则，让每一期栏目都成为一堂精彩的综合实践课，并让学生真正做到"研马、信马、爱马、用马"。栏目从2020年3月份开设以来，围绕党和国家重大时事、重要会

议、重大政策等内容每年均举办 4 期以上，线上线下参与人数累计 6.5 万余人次（见图 6-3）。

图 6-3　"在马言马"思政对话实践教学活动现场图

1. 活动的特点

"在马言马"思政对话实践教学实质上是"形势与政策"课理论教学活动的课外延伸。较之于课堂理论教学，有三个特点。其一，多视角。即栏目和课程相结合，确定每学期理论讲解专题，学生带着问题参与对话栏目。栏目现场随机提问，邀请不同专业和学科背景的专家学者进行解答。在凸显学生主体的同时，也使学生从"学"到"信"，从"知"到"行"。其二，有共鸣。栏目和课程从主题确定到实践开展，均以回应学生问题为主旨，师生在互动中实现师生共成长。其三，有滋味。活动破除了传统教学的"我讲你听"的固化模式，在尊重学生理论观点的同时，合理化地加以引导。同时，活动还配有音乐、视频、现场动手制作（常用于传承中华优秀传统文化等动手实践类活动），使学生参与其中并得到教育。

2. 活动的流程

"在马言马"思政对话实践教学作为课堂教学环节的一部分，有其相对固定的规则和流程（见图 6-4）。

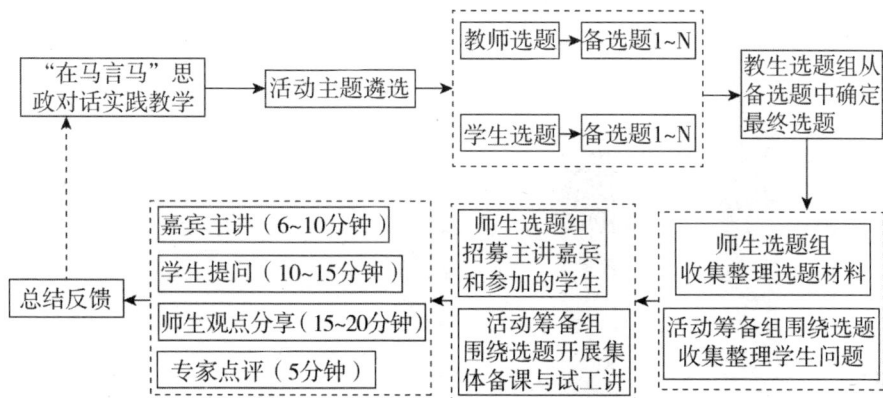

図 6-4 "在马言马"思政对话实践教学活动流程示意图

为了达到靶向教学的效果，"在马言马"思政对话实践教学活动从确定选题到收集材料再到现场活动组织均体现了师生的双主体性。第一，在选题遴选时，成立师生选题组，对教师选题和学生选题进行集体研判，确定的选题必须得到选题组三分之二的同意后方可通过。第二，在活动准备阶段，在师生选题组的基础上，成立活动筹备组，同样由师生按 1∶1 的比例构成。选题组负责收集整理选题材料，活动筹备组负责收集整理学生的问题。在此基础上，两组分工协作进行招募主讲专家以及集体备课与试讲等工作。第三，活动开展阶段，共分为四个环节，即专家主讲、学生提问、师生观点分享、"形势与政策"任课教师点评。在此阶段依然是学生居于主体位置，学生提问与师生观点分享、研讨、辩论等的时间分配占三分之二左右。这样在各环节都有学生参与，也都直面学生的问题，极大地提高了活动的靶向性。

3. 活动的效果

截至 2024 年 2 月份，"在马言马"思政对话实践教学活动共开展了 16 期。其一，课题组通过问卷对参与学生进行了活动效果匿名调查。从数据上看，活动参与意愿度达到 73%，不愿意和非常不愿意仅为 5.2%；活动满意度与非常满意度高达 97.6%，不满意度为 0%；在活动收获方面有收获和很有收获度达 95.1%，一般与没有收获仅为 3.6%。这说明，学生参与实践教学活动的效果良好。其二，课题组除对在校生进行定量调查外，还对已经毕业的学生进行了跟踪调研。调研显示，参与活动组织管理的学生在自主知识获取、分析研究问题等方面的能力较之于从未参加过实践活动的学生均有明显的差距（见图 6-5、6-6、6-7）。

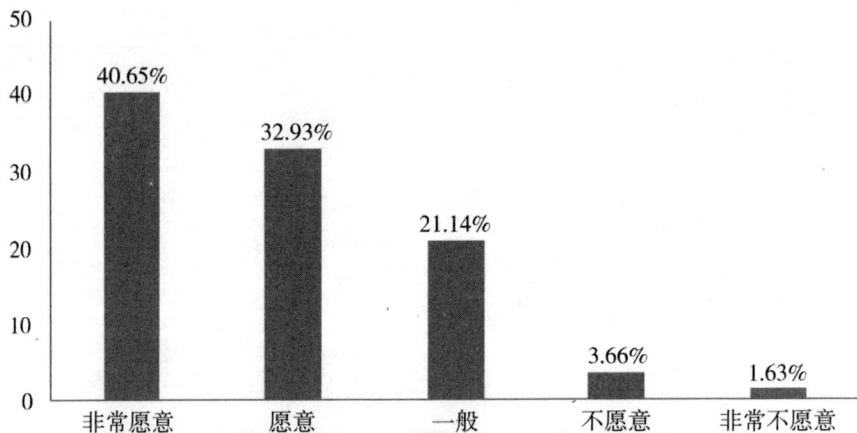

图 6-5　"在马言马"思政对话实践教学活动参与意愿度统计图

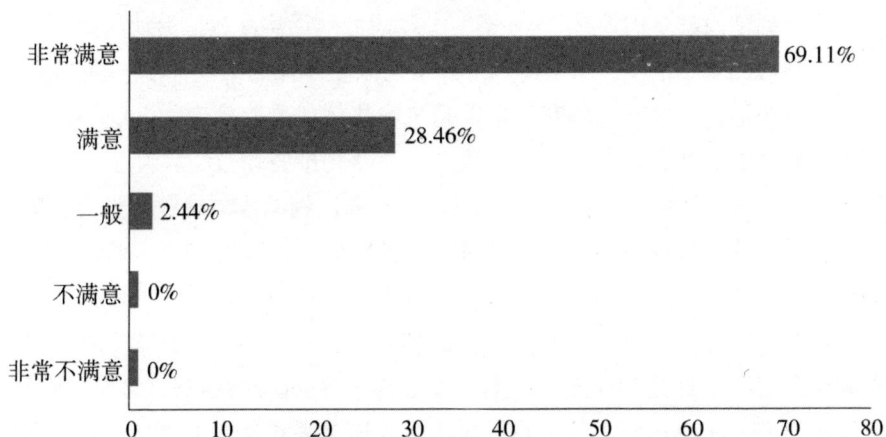

图 6-6　"在马言马"思政对话实践教学活动参与满意度统计图

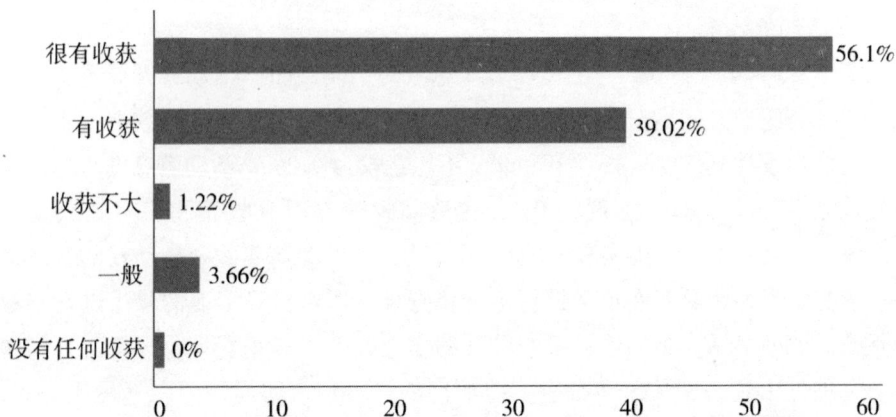

图 6-7　"在马言马"思政对话实践教学活动参与收获度统计图

（二）"在马言马"综合实践课的开展

调查发现，全国高校马克思主义学院开设"形势与政策"综合实践课的院校比较鲜见。主要原因是课程内容易变、实践场所有限、专业师资不足、学生参与积极性不高等。近年来，课题组所在高校针对"形势与政策"课实践教学存在的教学零碎化、内容脱靶化、形式单一化等问题，依托"在马言马"思政对话实践教学活动，于2021年开设了"'在马言马'综合实践课"选修课，课程已开设5个学期。同时被推荐为河南省四校联盟课程，与郑州大学、中原工学院、河南财政金融学院三所高校进行"四校联动"线上线下上课模式。每学期选课人数均超过2000人，在省内高校产生了较好的影响力和引领力。

1. 实践教学模式

构建"一核两翼三结合"的教学体系，即以"价值引领"为核心，立足于国家重大战略和时政热点焦点，从马克思主义理论角度解读，以培养学生综合分析问题的能力。引导学生在正确分析解决问题的过程中，树立正确的价值观。通过理论和实践的贯通，实现理论和实践的螺旋式交替上升。将理论、实践与"在马言马"思政对话实践教学活动三者相结合，形成"理论讲解—实践调研—理论分析"的闭环式教学，解决单纯为实践而实践的教学弊端。

2. 实践教学方式

采用一个专题，多人授课的方式。理论授课坚持三位老师同时上课，一人主讲，两人补充。面对一些专业性强的教学内容时，邀请专家从专业角度进行讲解。授课方式，打破专业壁垒，实现学科碰撞与交流。遵循"理论—实践—理论"的知识循环道路，在理论课堂进行知识点宏观讲解，通过问题调查、实地走访、调研考察等实践方式，形成问题链条。学生在理论学习和实践活动中产生的问题带入"在马言马"思政对话栏目，由不同专业背景的专家予以回应。从而将实践进一步深化，真正实现理论指导实践、实践深化理论的教学效果。

3. 实践教学内容

近几年围绕国家战略和地方发展规划，已讲述理论专题11讲（见表6-3）。每个专题由3位以上教师授课，同时邀请相关专家进行专业角度解读。这些专题一部分来源于理论教学，是理论教学的课外延伸。例如，"文化遗产保护与中国文化自信"专题，除了主要讲解习近平总书记关于历史文化遗产保护、文化自信的重要论述，还讲述物质与非物质文化遗产保护不同模式与形态、文化遗产保护政策等内容。与此同时，该专题还根据教学需要和学生兴趣增加了开封市朱仙镇版画、商丘市民权县王公庄工笔画虎、许昌市禹州神垕钧瓷等河南文化遗产保护传承的内容，国家级非物质文化遗产代表性项目汴绣代表性传承人王素花、河南省非物质文化遗产香包技艺代表性传承人张艳、河南省非物质文化遗产代表性项目孟津剪纸代表性传承人畅杨杨等登上讲台，通过边讲边动手的方式将文化遗产保护传承讲清讲透，参与实践的学生在较短的时间内就掌握了该专题的具体内容。

表6-3 "在马言马"综合实践课讲授的专题内容表

序号	题目	基本内容
专题一	精神引领力：百年大党的精神谱系	百年大党精神谱系的构筑历程；共产党精神谱系具有的鲜明特征；精神谱系具有的精神引领力
专题二	民法典与国家治理能力治理体系现代化	民法典编纂发展历程；民法典的中国特色时代特色实践；民法典与国家治理体系和治理能力的现代化关系
专题三	苦难辉煌：中国共产党百年发展历程及其基本经验	中国共产党百年发展的主题主线；中国共产党百年发展的奋斗历程；中国共产党百年发展的伟大成就和基本经验
专题四	乡村全面振兴新篇章	乡村全面振兴面面观；新时代乡村全面振兴的战略部署；推进乡村全面振兴的生动实践
专题五	黄河流域生态保护和高质量发展规划纲要解读	从黄河文明史以及黄河流域遭遇的灾难的历史角度解读与规划纲要颁布的重要意义；结合河南省具体案例解读规划纲要的总体要求，并就河南如何抓住机遇，谱写高质量发展新篇章提出了建议和意见
专题六	文化遗产保护与中国文化自信	物质与非物质文化遗产保护的不同模式与形态；文化遗产保护所面临的挑战；文化遗产保护传承在弘扬文化自信中具有不可替代作用
专题七	数字世界的经济：世界与中国	数字经济概述；数字经济发展面临的机遇与挑战；我们以何姿态面对数字经济时代
专题八	创新中国：从科技大国迈向科技强国	建设科技强国的历史脉络；建设科技强国的战略布局；建设科技强国是实现现代化强国梦的必由之路
专题九	人工智能：科技与人文之间	人工智能技术发展现状；人工智能时代科技在哲学、伦理、法律等方面存在的挑战，我们该如何在科技与人文之间抉择

续表

序号	题目	基本内容
专题十	共同富裕：中国共产党人的战略擘画	共同富裕的准确理解与把握；共同富裕的实践路径；理性认识共同富裕的未来征程
专题十一	网络安全与总体国家安全观	网络安全的重要性；网络安全与国家总体安全之间的关系

4. 配套性实践教学活动

围绕理论专题内容，课程开展了两个大类的实践活动。一是根据理论授课专题，组织学生通过问卷调研、收集问题等形式，开展线上实践活动。二是结合暑期"三下乡"实践活动，开展课题调研、技艺学习、理论宣讲等活动。自2019年以来，课题组每年均利用节假日，从"形势与政策"课中选拔学生组建团队，围绕理论宣讲、乡村振兴、红色文化、民族团结、社会治理等内容，深入20多个省份的100多个市县（区）开展社会实践活动。一些实践活动项目已经培育成为河南省优秀思想政治工作品牌，在河南省内高校中发挥了较好的辐射影响作用。例如，由课题组成员指导的"护童共成长，知行新时代"困境儿童关爱项目，结合社会工作专业优势，融合多专业学科，与郑州市民政局"护童行动"社工志愿服务项目开展深入合作，在郑州市及周边县市、濮阳市台前县等地为困境儿童提供普惠型服务和特殊群体的精准化服务。普惠型服务每月开展1次，涵盖爱国、安全、法治等常态化教育；精准化服务每周开展1次，与社工机构、社区合作，针对南阳新村、公园道社区等地的孤独症儿童、大龄心智障碍儿童等特殊群体，从心理调适、能力提升、社会支持网络构建等方面，开展提高学习能力、增加生活技能、促进社会融入等专题服务。截至2024年2月底，共开展服务75次，参与志愿者共846人次，服务对象1100人，志愿服务总时长2092小时。目前，该项目已经获批为河南省优秀思想政治工作品牌，并获河南省2023年度志愿服务项目评比一等奖。经过几年来坚持不懈地推进，参与项目的学生的思想道德水平和专业知识水平均得到了质的提升（见表6-4）。

表6-4 "在马言马"综合实践课的实践活动表（部分）

序号	实践主题	实践地点
1	助力乡村振兴，展现责任担当	濮阳市王助乡、开封市杜良乡
2	黄河流域生态保护	郑州黄河博物馆和黄河文化公园

续表

序号	实践主题	实践地点
3	赓续红色血脉，汲取前进力量	"青马工程"培养班寻访慰问 "光荣在党 50 年"纪念章
4	弘扬黄河文化，讲述河南故事	黄河博物馆、洛阳博物馆
5	记录黄河发展变迁，探索流域生态保护	郑州黄河文化公园
6	引领绿色发展，共建美丽乡村	新密市东岗村
7	师生共赴台前，助力乡村振兴	濮阳市台前县
8	太极文化的当代传承	焦作市温县
9	了解网络安全，增强总体国家安全观	郑州网络安全馆
10	了解传统文化，增强文化自信	郑州市美术馆
11	加强乡村法治建设，助力乡村振兴发展	台前县清东村
12	护童共成长，知行新时代	郑州市及周边县市、濮阳市台前县
13	法治中国青春行	郑州市及周边县市
14	牢记嘱托践使命，行走中原看巨变	洛阳、开封、安阳、南阳等
15	河南精神我来讲	郑州市及周边县市街道、社区党工委

三、"形势与政策"课靶向实践教学的基本经验

"形势与政策"课实践教学是高校思政课教育教学的重要组成部分，对于培养学生的综合素质具有重要意义。通过近几年的实践教学，课题组将"形势与政策"课靶向实践教学的基本经验梳理总结为以下三个方面。

第一，坚持以人为本，注重实践教学的主体性。随着改革开放的深入推进，社会政治、经济、文化生活及道德意志等社会结构均发生了重大变革，其中一个明显结构变化就是个人的自我意识与主体意识显著增强。这一情形反映在思想教育理论上，就是人的主体性得以确定。主体性原则是以培养和发展学生的主体性为内核，以培养学生主体性思想政治素质为目标导向和价值追求的教育。实践教学的主体性原则是高校教育教学的客观要求。坚持实践教学的主体性原则，必须充分发挥教育者的主体性，尊重和调动受教育者的主体性。高校主体性实践教学必须坚持以社会主义、集体主义、爱国主义为核心，突出受教育者

主体性发展的需要。重点加强公民教育，围绕培养担当民族复兴大任的时代新人这一根本任务来丰富实践教学内容，为学生的主体性发展确立正确导向。同时，实践教学体现人的主体性，就是要发扬人的主动精神，使个体的聪明才智得到充分自由的发展。因此，应通过"形势与政策"课靶向实践教学，引导学生掌握马克思主义的立场、观点、方法，正确认识自觉能动性和客观规律性、自主性和社会制约性、超越性与适应性的关系，从而使他们的自主性、能动性、创造性沿着正确的方向发展。

第二，坚持德育为先，注重实践教学的育人性。"形势与政策"课靶向实践教学在价值目标上就是要服务于学生的成长成才，因此在实践教学过程中必须牢固树立德育为先的理念。从上述课题组所在高校开展的实践教学活动可以看出，无论是"在马言马"思政对话实践教学活动选题，还是"在马言马"综合实践课的专题讲授内容和实践活动内容，无不围绕着立德树人、体现着德育为先，充分彰显着德育与专业教育的有机结合。例如，在2021年在庆祝中国共产党成立百年前夕，课题组围绕"传承大别山精神，赓续红色血脉基因"做了三项实践教学工作：第一项，2021年4月，组织学生分三批赴罗山何家冲红二十五军长征出发地、新县鄂豫皖苏区首府烈士陵园、鄂豫皖苏区首府革命博物馆等参观学习，对鄂豫皖苏区的革命历史进行先期了解；第二项，2021年5月，以"传承大别山精神，赓续红色血脉基因"为题举办"在马言马"思政对话实践教学活动，邀请大别山精神宣讲团成员、鄂豫皖苏区首府革命博物馆讲解员、党史专家等参与实践教学授课、研讨，使学生对大别山精神有了更为深入地体悟和理解；第三项，2021年6月，以马克思主义学院研究生为主体，从各专业中遴选出100名"形势与政策"课的本科生，组成宣讲队开展大别山精神校内外宣讲，累计宣讲200余场次、制作宣讲视频44期。通过以上具有连贯性的三项实践教学工作，学生的爱国爱党热情急剧增长，思想道德素质和党史专业知识能力培养也有了明显提高。从上述案例，可以得出这样一个结论，"形势与政策"课实践教学必须瞄正"德育""育人"这个根本靶向，通过细致入微的实践教育教学工作，引导大学生转变思想观念，使他们发奋图强、立志成才。

第三，坚持差序原则，注重实践教学的层次性。其一，注重对象的层次性。一个完整的德育体系应当建立在先进性和广泛性相统一的基础之上，实践教学作为德育体系的重要组成部分，也应体现先进性与广泛性相统一的差序性原则。在实践教学过程中，不同学生因个体差异会表现出不同的效果。现实实践教学中，可以将学生划为三个层次：第一层次为优秀学生，包括学生党员干部等品学兼优的学生骨干，是实践教学的重点培养对象；第二层次为一般学生，即品学中等的学生；第三层次为特殊学生，包括学习或生活存在困难，有心理问题、家庭特殊问题等情况的特殊学生，是实践教学关注的重点对象。通过差序化分类，对学生进行因材施教，保证所有学生都能在参与实践教学中得到最大收获。其二，注重目标的层次性。我国高等教育的人才培养的总目标在于全面推进以德育为核心、以创新精神和实践能力为重点的素质教育，培养有理想、有道德、有纪律、有文化的德智体美劳全面发展的社会主义事业建设者和接班人。根据总目标的要求和总目标实现的条件，应当将实践教学分为三个层次。第一层次为道德教育，即通过大力弘扬爱国守法、明礼诚信、团结友善、勤俭自强、敬业奉献的基本道德规范，开展道德实践教育教学活动，强化学生的道德认知，激发学生的崇高道德追求。第二层次为爱国主义民族精神教育，即通过典型案例、榜样力量等实践教学活动，培养学生高尚的爱国主义情操，强化建设中国特色社会主义的信念，提高民族自尊心、自信心和自豪感，树立报效祖国的雄心壮志。第三层次为理想信念教育，把实践教学与理论教学结合起来，找到、找准两者的教育靶点，通过综合实践课、经典读书会等形式，持续不断地开展理想信念教育，培养具有共产主义远大理想的青年马克思主义者。其三，注重内容的层次性。教育内容包括信仰、信念、价值、道德、社会责任、生活交往、心理素质等。在实施实践教学的过程中，应当从细小和具体的问题切入，如心理健康教育、健全人格教育、公德意识、法律意识教育，进而是世界观、人生观、价值观、理想、信念等方面的教育。只有这样的教育方式、方法和途径，才更贴近学生的实际，才更加有效。当然，这种顺序也不是绝对的，并不是说只有做好心理健康教育之后，才能进行公德教育和法律教育，其实，对大学生进行心理、思想、行为规范等各方面的教育彼此之间是相互呼应、相互渗透的，从基础的、具体的和平常的教育入手，更深层次、更核心的教育效果也就渗透在其中了。"形势与政策"课实践教学也应当如此，即从学生身边人、身边事开始教育，然后再引向国内外形势以及党和国家的应对政策，进而再从形势教育、政策教育中引申到马克思主义形势观和政策观教育，这样有重点、有步骤、分阶段进行，做到有序衔接、循序渐进，形成良性循环，才能使不同层次的教学内容为学生所接受、所掌握。

第四节　"形势与政策"课网络教学的靶向构建

　　形势、政策发展变化的无限性与课堂教学的有限性是教学过程中不容回避的一对矛盾，构建"形势与政策"课网络教学平台并进行有效的网络教学是解决这一矛盾的基本手段。有学者认为，构成"形势与政策"课网络教学平台，应"遵从网上教育资源的完整性、准确性和及时性，学习手段的多样性、灵活性和开放性，测试系统的合理性和全面性，结合各种网络技术手段，针对学习者不同的学习需求，组织课程的责任教师和网络技术人员共同开发'形势与政策'网络课程，经试运行测试通过，从而最终服务于远程开放教育的学习者"①。近年来，课题组在开展课堂教学的同时，积极拓展网络教学，依托"学习通"网络教学平台，构建了郑州轻工业大学"形势与政策"课靶向理论教学与实践资源数据库。自 2021 年 9 月建成上线以来，共开课 6 个学期，累计制作授课视频总数量 280 余个（总时长 3400 余分钟）、非视频教学内容 570 余项，总计选课人数 6.2 万余人，点击浏览学习量 0.52 亿次，与课堂教学同频共振，达到了良好的教学效果。

一、"形势与政策"课靶向教学的网络设计

"形势与政策"课网络课程建设表面上是学习者（主要是大学生，也包括开放课程的其他线上学习者）与计算机之间的信息交互，实质上是学习者与教育者之间的学习和教学之间的交互，是课堂教学的网络化延伸，与课堂主体化教学相比处于从属地位。课题组在设计"形势与政策"课靶向理论教学与实践资源数据库时，主要从教学情境和问题导向两个相互支撑的维度进行靶向设计。

（一）基于教学情境的靶向设计

情境"从广义上讲是指作用于学习主体并使其产生一定情感反应的客观环境，从狭义上讲是指教学环境中作用于学习者而引起积极学习情感反应的教学过程"②。在实际教学过程中尤其是网络教学构建中，问题情境、资源情境、心理情境、环境情境等是必须考量的核心要素。课题组在进行网络设计时，充分重视情境的自作用和相互作用，尽可能地反映各环节的逻辑关系和协同作用（见图 6-8、6-9）。其逻辑关系和协同作用的实现共分为五个相互关联的层级。第一层级是整体情况的分析。一是国家关于网络教学尤其是"形势与政策"课网络教学的政策要求分析，这是网络教学靶向设计的政策依据。例如，2022 年

---

① 李晓衡，高征难，李忆华．"形势与政策"网络课程的建设与应用研究［M］．湘潭：湘潭大学出版社，2011：79.

② 李晓衡，高征难，李忆华．"形势与政策"网络课程的建设与应用研究［M］．湘潭：湘潭大学出版社，2011：80.

2月，教育部、中央网信办等五部门联合印发《关于加强普通高等学校在线开放课程教学管理的若干意见》，明确规定了网络课程建设的高校责任、教师责任、学习规范、监督管理等内容，"强化课程选用管理，实行严格的意识形态审查、内容审查和质量监督，确保课程正确的政治方向和价值导向，符合科学性、适用性要求。……高校在线开放课程主讲教师及教学团队应按照教学大纲要求，实施完整的教学活动，并及时更新课程内容，做好在线服务，确保上线课程质量"①。这就要求网络课程设计必须遵从这些基本要求，不得突破政策底线和红线。二是分析网络教学的内容靶点，而不是将所有内容不加选择地全部由教材搬迁到网络上。三是分析网络学习者的学情靶点，主要是分析学习者的学习兴趣点、知识盲点、心理接受点等。四是分析网络教学过程的环境靶点，即网络技术环境、相关网络课程的异同性、网络课程与网络新闻舆论的协同环境等。第二层级是网络课程建设准备。主要包括网络教学目标的确定、网络学习目标的确定和网络教学效果测评目标的确定等。第三层级是网络课程建设的实施。即依据网络教学的问题情境、资源情境、学习者和教育者的心理情境、网络环境情境等进行靶向设计。第四层级是在网络教学运行一个周期结束后，对网络教学效果进行测评和反馈。第五层级是依据测评和反馈结果对"形势与政策"课网络靶向教学进行优化与调整，并在下一个教学周期中加以实施，形成教学循环。

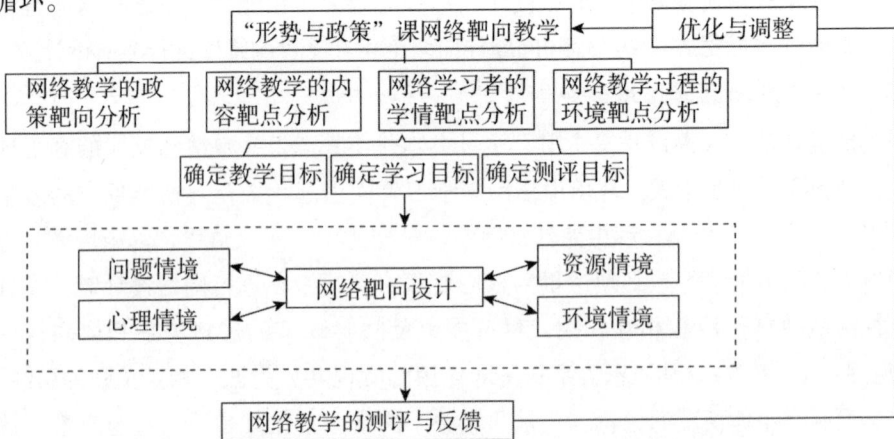

图6-8　"形势与政策"课网络靶向教学的情境设计图②

---

① 教育部等五部门关于加强普通高等学校在线开放课程教学管理的若干意见［EB/OL］. 中华人民共和国教育部，2022-04-01.

② 参考有李晓衡等编著的《"形势与政策"网络课程的建设与应用研究》相关思路。

课程介绍   教学团队   章节目录   课程评审   知识图谱

▣ 课程介绍

"形势与政策"是高校思想政治理论课的一门必修课程。课程以马克思列宁主义、毛泽东思想、邓小平理论、"三个代表"重要思想、科学发展观、习近平新时代中国特色社会主义思想为指导，以培养担当民族复兴大任时代新人、培育社会主义合格建设者和接班人为目标，在新时代高等学校贯彻党的教育方针，落实立德树人根本任务，坚持社会主义办学方向，坚持教育为人民服务、为中国共产党治国理政服务、为巩固和发展中国特色社会主义制度服务、为改革开放和社会主义现代化建设服务方面发挥着不可替代的作用。《关于加强新时代高校"形势与政策"课建设的若干意见》明确指出："形势与政策"课是理论武装实效性、释疑解惑针对性、教育引导综合性都很强的一门高校思想政治理论课，是帮助大学生正确认识新时代国内外形势，深刻领会党的十八大以来党和国家事业取得的历史性成就、发生的历史性变革、面临的历史性机遇和挑战的核心课程，是第一时间推动党的理论创新成果进教材进课堂进学生头脑，引导大学生准确理解党的基本理论、基本路线、基本方略的重要渠道。因此，坚持不断线地对大学生开展形势与政策教育，有利于帮助他们正确认识世情、国情、党情、民情，积极投身于实现中华民族伟大复兴的壮丽事业之中。

图 6-9　郑州轻工业大学"形势与政策"课网络靶向教学示意图

（二）基于问题导向的靶向设计

无论是课堂教学还是网络教学，问题是全部教学设计的基本导向。一方面，不同于课堂教学的强制性，网络教学是一个学习者自主选择学习内容的非强制性活动。如果网络教学的设计不针对学习者的思想困惑、理论疑惑进行处理，那么网络教学将无法开展，"'形势与政策'网络教学中，由于师生处于异地准分离状态，通过问题的设置来激发学习者的学习兴趣，引导整个学习过程，可以取得较好的学习效果"①。另一方面，同课堂教学一样，网络课程建设也必须创设阶梯式的问题链，将学习者的学习目标与教学目标连接起来。具体来讲，就是四个具有包含关系的问题链条，即针对教学目标实现的网络课程整体设计问题、针对教学活动效能实现的网络教学内容选取问题、针对提升教学主体可接受度的网络教学知识点解答问题，以及针对教学实施效果的网络教学测评问题（见图6-10）。

---

① 李晓衡，高征难，李忆华."形势与政策"网络课程的建设与应用研究［M］．湘潭：湘潭大学出版社，2011：83.

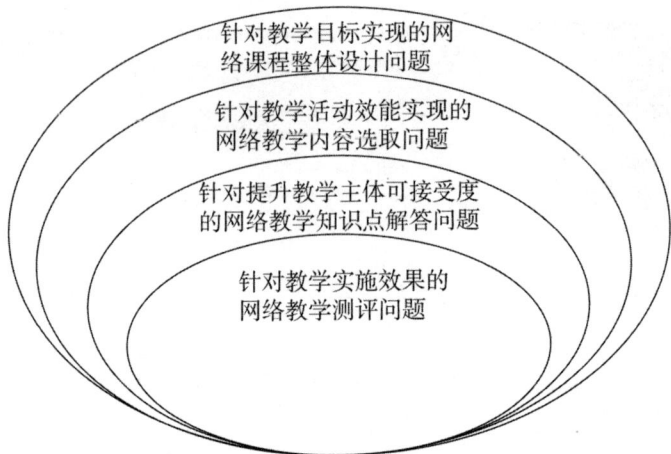

针对教学目标实现的网
络课程整体设计问题

针对教学活动效能实现的
网络教学内容选取问题

针对提升教学主体可接受度
的网络教学知识点解答问题

针对教学实施效果的
网络教学测评问题

图 6-10　"形势与政策"课网络靶向教学的问题层级结构图①

以上四个问题层级并不是并列结构，而是具有包含关系的递进结构。第一层级是网络课程的整体设计问题。主要解决的是如何将教学的总目标完整、准确地体现到网络课程的构建中来的问题。按照《关于加强新时代高校"形势与政策"课建设的若干意见》精神，"形势与政策"课的教学总目标是使学生通过有效学习确立起马克思主义形势观和政策观，并能自觉运用马克思主义的立场、观点和方法分析解决具体的形势、政策问题。因此，网络课程既要与课堂教学对应起来，又不能全盘照搬课堂教学的内容，而应将教材的内容进行科学化分解，适合面对面理论讲授的内容放在课堂教学之中，需要进一步深化动态更新和可视化讲解的内容则放在网络课程中来。这个科学化分解的过程虽然属于教师的自主活动，但必须依据教学中出现的问题和学习者学习中存在的问题来进行。第二层级是网络教学内容的选取问题。"形势与政策"课多以专题教学为主，内容涉及政治、经济、文化、社会等多个领域。有人认为，凡是课堂教学承载不了的内容都应放到网络上，其实这是不正确的，因为任何一个网络都无法呈现不断变化的国内外形势和政策的发展速度，因而必须有所取舍。我们认为，网络教学内容的取舍应当有三个原则：一是应当符合党和国家的法律法规，违规的内容不能作为网络教学内容；二是应当符合意识形态审查要求，任何有违反意识形态安全管理规定的内容不能作为网络教学内容；三是应当与课堂教学内容相互补充，不利于课堂教学的内容不能作为网络教学内容。这个过程是需要教学管理者、教育者和网络技术人员共同协作来完成的。第三个层级

---

①　参考有李晓衡等编著的《"形势与政策"网络课程的建设与应用研究》相关思路。

是网络教学知识点解答的问题。即针对学习者提出的问题，对宏观的专题化教学内容进行知识点分解，并由教师对网络教学知识点进行解析和解答，使专题化教学具象化、具体化。第四个层级是网络教学效果评测的问题。即对学习者专题教学内容、知识点的学习效果进行网络评测（可以是考试，也可以是其他测评形式），形成评测报告并反馈给学习者，使学习者在下一学习周期加以调整和完善。

二、"形势与政策"课靶向网络教学的内容模块

课题组在设计"形势与政策"课靶向网络教学时，依据教育部每学期"形势与政策"课教学要点和学校年度课程教学计划，从教学内容和教学功能两大模块进行了网络设计（见图6-11）。

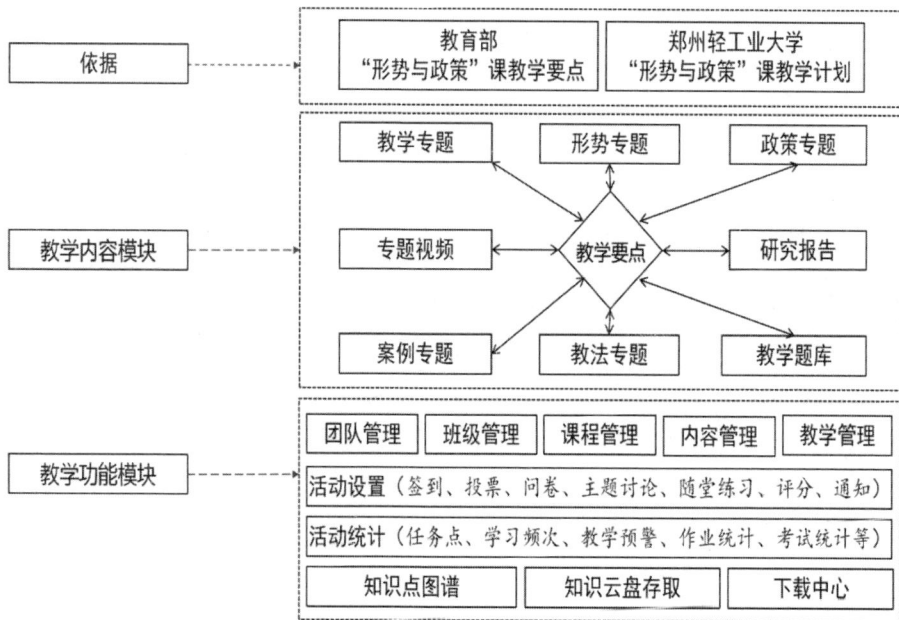

图6-11 "形势与政策"课网络靶向教学的模块设计图

（一）教学内容模块

教学内容模块是网络教学设计的核心。根据OBE学习理念，课题组围绕教学要点，按年度设计了8个专题模块，分别是教学专题、形势专题、政策专题、案例专题、教法专题、教学题库、专题视频和研究报告。

教学专题模块主要是网络教学核心内容的分类，包括网络教学目录、教学课件、教学文稿、教学视频、相关图文资料等（见图6-12）。以2022年教学专题模块为例，共设置了10个相对固定的教学专题：百年大党的政治逻辑；奥运

精神与体育强国梦想；百年未有之大变局下的中国与世界；低碳经济的中国实践；共同富裕；迎接数字经济的到来；河南如何让中原更加出彩；扎实推进乡村全面振兴；新时代祖国统一大业的战略指向；新时代如何传承和弘扬红旗渠精神。10 个专题均包含课件、讲义或文稿、视频及图文资料，且都作为"知识点"进行网络发放，可以实时观察学习者的整体学习进度和每位学习者的个体学习情况。对于未能及时学习的学习者还可以设置"学习提醒"进行督促。

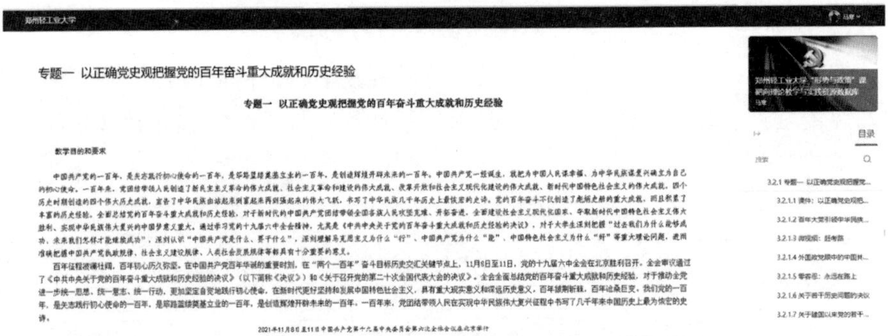

图 6-12　2022 年"形势与政策"课网络教学专题图

形势专题、政策专题两个模块是将当月国内外发生的重大事件，以及党和国家出台的重大政策进行分类规整展示，并进行实时更新。形势专题分为国际时事形势、世界经济形势、世界政治形势、世界文化形势、世界安全形势，国内重大时事和重大活动、国内经济形势、国内政治形势、国内文化形势、国内社会形势、国内生态文明建设等二级专题；政策专题分为经济政策、政治政策、文化政策、社会政策、党和国家其他重要政策、地方重要政策等二级专题。从总量上看，每月平均收集归整两大专题资料 1000 条以上，年均 1.1 万余条，实现了学习者网络学习的一站式内容呈现与服务（见图 6-13）。

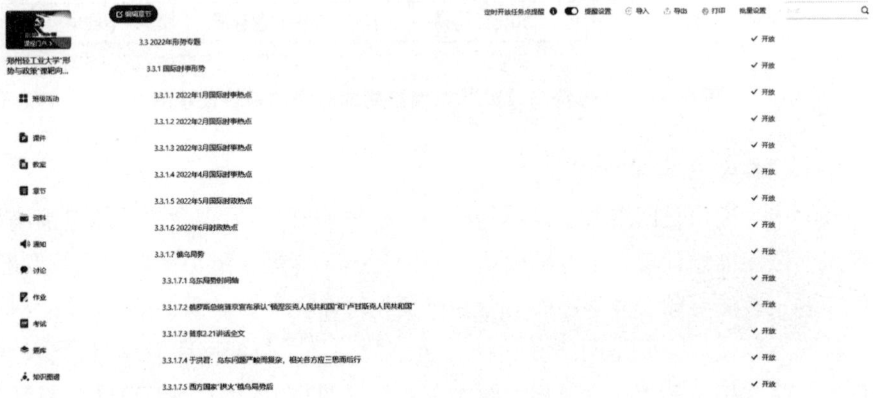

图 6-13　2022 年"形势与政策"课网络形势专题、政策专题图

案例专题主要是把重大形势与政策专题中的典型案例进行收集整理后形成的专题案例库。以"乡村振兴"专题为例，课题组按照东部、中西部、北部和南部省域收集整理具体案例 147 项，比如广州花都港头村改造、山东淄博博山区红叶柿岩乡村文旅、湖南溆浦县北斗溪镇瑶族聚集村建设、重庆市武隆仙女山归原小镇乡村振兴建设等典型案例均纳入其中，有图有文有讲解，使学习者可以全方位地了解相关教学内容。同时，该模块还设置有在线案例素材分享，学习者可以把自己获取的案例素材提交到数据库，由课题组进行分类整理后加入专题库并分享给其他学习者。

教法专题侧重于向非课题组成员或教师提供教学方法借鉴。在该专题中，课题组成员将自己的教学心得、教学方法，以及收集到的其他高校的优秀教学方法上传到教法专题，进行教法的实时分享与讨论，极大地提升了团队之间和教师之间的教学交流与互鉴。

教学题库主要是方便学习者对网络教学知识点掌握程度的评测，与线下课堂教学成绩评测互为补充。教学题库主要来源有两个：一是课题组根据网络教学要点和具体教学内容，主观设置的测评试题；二是课题组收集整理的其他来源的试题，如新华社主办的《半月谈》杂志附录的知识测试题等。一方面，学习者可以通过在线答题的形式，实时了解自己的学习程度；另一方面，也可以使课题组及时了解学习者的知识盲点，以改进线上教学。

专题视频是辅助性教学内容。主要来源有三个：一是课题组成员每学期录制的"开学思政第一课"专题视频；二是河南省优秀思政微课展播视频；三是党和国家制作的专题片、宣传片及相关教学视频资料（见图 6-14、表 6-5）。

► 马寒：马克思主义为什么在中国 "行"

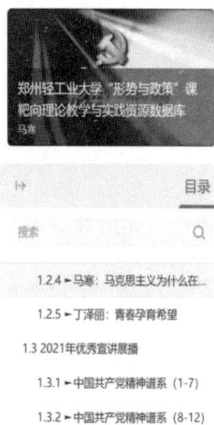

郑州轻工业大学 "形势与政策"课靶向理论教学与实践资源数据库
马寒

目录

搜索

1.2.4 ►马寒：马克思主义什么在……
1.2.5 ►丁泽丽：青春孕育希望
1.3 2021年优秀宣讲展播
1.3.1 ►中国共产党精神谱系 (1-7)
1.3.2 ►中国共产党精神谱系 (8-12)

图 6-14 "形势与政策"课网络教学视频专题图

表 6-5 2019—2023 年课题组录制的专题视频情况统计表

年度	主题
2019 年	社会主义核心价值观融入大中小学思想政治教育一体化的方法与途径
	《中国共产党党章》的故事
	脱贫攻坚的陈家村实践
	我的"乡村第一书记"心路
2020 年	青年中国说（1~24 期）
	红色家书我来讲（1~50 期）
	中国共产党精神谱系（1~13 期）
2021 年	从防汛与抗疫中理解"马克思主义行"
	这就是中国精神
	"涝疫接核"中的中国制度和中国人

年度	主题
2022 年	马克思主义为什么在中国行
	青春孕育希望，青年创造未来
	以"梦"为马，仗"剑"前行
	美好生活的正确打开方式
	中国梦世界梦，一起向未来
2023 年	溯源天河渠首，感悟人民力量
	中国梦，黄河情
	问古殷墟遗址赓续文化血脉
	追寻足迹，牢记嘱托
2024 年（春季学期）	品千年龙文化，做自信中国人
	感悟"二七"精神，汲取前行力量

（二）教学功能模块

教学功能模块是网络教学的辅助性设计，是对教学内容模块的功能支撑。关于该模块，课题组按功能设置了 11 个分项模块，分别是团队管理、班级管理、课程管理、内容管理、教学管理、活动管理、活动统计、知识图谱、知识云盘存取和下载中心。这里仅就"活动统计"这一关键性功能进行解析（见图6-15）。

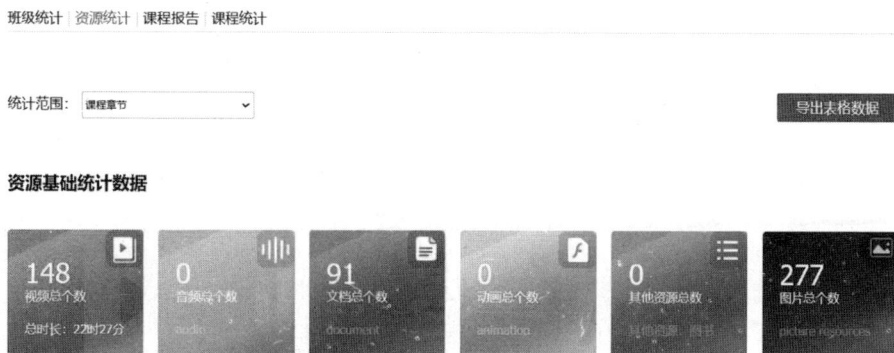

班级统计 | 资源统计 | 课程报告 | 课程统计

统计范围： 课程章节 ▾   导出表格数据

资源基础统计数据

148 ▶	0 ᐧᐧᐧ	91 📄	0 ƒ	0 ☰	277 🖼
视频总个数	音频总个数	文档总个数	动画总个数	其他资源总数	图片总个数
总时长：22时27分	media	document	animation	其他资源 图书	picture resources

图 6-15 "形势与政策"课网络教学活动及资源统计图

　　活动统计主要是对教师线上线下安排的活动开展情况和完成情况的统计，包括任务点完成情况统计、课堂活动完成情况统计、成绩统计、课程积分统计、作业统计和考试统计等。这些活动统计可以实时通过可视化数据图表呈现出来，以便任课教师和课题组开展靶向分析，解决长期以来教学活动依靠主观评价的非确证性问题。以2023年秋季学期活动为例，本学期共有28名教师在线开课并进行网络教学，参与班级367个、学生1.7万余人次。通过一个学期的开课，各项具体统计十分直观地呈现给各任课教师，课题组也从统计数据中获得了一手靶向教学的资料。

　　1. 直观化的成绩分布统计

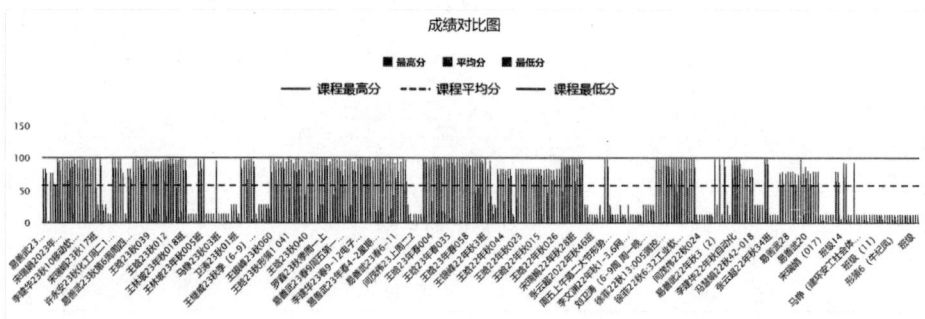

图6-16　"形势与政策"课网络教学成绩综合情况对比图

　　"形势与政策"课网络教学成绩综合情况对比图（见图6-16）可以十分直观地呈现学生各班组的课程最高分、最低分和平均分。当然如果需要进一步观测学生的学习效果，课题组还设计了"课程成绩综合情况统计表"。该统计表可以将各任课教师所教授班级的学生数、各分数段、最高分、最低分、平均分、标准差、方差、及格率和优良率等数据分类集中呈现（见表6-6）。

表6-6 "形势与政策"课网络教学成绩综合情况统计表（部分）

班级名称	学生数	0-60分	60-70分	70-80分	80-90分	90-100分	最高分	最低分	平均分	标准差	方差	及格率	优良率
易善武23秋002班	127	18	45	50	14	0	85.00	12.00	69.29	9.98	99.61	85.83%	11.02%
王继威23年秋021班	121	0	19	26	76	0	85.00	64.40	78.84	5.97	35.65	100.00%	62.81%
王林坡23年秋补考	1	1	0	0	0	0	4.00	4.00	4.00	0.00	0.00	0.00%	0.00%
王林坡23年秋033班	174	13	146	15	0	0	78.60	0.00	65.02	9.81	96.29	92.53%	0.00%
王林坡23年秋015班	167	15	145	7	0	0	78.60	0.00	64.74	8.33	69.43	91.02%	0.00%
许永安23秋1人补考	1	0	1	0	0	0	61.60	61.60	61.60	0.00	0.00	100.00%	0.00%
王晗23秋形势103614-17班	168	1	1	3	15	148	100.00	30.00	94.83	7.28	53.05	99.40%	97.02%
宋瑞娟2023年秋024班	175	3	13	41	79	39	98.00	38.57	82.67	9.78	95.58	98.29%	67.43%
宋瑞娟2023年秋021班	176	2	5	21	61	87	100.00	0.00	87.39	12.12	146.79	98.86%	84.09%
宋瑞娟2023年秋022班	176	1	8	36	85	46	98.23	0.00	83.95	9.85	97.06	99.43%	74.43%
王晗23秋03814-17班	167	0	3	7	25	132	98.60	66.80	93.80	6.84	46.76	100.00%	94.01%

续表

班级名称	学生数	0~60分	60~70分	70~80分	80~90分	90~100分	最高分	最低分	平均分	标准差	方差	及格率	优良率
宋瑞娟2023年秋031班	177	1	8	28	79	61	98.00	0.00	85.83	10.07	101.32	99.44%	79.10%
王晗23秋002班	180	4	1	18	51	106	98.60	15.00	89.05	10.69	114.30	97.78%	87.22%
王晗23年秋003班	179	0	2	7	41	129	100.00	68.20	93.12	6.80	46.20	100.00%	94.97%
李建华23年秋10班	172	2	3	31	69	67	99.30	0.00	86.96	10.83	117.26	98.84%	79.07%
李建华23年秋10班	181	2	3	37	63	76	99.30	0.00	86.76	12.73	162.03	98.90%	76.80%
宋瑞娟23年秋16班	184	3	12	39	78	52	98.57	0.00	83.26	11.67	136.22	98.37%	70.65%
宋瑞娟23年秋18班	186	1	14	34	60	77	100.00	44.10	85.51	9.76	95.28	99.46%	73.66%

2. 直观化的资源使用情况统计

网络教学的关键在于应用以及应用的效率，如果效率太低则失去了建设的必要性，当然也很难从中获得课程建设研究所需的一手资料。对此，我们在构建网络教学平台时设计了直观化的资源使用情况统计功能，使选课人数、课程活动、线上互动等可以实时呈现出来。需要说明的是，根据研究需要这个功能可以汇总统一呈现，也可以分教师、分班组呈现。我们以汇总统一呈现为例（见图6-17），2021—2022年第二学期至2023—2024年第一学期，选课人数分别为19469人、18498人、7298人、16787人；课堂活动参与人数分别为1188人、29866人、17926人、50729人。我们可以直观地看到各学期人数的变化情况，也可以从中发现靶向教学中出现的问题。比如2021—2022学年第二学期，选课人数达到19469人，但参与课堂活动的人数只有1186人，参与率仅为6.1%，而2023—2024学年第一学期，选课人数仅为16787人，较2021—2022学年第二学期减少了2682人，但课堂活动参与率却达到了50729人次，参与率为302%。为什么选课人数减少了，但参与率却高出了近300%，与此同时，测验率和作业率、线上互动率等均有较大幅度的提高。这就为靶向教学提出了问题。分析这些一手资料里面存在问题并给出靶向解决方案，这是传统教学模式所不具备的优势。

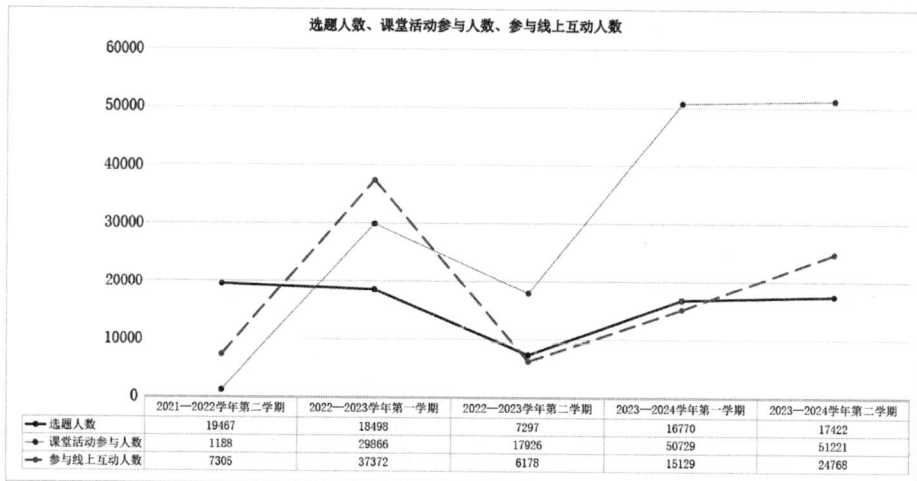

图6-17　"形势与政策"课网络教学资源使用情况统计图

三、"形势与政策"课靶向网络教学的基本经验

从近几年课题组建设网络教学资源库和开展靶向网络教学的实践情况看，我们可以归纳出以下几条基本经验。

第一，必须坚持问题导向，进行靶向设计。问题是时代的声音，解答问题首先必须立足于问题。"形势与政策"课建设过程中存在诸多问题，比较集中的是课堂教学的有限性与形势政策发展的无限性之间的矛盾问题、教师知识储备的有限性与学生知识需求的无限性之间的矛盾问题、传统教学模式与现代教学模式的融合性问题等。解决这些问题，应当破除"一支粉笔、一块黑板、一张嘴"的传统教学模式，将现代网络技术引入教学过程中来。因此，课题组在设计网络教学资源库时，直面"形势与政策"课存在的问题，针对问题进行靶向设计。例如，针对课堂教学资源展示有限性的问题，我们按月对国内外重大时事、重大政策等收集整理并呈现到资源库里，一方面方便了教师备课，另一方面较好地解决了学生自行收集整理资料的难度问题。再比如，我们发现 2022—2023 学年第二学期出现了选课人数、活动参与人数双低的问题，就有针对性地分析问题存在的原因，进而提出了三条靶向性解决方案，即加大资源投放力度（较上一个学习周期增长了 175% 的资源量）、提高任课教师线上辅导频次、将线上选课和活动参与率纳入期末总成绩。这三条方案的提出及其在网络上的功能实现极大地提高了学生的参与积极性。2023—2024 学年第一学期较之于 2022—2023 学年第二学期，选课人数增长了 130%，活动参与率增长了 183%，线上互动参与率增长了 194%，可以说效果还是非常明显的。

第二，必须坚持系统观念，进行整体设计。辩证唯物主义认为，物质世界是普遍联系和变化发展的。每个客观事物同周围其他事物及其自身各部分与要素之间，均是相互联系、彼此作用的，从而构成了一个有机统一的整体，即系统。建设"形势与政策"课靶向网络教学资源库也必须坚持系统观念，对资源库进行系统化整体设计，使各功能模块都能成为网络靶向教学的有机组成部分。例如，课题组在设计时将靶向网络教学资源库分成了三个有机整体。一是基本依据，即整体设计和建设要对标教育部每学期发布的《"形势与政策"课教学要点》和学校年度课程教学计划，并参照教育部制定的《思想政治理论课建设标准》等文件要求。二是教学内容模块，按照教学专题、形势专题、政策专题、案例专题、教法专题、教学题库、专题视频和研究报告 8 个分项模块进行建构，完整地呈现网络教学内容要求。三是教学功能模块，按照团队管理、班级管理、课程管理、内容管理、教学管理、活动管理、活动统计、知识图谱、知识云盘存取和下载中心等 10 个分项模块进行建构，以确保网络教学各项功能的实现。以上三个组成部分相互配合、相互支撑，形成了"形势与政策"课网络教学完整的生态系统。

第三，必须坚持创新理念，进行科学设计。创新是引领发展第一动力，惟创新者进，惟创新者强，惟创新者胜。面对纷繁复杂的国内外发展形势，"形势与政策"课要实现新发展、取得新成效，必须坚持创新理念，借助现代教育技术开辟新路径。课题组在建设"形势与政策"课靶向网络教学资源库时坚持创新理念，进行科学化设计，为线下教学、线上教学、线上线下混合式教学等多种教学模式提供了路径选择和技术支持。例如，我们在河南省率先开展"开学思政课第一课"的录制展播，从2019年起5年录制展播视频80余期。"形势与政策"课靶向网络教学资源库的点击访问量超过了4000余万次，同时也被"学习强国"学习平台、"人民网公开课""河南教育"等权威网络平台转载，发挥了良好的形势与政策教育效果。

结　语

"课堂革命"：智能时代"形势与政策"课的发展趋势

2022年11月底，美国人工智能研究实验室 OpenAI 新推出了一种人工智能技术驱动的自然语言处理工具 ChatGPT。这款基于 Transformer 神经网络架构（GPT-3.5 架构）的生成式 AI 工具，拥有语言理解和文本生成能力，尤其是它会通过连接大量的语料库来训练模型，使得 ChatGPT 不仅实现了海量信息存储与分析，而且具备强大的人机互动能力。ChatGPT 推出仅仅5天，注册用户就达到100万人。2个月后的2023年1月份，月活用户则超过了1亿人，成为互联网历史上增长最快的消费者应用。2023年3月15日，OpenAI 正式推出 GPT-4，这是一款功能更加强大的多模态大模型，支持图像和文本输入以及文本输出，拥有强大的识图能力，文字输入限制提升到了2.5万字。其特点是训练数量更大、支持多元的输出输入形式、在专业领域的学习能力更强。[①] 在短短的一年间，该应用及其衍生产品生成了海量的图片、视频、文章等，颠覆了人们对知识生成的传统认识和实践。有学者认为，以 ChatGPT 为代表的 AI 技术将把人类社会发展速度由数学量级直接提升到几何量级。我们不是技术决定论者，但决不否定技术对社会生产生活方式的巨大推动作用。AI 技术的爆炸式发展，不仅在不久的将来深度改变人们的生活观念和生活方式，而且将深度改变现有的学习理念和学习方式。对于高等教育而言，AI 技术加持下的智能时代将必然催生一场史无前例的"课堂革命"。

从现有情况看，这场"课堂革命"已经拉开了帷幕。2023年1月，美国89%的大学生都用 ChatGPT 做作业。当月，巴黎政治大学宣布，已向所有学生和教师发送电子邮件，要求禁止使用 ChatGPT 等一切基于 AI 的工具，旨在防止学术欺诈和剽窃。[②] 2023年3月27日，日本上智大学发布了关于"ChatGPT

---

① 许林艳，李万晨曦. OpenAI 正式推出 GPT-4　AI 产业变革迎更多机会 [N]. 证券日报，2023-03-16（B2）.
② 巴黎政治大学禁止使用 ChatGPT 以防抄袭，使用者或面临开除处分 [EB/OL]. 网易，2023-01-28.

和其他 AI 聊天机器人"的评分政策，规定未经导师许可，不允许在任何作业中使用 ChatGPT 和其他 AI 聊天机器人生成的文本、程序源代码、计算结果等。2023 年 4 月 3 日，东京大学在其内部网站上发布了一份题为"关于生成式人工智能"的文件指出："报告必须由学生自己创造，不能完全借助人工智能来创造。"① 2023 年 6 月，香港教育局已将人工智能技术和 ChatGPT 聊天机器人纳入学校课程。② 同月，日本文部科学省计划实施新的指导方针，指示小学、初中和高中禁止学生在考试中使用 ChatGPT 等生成式 AI 软件。2024 年 1 月，"ChatGPT 进高校"入选 2023 年中国大学改革十大主题词。从这些情况可以看出，一方面以 ChatGPT 为代表的生成式 AI 技术已经势不可挡地进入到了教育领域并产生了巨大影响。另一方面由于对该技术的应用规范和相关教育伦理问题尚在探讨中，因而对其在教育教学、科学研究等工作中的运用存在较大的争议。但有一点是确凿无疑的，那就是随着生成式 AI 技术的发展以及相关技术的进步，"课堂革命"的深度和广度将在不久的将来呈现在人类面前。

其实，关于"课堂革命"的话题并不新鲜，也不是近年来才出现。日本教育家佐藤学在《教师的挑战：宁静的课堂革命》一书中就指出："现在，全世界学校的课堂都在进行着'宁静的革命'。全世界的课堂都在由'教授的场所'转变为'学习的场所'；从以'目标—达成—评价'的程序型课程转变为以'主题—探究—表现'的项目型课程；从班级授课模式转向合作学习模式；学校不仅仅是儿童合作学习、共同成长的所在，还是教师作为教学实践、专家共同学习和成长的所在……这种宁静的革命不仅在日本，而且在世界各国的课堂正波澜壮阔地展开。"③"课堂革命"实质上就是"教法革命"，核心指向是革除当下知识本位、教师主体、教室局限的弊端。在教育价值上，追求"课堂"从知识场拓展成生活场、生命场；学生团队从学习共同体延伸到生活共同体、精神共同体；成长空间从教室拓展到更广阔的社区、社会空间；学习场域从有限场突破到无限场、虚拟场；培养目标从知识能力提升到人格素养、精神信仰。这说明，"课堂革命"不仅是智能技术赋能下的教学技术革命，而且还是一场关于教育理念、教育价值、教育目标、教育方式方法的全方位变革。在此情境下，我国高等教育尤其是具有强烈意识形态属性、政治价值观属性的思政课必须主动迎接并自觉适应这场"课堂革命"。

① 杨亮. 多所日本大学警告学生不得使用 ChatGPT［EB/OL］. DOnews，2023-04-10.

② 香港将把 ChatGPT 纳入学校课程［EB/OL］. Sputniknews，2023-06-23.

③ 佐藤学. 教师的挑战：宁静的课堂革命［M］. 钟启泉，陈静静，译. 上海：华东师范大学出版社，2012：1.

就"形势与政策"课而言，其在智能时代下的"课堂革命"将会集中在以下四点。

第一，教学准备。信息资源择选的"革命"。包括"形势与政策"课在内的思政课程体系较之于专业课程的最大特点就是内容丰富、包罗万象。对此，习近平总书记在学校思政课教师座谈会上就明确强调过："讲好思政课不容易，因为这个课要求高。……思政课教学涉及马克思主义哲学、政治经济学、科学社会主义，涉及经济、政治、文化、社会、生态文明和党的建设，涉及改革发展稳定、内政外交国防、治党治国治军，涉及党史、国史、改革开放史、社会主义发展史，涉及世界史、国际共运史，涉及世情、国情、党情、民情，等等。"① 国内外形势复杂多变、党和国家应对形势的各项政策日新月异，思政课教学内容要紧跟形势、政策的发展要求，不断获取大量的最新信息资源进行教学准备。由于"形势与政策"课的任务就是"第一时间推动党的理论创新成果进教材进课堂进学生头脑"②、将国内外形势变化和党的应对政策第一时间传导给学生，因而对信息资源获取的要求变得更高。智能时代的到来，将对该课程带来两个方面的影响：一是海量信息的制造和传播，将极大地增加教师信息跟踪辨识和收集整理的难度，传统技术手段已经无法适应备课要求，不适应这种变化的教师将无法授课直至退出讲台；二是 AI 技术将替代传统信息收集整理技术，使简单的重复性劳动转为智能化劳动，一方面大大解放了教师信息收集整理的劳动强度，另一方面也将丰富教师的教学内容。"形势与政策"课教师在这个阶段的职责将由信息收集的"工具人"转变为智能信息的"训练人"，使教师有更多的时间去思考如何将信息资源转化为教学知识，即教学过程而非教学准备。换句话说，未来的"形势与政策"课，教学信息资源的择选将由智能工具来完成，而教师只负责信息"靶点"的选定与设置。

第二，教学内容。信息资源转化为教学知识的"革命"。习近平总书记基于当今时代发展的智能化特征深刻指出："伴随着信息社会不断发展，新兴媒体影响越来越大。……新闻客户端和各类社交媒体成为很多干部群众特别是年轻人的第一信息源，而且每个人都可能成为信息源。"③ 智能时代的学生不仅是信息资源的消费者，也是信息资源的制造者。在海量信息面前，教师和学生的信息获取地位和获取机会是平等的，甚至在特定领域、特定问题上学生还要优于教

---

① 习近平. 论党的宣传思想工作 [M]. 北京：中央文献出版社，2020：378.
② 中华人民共和国学校思想政治理论课重要文献选编：下册 [M]. 北京：人民出版社，2022：1489.
③ 习近平. 习近平谈治国理政：第3卷 [M]. 北京：外文出版社，2020：316.

师，师生之间的信息差将逐渐趋弱直至为零。在此情况下，"形势与政策"课的传统教学内容将无法吸引学生，更别说说服学生。有学者认为，"思政课面临的挑战不再是信息的稀缺，而是如何把信息爆炸环境下获得的碎片化、快餐化的知识，通过师生情感交流和智慧启迪，推进学生价值观的构建和思辨力的提升"①。AI 技术尤其是 ChatGPT 等应用工具的出现和运用，将极大地丰富教学内容。例如，对海量信息资源的智能化分类整理，教材、教案、教学大纲的文本生成，教学课件、教学视频的制作等。智能技术的加持能够十分便捷地将碎片化的信息资源转化为教学知识体系，这种教学变革也将"形势与政策"课堂教学由教师主导，转变成"人机"共同主导。

第三，教学方法。知识传送方式的"革命"。有学者指出，按照国际通用的划分标准，教学方法改革大致经过了四个发展阶段，即"1.0 版本的传统教学，2.0 版本的电化教育，3.0 版本的计算机辅助教学和教育信息化，与工业制造4.0 相对应的4.0 版本。现在的4.0 版则是以大数据、人工智能应用为代表的智慧教育"②。如果这种划分具有合理性，那么"以大数据、人工智能应用为代表的智慧教育"支撑点在哪里。我们认为无论未来的教育称之为智慧教育，还是智能教育，其支撑点必然要落到教学方法的根本性变革上来。从逻辑上讲，要想掌握根本性变革教学方法必须明确"未来课堂"的范畴，即要知道学生在哪里，只有知道他们在哪里（在传统认识上学生只能在现实物理空间的"课堂"），才能有应对教学方法。毫无疑问，智能时代的学生必然在实现物理空间和虚拟空间两个"课堂"，且智能化虚拟空间课堂将占据主导位置，"现实学生"将让位于"虚拟学生"或"镜像学生"，因而当前两个绝缘型"课堂"教学模态将被彻底打破，知识传送方式也将出现彻底的"革命"。我们认为，知识传送方式最大改变是将普及型讲授方式转向分众型授课模式，即 AI 技术下的"人机"一体化授课，学生将根据自己的知识储备和学习兴趣进行合理性自主选择。同时，现实课堂的大部分职能将转移到智能终端，由教师正向引导和学生自主探究共同完成教学任务。

第四，目标达成。教学效果校验的"革命"。按照日本学者佐藤学的观点，未来的课程将从以"目标—达成—评价"的传统程序型课程转变为以"主题—探究—表现"的项目型课程。因此，我们也可借此引申出，未来教学效果的检

① 赵焱 . 走向人工智能化时代的高校思政课教育［J］. 高教论坛，2018（1）：5-9.
② 邬大光 . 教育技术演进的回顾与思考：基于新冠肺炎疫情背景下高校在线教学的视角［J］. 中国高教研究，2020（4）：1-6.

验也将由"目标达成的评价"转变为"探究结果的表现"，即将教师的主观校验（考试虽然表现上是客观的，但却是以教师的主观倾向为前提的）转化为多元性客观校验。所谓多元性客观校验，就是学生（无论"现实学生"还是"镜像学生"）的学习过程、学习状态、学习结果等将被智能技术实时记录并量化，传统"形势与政策"课考试的"临时突击""临阵磨枪"问题将得到根本性解决，而考试、考查、评测等传统的学习考核和成绩校验虽不至于完全退出历史舞台，但其效用将大打折扣。

综上而言，固然以 AI 技术为标志的智能时代必然催生高等教育教学模式的颠覆性变革，但教育教学有其规律，这不是由外部条件的改变或技术的变革等外部因素所决定的。同时，包括"形势与政策"课在内的思政课所具有的政治性、意识形态性、价值导向性等也不会随着智能技术的发展而趋弱或灭失，思政课教师的职能、责任和地位更不会被"工具机器"所替代。恰恰相反，泥沙俱下的信息、纷繁杂陈的资讯、交汇交锋的价值观念和思想观点，更需要"政治强、情怀深、思维新、视野广、自律严、人格正"的思政课教师来教育和引导。

参考文献

一、论著

［1］DANIELS A. C. *Performance Management*：*Improving Quality Productivity through Positive Reinforcements*［M］. Georgia：PM Publications，1989.

［2］EASTON D. The Political System：An Inquiry into the State of Political Science［M］. New York：Knopf，1953.

［3］陈秉公. 思想政治教育学原理［M］. 沈阳：辽宁人民出版社，2001.

［4］陈振明，黄强，骆沙舟. 政策科学原理［M］. 厦门：厦门大学出版社，1993.

［5］戴钢书等. 高校思想政治理论课教学跨学科研究方法论［M］. 北京：中国人民大学出版社，2017.

［6］戴茂林，张志光，周维强. 中国共产党人形势观［M］. 沈阳：辽宁人民出版社，2001.

［7］党的二十大报告学习辅导百问［M］. 北京：党建读物出版社，2022.

［8］党的十九大文件汇编［M］. 北京：党建读物出版社，2017.

［9］党的十九届六中全会《决议》学习辅导百问［M］. 北京：党建读物出版社，2021.

［10］邓小平. 邓小平文选：第2卷［M］. 北京：人民出版社，1994.

［11］邓小平. 邓小平文选：第3卷［M］. 北京：人民出版社，1993.

［12］弗雷德里克·J. 格拉维特，罗妮安·B. 佛泽诺. 行为科学研究方法［M］. 邓铸，等，译. 上海：上海教育出版社，2020.

［13］付红梅，张录平. 大学生形势与政策教育基础理论教程［M］. 长沙：湖南人民出版社，2009.

［14］顾海良. 高校思想政治理论课程建设研究［M］. 北京：中国人民大学出版社，2016.

［15］顾钰民. 马克思主义理论学科建设和思想政治理论课教学研究［M］.

北京：中国人民大学出版社，2016.

[16] 胡锦涛. 胡锦涛文选：第2卷 [M]. 北京：人民出版社，2016.

[17] 江泽民. 江泽民文选：第2卷 [M]. 北京：人民出版社，2006.

[18] 教育部社会科学司. 普通高校思想政治理论课文献选编：1949—2008 [M]. 北京：中国人民大学出版社，2008.

[19] 李斌雄，蒋耘中等. 高校学生形势与政策教育引论 [M]. 北京：中国文史出版社，2014.

[20] 李德芳，李辽宁，杨素稳. 中国共产党思想政治教育史料选编 [M]. 武汉：武汉大学出版社，2009.

[21] 李晓衡，高征难，李忆华. "形势与政策" 网络课程的建设与应用研究 [M]. 湘潭：湘潭大学出版社，2011.

[22] 刘斌，王春福. 政策科学研究：第1卷 [M]. 北京：人民出版社，2000.

[23] 刘海藩，万福义. 毛泽东思想综论 [M]. 北京：中央文献出版社，2006.

[24] 陆庆壬. 思想政治教育学原理 [M]. 上海：复旦大学出版社，1986.

[25] 毛泽东. 毛泽东文集：第1卷 [M]. 北京：人民出版社，1991.

[26] 毛泽东. 毛泽东文集：第7卷 [M]. 北京：人民出版社，1999.

[27] 毛泽东. 毛泽东文集：第8卷 [M]. 北京：人民出版社，1999.

[28] 毛泽东. 毛泽东选集：第1卷 [M]. 北京：人民出版社，1991.

[29] 毛泽东. 毛泽东选集：第2卷 [M]. 北京：人民出版社，1991.

[30] 毛泽东. 毛泽东选集：第3卷 [M]. 北京：人民出版社，1991.

[31] 毛泽东. 毛泽东选集：第4卷 [M]. 北京：人民出版社，1991.

[32] 逄锦聚. 马克思主义理论教育教学论 [M]. 北京：中国人民大学出版社，2018.

[33] 沈承刚. 政策学 [M]. 北京：北京经济学院出版社，1996.

[34] 孙光. 政策科学 [M]. 杭州：浙江教育出版社，1988.

[35] 王策三. 教学论稿：第2版 [M]. 北京：人民教育出版社，2005.

[36] 王玉秋. 大学科研评价全景考察与范式转换 [M]. 北京：知识产权出版社，2019.

[37] 王岳川. 后现代主义文化与美学 [M]. 北京：北京大学出版社，1992.

[38] 王展飞. 亲历与思考：高校思想政治理论课建设与改革研究 [M]. 北京：中国人民大学出版社，2016.

[39] 习近平. 论党的宣传思想工作 [M]. 北京：中央文献出版社，2020.

[40] 习近平. 习近平谈治国理政：第2卷 [M]. 北京：外文出版社，2017.

[41] 习近平. 习近平谈治国理政：第3卷 [M]. 北京：外文出版社, 2020.

[42] 习近平. 在哲学社会科学工作座谈上的讲话 [M]. 北京：人民出版社, 2016.

[43] 习近平. 在中国共产党第十九次全国代表大会上的报告 [M]. 北京：人民出版社, 2017.

[44] 许启贤. 中国共产党思想政治教育史：第2版 [M]. 北京：中国人民大学出版社, 2004.

[45] 杨洪林. 杨献珍与马克思主义哲学中国化研究 [M]. 北京：人民出版社, 2018.

[46] 余波. 现代信息分析与预测 [M]. 北京：北京理工大学出版社, 2011.

[47] 俞海洛. 大学生形势与政策教育方法论教程 [M]. 郑州：河南人民出版社, 2010.

[48] 张丰, 管光海. 变革学校：科技创新教育与项目化学习 STEM 教育的国际经验 [M]. 杭州：浙江教育出版社, 2022.

[49] 张金马. 政策科学导论 [M]. 北京：中国人民大学出版社, 1992.

[50] 张雷声. 思想政治理论课教学的境界 [M]. 北京：中国人民大学出版社, 2018.

[51] 张晓伟. 全实践理念下学前教育专业活动设计类课程教学研究 [M]. 长春：吉林人民出版社, 2021.

[52] 中共中央党史研究室. 中国共产党历史：第二卷（上册）[M]. 北京：中共党史出版社, 2011.

[53] 中共中央马克思恩格斯列宁斯大林著作编译局. 列宁选集：第3卷 [M]. 北京：人民出版社, 2012.

[54] 中共中央马克思恩格斯列宁斯大林著作编译局. 马克思恩格斯全集：第1卷 [M]. 北京：人民出版社, 1956.

[55] 中共中央马克思恩格斯列宁斯大林著作编译局. 马克思恩格斯全集：第20卷 [M]. 北京：人民出版社, 1971.

[56] 中共中央马克思恩格斯列宁斯大林著作编译局. 马克思恩格斯全集：第40卷 [M]. 北京：人民出版社, 1982.

[57] 中共中央马克思恩格斯列宁斯大林著作编译局. 马克思恩格斯全集：第42卷 [M]. 北京：人民出版社, 1979.

[58] 中共中央马克思恩格斯列宁斯大林著作编译局. 马克思恩格斯文集：

第 2 卷［M］. 北京：人民出版社，2009.

　　［59］中共中央马克思恩格斯列宁斯大林著作编译局. 马克思恩格斯文集：第 3 卷［M］. 北京：人民出版社，2009.

　　［60］中共中央马克思恩格斯列宁斯大林著作编译局. 马克思恩格斯文集：第 5 卷［M］. 北京：人民出版社，2009.

　　［61］中共中央文献研究室. 邓小平思想年谱（1975—1997）［M］. 北京：中央文献出版社，1998.

　　［62］中共中央文献研究室. 三中全会以来重要文献选编：上［M］. 中央文献出版社，2011.

　　［63］中共中央文献研究室. 十二大以来重要文献选编：下［M］. 北京：中央文献出版社，2011.

　　［64］中共中央文献研究室. 十四大以来重要文献选编：上［M］. 北京：人民出版社，1996.

　　［65］中共中央宣传部. 毛泽东邓小平江泽民论思想政治工作［M］. 北京：学习出版社，2000.

　　［66］中共中央宣传部. 习近平新时代中国特色社会主义思想学习纲要［M］. 北京：学习出版社，2019.

　　［67］中共中央宣传部. 中国共产党宣传工作文献选编（1957—1992）［M］. 北京：学习出版社，1996.

　　［68］中国教育年鉴（1949—1981）　［M］. 北京：中国大百科全书出版社，1984.

　　［69］中国社会科学院马克思列宁主义毛泽东思想研究所. 毛泽东，邓小平，江泽民论哲学社会科学［M］. 北京：中国社会科学出版社，2005.

　　中华人民共和国学校思想政治理论课重要文献选编［M］. 北京：人民出版社，2022.

二、期刊

　　［1］曹猛，谢守成. 提升高校"形势与政策"课实效性的三个向度［J］. 思想教育研究，2020（9）.

　　［2］柴艳萍. 高校思政课教学方式方法改革再思考［J］. 思想理论教育导刊，2017（9）.

　　［3］柴紫慧. 加强高校"形势与政策"课教学内容建设的多重思考［J］. 思想理论教育，2018（5）.

[4] 陈占安. 改革开放以来高校思想政治理论课教材建设的回顾与展望 [J]. 思想理论教育导刊, 2018 (10).

[5] 程凤春. 教育质量特性的表现形式和内容 [J]. 教育研究与评论（小学教育数学）. 2011 (11).

[6] 段妍. 新时代构建思政课育人新格局的重要着力点 [J]. 思想政治教育研究, 2020, 36 (2).

[7] 冯秀军. 用"问题链"打造含金量高、获得感强的思政课 [J]. 中国高等教育, 2017 (11).

[8] 高德毅. 高校"形势与政策"课质量提升：规范化建设与综合改革 [J]. 思想理论教育导刊, 2017 (9).

[9] 何兰萍. 新时代推进高校"形势与政策"课改革创新的思考 [J]. 思想理论教育导刊, 2019 (10).

[10] 侯良健. "形势与政策"新形态教材建设的探索与思考 [J]. 思想教育研究, 2016 (7).

[11] 胡航. 高校"形势与政策"课的内涵特征与优化路径 [J]. 学校党建与思想教育, 2021 (20).

[12] 黄立清. 高校"形势与政策"课教学质量提升的思考 [J]. 思想政治工作研究, 2019 (10).

[13] 教育部. 教育部关于加强新时代高校"形势与政策"课建设的若干意见 [J]. 中华人民共和国教育部公报, 2018 (4).

[14] 孔朝霞, 王绪凤. 新时代高校"形势与政策"课守正创新的逻辑建构 [J]. 思想理论教育导刊, 2021 (4).

[15] 兰清, 田魁园, 罗英. 多学科视野下"形势与政策"课教师队伍建设的"项链"模式研究与实践 [J]. 高教学刊, 2021 (11).

[16] 雷娜, 左鹏. 新中国成立以来高校"形势与政策"课的历史沿革与建设经验 [J]. 思想教育研究, 2017 (2).

[17] 李斌雄. 形势政策教育学：研究对象、内容和方法：基于高校学生形势与政策教育教学经验的思考 [J]. 思想教育研究, 2012 (10).

[18] 李克和. "形势与政策"课教学中价值性与知识性的统一 [J]. 珠江论丛, 2019 (Z1).

[19] 李克荣, 张俊桥. 高等学校"形势与政策"课教师队伍规范化建设的思考 [J]. 思想理论教育导刊, 2012 (9).

[20] 李小鲁. 学科化视角下高校"形势与政策"课建设的理念与路径

[J].思想理论教育导刊，2011（11）.

[21] 李秀娟.高校"形势与政策"课程改革模式探索：基于华东政法大学的实践分析 [J].思想政治课研究，2016（1）.

[22] 刘家祥.创新高校"形势与政策"课程建设模式 [J].思想理论教育导刊，2016（2）.

[23] 刘晓乾，张雷.政治人格与政治文化的特点及相关性 [J].理论界，2006（1）.

[24] 刘有升.高校"形势与政策"课的双重属性、建设困境及对策思考 [J].学校党建与思想教育，2021（4）.

[25] 罗玉洁，罗英.基于OBE理念的"形势与政策"课教学设计与模式探索 [J].高教学刊，2021（11）.

[26] 骆郁廷.加强形势与政策教育的多维思考 [J].思想理论教育，2015（11）.

[27] 马寒，刘卫涛.新时代高质量建设高校思想政治理论课的三重认识维度 [J].郑州轻工业大学学报（社会科学版），2022，23（3）.

[28] 彭庆红，潘红涛.高校"形势与政策"课程的体系构建与实践探索 [J].思想教育研究，2015（11）.

[29] 权良柱.加强"四个统筹"扎实推进高校形势与政策教育教学工作：基于北京科技大学教学改革实践的思考 [J].思想教育研究，2019（2）.

[30] 佘双好，张琪如.高校思想政治理论课课程评价的特点及改革路径 [J].思想理论教育，2021（3）.

[31] 涂平荣，赖晓群.新时代高校"形势与政策"课实践教学规范化建设研究 [J].思想政治课研究，2023（1）.

[32] 托斯坦·胡森，施良方.论教育质量 [J].华东师范大学学报（教育科学版），1987，5（3）.

[33] 王刚."形势与政策"课规范化建设：问题与解决路径 [J].思想理论教育，2015（11）.

[34] 王恒，柳洲.形势与政策课程实践教学改革的思考：学习习近平总书记思政课教师座谈会讲话精神 [J].长春理工大学学报（社会科学版），2019，32（5）.

[35] 王培.改革开放以来大学生形势与政策教育的发展历程与建设经验 [J].思想政治课研究，2018（5）.

[36] 王盛水.大众化阶段的高等教育质量与人才培养 [J].中国高等教育.

2010（24）．

［37］王维国．新时代加强高校"形势与政策"课改革创新的思考［J］．思想理论教育导刊，2022（5）．

［38］习近平．思政课是落实立德树人根本任务的关键课程［J］．求是，2020（17）．

［39］徐楠．"共管"模式下高校"形势与政策"课的实施路径［J］．思想教育研究，2013（4）．

［40］严毛新．高校"形势与政策"课教学现状与对策：基于浙江8所高校"形势与政策"课教学现状的实证调查［J］．思想教育研究，2011（4）．

［41］于霞．多措并举　实现"形势与政策"课建设的"师资攻坚"［J］．思想理论教育导刊，2017（9）．

［42］张亚峰，王国斌．"专家讲座制"在高校"形势与政策"课教学中的应用［J］．学校党建与思想教育，2019（20）．

［43］郑斌．供给侧改革背景下高校"形势与政策"课改革创新研究［J］．河南理工大学学报（社会科学版），2017，18（3）．

［44］郑惠坚．高校"两课"教材建设的回顾与思考［J］．思想理论教育导刊，1999（1）．

［45］郑重．增强思想政治工作的科学性［J］．江苏社会科学，2007（S1）．

［46］中共中央、国务院印发《深化新时代教育评价改革总体方案》［J］．国务院公报，2020年第30号．

［47］中央宣传部、教育部．关于印发《新时代学校思想政治理论课改革创新实施方案》的通知［J］．国务院公报，2021年第9号．

三、其他

［1］把思想政治工作贯穿教育教学全过程　开创我国高等教育事业发展新局面［N］．人民日报，2016-12-09（1）．

［2］邓晖．高校学生每学期"形势与政策"课不低于8学时［N］．光明日报，2018-04-28（3）．

［3］教育部关于加强新时代高校"形势与政策"课建设的若干意见［EB/OL］．中国政府网，2018-04-27．

［4］教育部关于印发《高等学校课程思政建设指导纲要》的通知［EB/OL］．中国政府网，2020-05-28．

［5］靳诺．准确把握新时代新形势培养民族复兴的有用人才［N］．光明日

报, 2018-09-13 (14).

[6] 柯进, 万玉凤, 董鲁皖龙. 一部教育改革开放的壮丽史诗 [N]. 中国教育报, 2018-11-23 (1).

[7] 万玉凤, 董鲁皖龙. 首个高等教育教学质量国家标准发布 [N]. 中国教育报, 2018-01-31 (1).

[8] 习近平. 把思想政治工作贯穿教育教学全过程 [N]. 人民日报, 2016-12-09 (1).

[9] 习近平. 在北京大学师生座谈会上的讲话 [N]. 人民日报, 2018-05-02 (1).

[10] 习近平出席全国教育大会并发表重要讲话 [EB/OL]. 中国政府网, 2018-09-10.

[11] 习近平在2022年世界经济论坛视频会议的演讲 [EB/OL]. 中国政府网, 2022-01-17.

[12] 新华社. 把思想政治工作贯穿教育教学全过程开创我国高等教育事业发展新局面 [EB/OL]. 中华人民共和国教育部, 2016-12-08.

[13] 用新时代中国特色社会主义思想铸魂育人 贯彻党的教育方针落实立德树人根本任务 [N]. 人民日报, 2019-03-19 (1).

[14] 扎根中国大地办大学 [N]. 人民日报, 2022-04-27 (01).

[15] 张烁. 教育部印发纲要：所有高校全面推进课程思政建设 [N]. 人民日报, 2020-06-06 (4).

[16] 张智, 刘水静, 李东坡, 等. 讲好"大思政课"的道、学、术 [N]. 光明日报, 2021-05-28 (11).

[17] 这堂课, 习近平说要"善用之" [EB/OL]. 光明网, 2021-03-18.